INTRODUCTION TO
SOCIAL WELFARE

사회복지학개론

윤선오 김우호 전대성 전미숙 김현경
목경열 서민호 오승하 이용환 송운용
공저

양 성 원

머리말

사회의 변화와 더불어 사회복지에 대한 욕구는 다양화되고, 이러한 변화에 대응하기 위해 사회복지정책과 사회복지서비스 또한 재편되고 있다. 그리고 우리 사회는 이러한 변화를 겪으면서 점차 선진화된 복지국가로 진입하고 있다.

사회복지영역의 다양한 변화는 사회복지에 관한 새로운 정보와 지식을 끊임없이 생성시키고 있으며, 사회복지학 입문자와 전공자는 새로운 정보와 지식을 파악하고 습득하도록 힘써야 할 것이다.

사회복지사 자격 취득을 위한 필수과목으로서의 사회복지학개론은 사회복지학의 입문자와 전공자에게 사회복지 이론에 대한 포괄적인 이해뿐만 아니라 사회복지실천 세부영역들에 대한 전반적인 이해를 돕기 위한 교과이다.

본 저서는 사회복지의 이론과 사회복지 실천현장의 실무에 대해 골고루 그리고 정확하게 이해할 수 있도록 기술하는데 주안점을 두었으며, 특히 새롭게 생성된 사회복지의 정보와 지식을 담으려고 노력하였다.

본 저서를 통해 사회복지 입문자와 전공자들에게 사회복지 이론과 사회복지 세부실천영역에 관한 함축적이면서도 포괄적인 내용을 제공할 수 있게 되어 매우 다행스럽게 생각한다.

사회복지영역에서 다년간 연구와 강의를 담당해왔던 집필진은 사회복지 입문자와 전공자 모두가 사회복지학이라는 대상에 쉽게 접근하여 이해할 수 있도록 저술하는데 노력하였다.

본 서는 사회복지학의 기본개념과 이해에서부터 다양한 세부실천영역에 이르기까지 총 15장으로 구성되어 있다.

본 저서가 사회복지학 연구자 모두에게 많은 도움이 되길 기대한다.

2023년 3월
저자 일동

차 례

Chapter 01

사회복지의 이해

제 1 절 사회복지의 개념

1. 정의

사회복지(social welfare)란 '사회(social)'와 '복지(welfare)'라는 두 단어의 용어 합성어이다. 웹스터 사전에 의하면 '복지(welfare)'란 "만족스럽게 지내는 상태", 즉 "건강, 행복, 풍요 및 번영의 상태"를 의미한다. 따라서 복지(welfare)는 사회적으로 잘 지내는 행복한 상태 내지 만족스러운 상태를 의미한다. 이러한 어의적 의미를 갖는 사회복지(social welfare)에 대한 정의를 좀 더 자세히 살펴보면 다음과 같다.

로웬버그(Loewenberg, 1974)는 사회복지란 "사회복지는 인간의 정서적 지적 신체적 사회적 기능을 향상시키고 유지하는 것을 일차적 임무로 하는 사회제도이다"라고 정의하였다. 프리들랜더와 앱트(Friedlander & Apte, 1980)는 "사회복지는 인간의 복지와 사회질서 유지에 기본적인 것으로 인정되는 사회적 욕구를 충족시키기 위한 제반 준비를 확보 · 강화하는 법률, 프로그램, 급여 및 서비스 체계"라고 했다. 그리고 미국사회복지사협회(NASW, 1999)는 사회복지를 "사회의 유지에 기본적인 사회적, 경제적, 교육적 및 보건의료적 욕구를 충족하려는 사람을 돕는 프로그램, 급여 및 서비스에 관한 국가의 체계"라고 정의하고 있다.

재스트로우(Zastrow, 2006)는 "사회복지란 사회구성원의 사회적 기능 향상과 각자가 지닌 사회적, 재정적, 건강 및 여가 욕구충족을 위한 사회제도로서 사회문제를 예방하고 완화하거나 또는 문제해결에 기여함으로써 개인, 집단, 가족, 조직 및 지역사회의 복지를 직접적으로 향상시키는 것을 목적으로 하고 있다"라고 정의하였다. 즉 개인과 집단이 인간다운 삶을 살 수 있는 기회와 만족과 행복을 느낄 수 있도록 하는 사회 모든 활동을 포함하는 개념이다.

또한 사회복지에 있어서 협의의 의미와 광의의 의미로 구분하여 이해할 수 있다(조흥식 외, 2013).

먼저 협의로서의 사회복지는 사회사업 또는 사회복지사업과 동의어로 사용되는 것으로, 일반적으로 사회복지 대상범주를 사회생활상의 곤란 또는 장애를 받고 있는 자, 즉 빈곤계층, 아동, 노인, 장애인 등의 사회적 약자로 한정하여 경제적 지원과 교육, 훈련, 재활, 치료 등의 서비스를 제공하는 것을 의미한다. 영국의 구빈법(poor law)과 같은 빈곤계층을 대상으로 한 공공부조와 19세기 후반 영국과 미국의 박애사업이 협의의 사회복지의 초기 형태이며, 현재의 사회보장제도에서는 공공부조, 사회복지서비스 등이 속한다. 따라서 사회복지사의 주된 활동영역이 여기에 속한다고 할 수 있다.

광의의 사회복지는 근대사회 이후부터 현대사회의 사회복지를 이루고 있는데, 전체 국민의 보편적 욕구를 충족시키기 위한 것에 초점을 두고 있다.

제도적 사회복지, 사회정책, 사회보장, 교육, 주택, 공공위생, 비행, 범죄 등의 사회생활을 영위하는 인간의 정신적 · 도덕적 · 육체적 노동 및 경제적 재해조건에 밀착되는 사회 시책으로서 일반 사회구성원을 대상으로 생활의 각 측면에서 나타나는 비복지를 다루거나 해결하고자 하는 노력이라고 할 수 있다.

2. 이념

사회복지는 시대의 흐름에 따라 그 사회의 변화와 함께 포괄적인 이념을 가지고 있다. 사회복지의 근본적인 기능은 사회정의의 실현과 사회적 위험이나 요보호 상태에 있는 국민들에 대한 보호에 있다. 이러한 기능은 사회구성원 전체의 책임, 즉 국가 주도하에 이루어진다는 특징이 있다. 여기서는 사회복지의 이념을 인간존중사상, 평등사상, 국가책임사상으로 나누어 살펴보고자 한다.

1) 인간존중사상

사회복지가 지향하는 목표는 인간존엄성의 구현(Skidmore & Thackeray, 1982)이므로 사회복지란 하나의 가치개념[1]이라 할 수 있다(Forder et al., 1984).

인간존중사상은 사회복지의 본질적인 가치를 이루고 있다.[2] 왓슨(Watson, 1985)은 "인간은 누구나 개인으로서 존중받아야 한다는 사상은 모든 인간에게 해당된다. 그것은 그 사람의 성취 여부에 관계없이, 비록 어떤 결함이 있는 사람이라 할지라도 인간인 한 존중받아야 한다."라고 하였다.

1) 가치란 과학적으로 증명될 수 있는 성질의 것이 아니다. 가치란 사람들이 '옳고 그른 것', '좋고 나쁜 것'에 대한 각자 자신들의 개념에 따라 결정해야 할 선택일 뿐이다. 이러한 개념들은 사회 환경이나 합리적인 사고, 감정이입적 상상(empathic imagination), 기타 여러 가지 요인들에 의해 형성될 수 있다. 그러나 어느 경우이든 가치가 단순히 불합리한 선호(irrational preference)나 편중된 취향에 의한 것이란 뜻은 아니다. 즉, 가치는 여러 사람들에 의해 논의되고 도덕적 제재(moral appeals)를 통해 그 타당성이 지켜질 수 있다는 것이다(Furniss & Tilton, 1979 : 28). 따라서 여기서 말하는 가치란 성취가 바람직스러운 사회적 목표나 결과를 말한다.

2) 그리스도교의 사상은 사랑으로 대표되고 사회복지의 역사는 그리스도교의 사랑의 정신에서 연유한다(Bessel, 1970). 인간존중사상이나 인권에 대한 가르침은 거의 모든 종교가 다 같이 가지고 있다. 그것은 그리스도교뿐만 아니라 불교나 힌두교도 마찬가지다. 다만 그리스도교 이전의 그리스 문화에서는 박애사상을 강조하지도 않았고 따라서 이런 사상이 보급되지도 않았다. 그리스도교가 점차 확산되어 전체 유럽을 지배하게 되자 그리스도교의 인간존중사상과 박애정신이 유럽 정신세계를 지배하게 되었다(Macarov, 1978).

인간의 존엄은 인간다운 생활을 요청하게 되었고, 사회적 안정을 최저한도로 요구하게 되었다. 결국 인간다운 생활을 할 권리는 생활권적 기본의 가장 핵심적인 권리로서 독일의 바이마르헌법에서는 '인간다운 생활'이라 했고, 세계인권선언에서도 '인간의 존엄성에 상응하는 생활'로, 또 UN의 경제적 · 사회적 · 문화적 권리에 관한 국제규약에서는 '상당한 생활조건을 가질 권리'로 표현하고 있다(Furniss & Tilton, 1979).

2) 평등사상

사회복지의 가장 중요한 기본 가치 중 하나는 평등(equality)이다. 평등은 사회자원의 재분배를 통해 사회구성원의 삶의 질을 골고루 향상시키고자 하는 가치이다. 평등은 자유와 함께 인간이 인간됨을 실현하기 위한 가장 중요한 정신적 가치의 하나이기 때문에 정의나 사회형평의 이론에서 기본 전제가 되어 왔다. 평등의 개념은 결과적 평등(numerical equality), 비례적 평등(proportional equality), 그리고 기회의 평등(equal opportunity)으로 구분할 수 있다. 결과적 평등은 모든 사람을 똑같이 취급하여 사람들의 욕구나 능력의 차이에 관계없이 사회적 자원을 똑같이 분배하는 것을 의미하는 개념이다. 비례적 평등은 개인의 욕구, 노력, 능력, 기여의 정도에 따라 사회적 자원을 상이하게 배분하는 것인데, 흔히 이를 공평(equity)이라고 한다. 그리고 기회의 평등은 결과가 평등한가 아닌가의 측면은 완전히 무시한 채 결과를 얻을 수 있는 과정상의 기회만을 똑같이 해주는 개념이다. 나아가 기회의 평등은 어떤 사람이든 그가 소망하는 목적을 추구함에 있어 그가 갖고 있는 능력을 아무런 인위적 제약 없이 사용할 수 있어야 함을 의미한다. 이런 의미에서 기회의 평등은 인간의 자유를 신장시키기 위한 것이다(김성천 외, 2009).

현대 복지국가의 기본 이념은 사회적 평등에 기초하고 있다. 평등에는 균등한 교육을 받을 권리, 법 앞에서의 평등, 인간으로서의 동등하게 존중받을 권리, 정치적 · 경제적 혜택을 공평하게 받을 권리 등 다양한 내용들이 포함된다(박석돈 외, 2016). 그러나 복지국가 개혁 이후에는 평등 전략에 대한 강조가 약해지면서 공평이나 효율과 같은 다른 국가 가치에 의하여 대체되고 있다.

3) 국가책임사상

사회복지에 대한 국가의 기본적인 책임은 영국의 엘리자베스 빈민법(The Poor Law of 1601)에 의해 처음으로 인정되었다. 따라서 사회복지는 국민 개개인의 사회적 욕구를 국가가 최종적인 책임을 지고 이를 충족시키고자 하는 실제라 할 수 있다. 공동선 사상을 바탕으로 한 가난한 자와 가진 자 또는 사회와 국가의 책임이라는 이념에서 출발했다 하더라도 구체적인 사회복지정책의 실제에서는 또 다른 어려움이 제기된다. 즉, 국가의 책임을 어느 정도로 할 것인가 하는 한계를 정하는 일이 어렵다는 것이다. 또한 개인의 소유권 제한도 구체적으로 어느 범위로 그 한계가 설정되어야 하는가라는 문제가 제기될 수 있다(김민주 외, 2009).

제 2 절 사회복지의 기준과 관점

1. 사회복지의 기준

윌렌스키와 르보(Wilensky & Lebeaux, 1965)는 사회복지의 기준에 있어서 다섯 가지로 설명하고 있다.

첫째, 공식적 조직과 관련하여 제공하는 활동이 사회복지활동이다. 즉, 공식적 조직이라고 할 때 사람들에게 도움을 제공하고 있는 정규적이고 지속적인 잘 알려진 사회복지조직을 염두에 두어야 할 것이다. 이와 같은 기준에서는 개인적으로 적선을 하거나 자선을 베푸는 행위, 가족 또는 이웃 간에 이루어지는 상호부조적 원조는 사회복지 활동이 아니다.

둘째, 사회적으로 승인된 목적과 방법, 그리고 공식적인 책임의 존재는 이윤 추구적 서비스와 사회복지서비스를 구분 짓는 중요한 기준이 된다. 즉, 불법행위를 지원하는 것은 행위 자체가 원조행위라고 하더라도 사회적 승인을 받을 수 없기 때문에 사회복지활동이 될 수 없으며, 방법도 사회복지사업이나 관련 법규에서 정한 범위 내에서 이루어져야 한다.

셋째, 프로그램의 주된 목표로서 이윤추구를 배제한 활동이어야 한다. 즉, 영리를 목적으로 하는 것은 사회복지가 아니라는 입장이다. 그러나 최근 영리조직들의 사회복지 참여가 인정 · 확대되고 있어 절대적 기준이 되기는 어렵지만 사회복지가 이윤추구만을 목적으로 해서는 안 될 것이다.

넷째, 인간의 소비욕구에 대해서 직접 관계하는 활동이다. 즉, 사회복지는 인간의 의식주를 비롯한 다양한 결핍에 대한 직접적인 욕구충족의 활동이다. 예를 들면, 적절한 경제정책을 통해 소득을 증가시켜 간접적으로 빈곤을 감소시킬 수 있으나 이는 사회복지활동이 아니다. 사회복지는 굶주린 사람들에게 식사를 제공하고, 병에 걸렸을 때 치료를 받게 하는, 즉 직접적으로 욕구를 충족시키는 활동이다.

다섯째, 인간의 욕구에 대한 통합적 관심을 가지고 접근하는 활동이다. 사회복지는 인간의 욕구를 부분적으로 보는 것이 아니라 통합적으로 보는 것이다. 즉, 통합적 관심이란 개인적인 경제적 결핍이나 신체적 고통의 해소에 초점을 둔 활동이 아니라, 사회적 · 심리적 · 경제적 욕구들에 광범위한 관심을 가지고 이 욕구충족을 위해 다양한 형태로 접근한다는 것을 의미한다.

2. 사회복지의 관점

1) 잔여적 · 제도적 복지

사회복지학자인 윌렌스키와 르보(Wilensky & Lebeaux, 1965)는 사회복지를 하나의 사회제도로 보고 기능적 측면에서 잔여적 사회복지와 제도적 사회복지로 구분하고 있다. 이들이 제시한 잔여적 사회복지와 제도적 사회복지가 널리 인용되고 있다.

잔여적(the residual) 복지에서는 개인의 욕구가 일차적으로 가족과 시장에서 충족되고, 그렇지 못할 경우에만 잠정적 · 일시적으로 사회가 나서서 돕는 것으로 한다는 관점이다. 다시 말해서 개인의 문제를 그의 과실로 인해 발생하는 것으로 가정하여 개인이 자력으로 문제를 해결할 수 있을 때까지만 구호하는 것을 말한다. 그리고 사회복지 대상자는 사회에 의존적인 사람으로서 가급적 의존 상태에서 벗어나기 위해 스스로 노력해야 하는 도덕적 의무가 있으며, 그러한 사회적 기대를 저버릴 경우

비난과 경멸의 대상이 된다(Kirst-Ashman, 2003). 또한 가족과 시장을 임시로 보완하는 것이 사회복지이고, 사회복지가 사회를 유지 · 발전시키는 데 필수적이라는 인식이 없다는 점에서 '잔여적'이다.

제도적(the institutional) 복지는 사회복지를 하나의 사회제도로 보는 관점이다. 따라서 사회는 욕구를 가진 사람을 도와야 할 의무가 있고, 사회구성원은 사회복지급여와 서비스를 받을 권리(시민권, 복지수급권)가 있다. 제도적 복지는 개인의 욕구충족을 목적으로 하는 사회복지가 가족, 경제, 정치, 교육, 종교와 같은 사회제도들과 동등한 수준에서 일차적 · 정상적으로 제도화되어 있으며, 평등주의 이념에 따라 모든 국민들에게 보편적으로 제공되는 것이다(Titmuss, 1974).

이 두 가지의 관점을 비교해 보면 〈표 1-1〉과 같다.

〈표 1-1〉 **잔여적 관점과 제도적 관점 비교**

잔여적 관점	제도적 관점
① 그 욕구가 예외적인 것이다.	① 그 욕구가 산업화로 인해 생기는 것으로 언제나 예상된다.
② 문제의 상황이 긴급하고 위급하다.	② 문제가 현대생활의 복잡성 속에 잠재해 있다.
③ 자신이 가진 자원이나 노력을 다 쓴 후에 비로소 도움을 받게 된다.	③ 파괴되기 전에 도움이 마련되어 있다.
④ 문제와 서비스 때문에 오명(stigma)을 남기게 된다.	④ 문제나 서비스 어느 것 때문에도 오명(stigma)이 남지 않는다.
⑤ 부조는 일시적 개선 또는 마지못해 하는 최종적인 수단으로서의 시혜나 자선이며, 되도록 빨리 종결짓고자 한다.	⑤ 서비스는 예방과 재활을 강조하는 제도적인 것이며 영구적일 수도 있다.

출처 : Johnson(1982 : 15).

이 두 관점은 서로 정반대의 위치에 있고, 또 역사적으로 볼 때 잔여적 복지관점에서 제도적 복지관점으로 변화되어 왔지만, 대체로 두 관점은 혼합되어 있는 것이 현실이다.

또 하나의 관점인 사회복지의 발전적 관점을 미즐리와 리버모어(Midgley & Livermore, 1997)가 새로이 제시하고 있다. 사회복지를 경제발전의 긍정적 동력으로 보는 것이다. 그 기원을 찾아보면 제2차 세계대전 후 후진국들이 사회복지 프로그램을 경제발전에 도움을 주도록 설계한 데서 찾을 수 있다.

미즐리와 리버모어는 사회복지의 발전적 관점이 경제발전에 기여할 수 있는 방법을 세 가지로 정리했다(Kirst-Ashman, 2003, 원석조,2022).

첫째, 교육, 영양, 보건의료서비스에 대한 투자는 시민들에게 경제적 이득을 준다. 예를 들면, 교육에 투자하면 숙련 노동력을 얻을 수 있다. 즉 숙련 노동력은 경제를 튼튼하게 만든다.

둘째, 물리적 시설에 대한 투자는 경제적으로 생산적인 것이다. 예를 들면, 도로 교량, 관계수로, 상수도, 병원, 학교 시설 등에 대한 투자는 사회발전에 필요한 경제사회적 기반이 되는 것이다.

셋째, 욕구가 있는 사람들을 교육, 훈련하는 것은 경제적으로 효과적인 투자이다. 예를 들면, 그들이 직업을 갖게 되고 자신의 문제를 스스로 해결할 능력이 나타나기 때문이다.

2) 선별주의와 보편주의

국가가 사회복지의 자원을 국민에게 제공하는 방법은 선별주의(selectivity), 보편주의(universalism)로 구분할 수 있다(박광준, 2004).

사회복지는 사회적 약자인 빈곤을 전제로 하는 특정한 계층·집단에 대하여 제공되는 특수한 선택적인 제도인가 아니면 일반국민에 대하여 개방되고 일반적인 보편적 제도인가라는 문제와 연결되고 있다(신동순, 2007). 즉, 기초생활보장과 같은 제도가 선별주의에 근거한 프로그램이고, 사회보험제도는 보편주의에 근거한 것이다.

선별주의는 사회복지의 대상을 사회적 취약계층으로 한정하려는 목적을 가지며, 사회복지에 소요되는 비용을 제한하려는 보수주의 이데올로기에 부합한다. 이는 중상소득계층에 의한 집중적 급여 활용을 방지하여 재정의 절감을 도모할 수 있다는 장점을 가진다. 반면에 보다 넓은 수혜계층을 가지는 보편주의 프로그램에 비하여 정치적 지지 기반이 협소하며, 빈자에 대한 스티그마(stigma) 부여, 자격 있는 빈자의 신청기피, 부정수급, 과다한 행정운영비로 인한 비용 비효율성(cost inefficiency), 수급자와 비수급자 간 통합 저해 등의 단점이 있다.

보편주의는 사회적 취약계층만이 아니라 사회구성원 전체를 대상으로 하며, 건강, 소득, 주택, 교육, 여가활동 등 광범한 영역에서 구성원들의 욕구에 대응한 정책이다. 선별적인 프로그램이 사후적 조치라고 한다면, 보편주의는 사전적 예방조치라고 할 수 있다.

보편주의적 급여는 대상이 일정한 범위와 기준에 속하면 누구나 권리로 받을 수 있어 자산조사 등으로 인한 스티그마(stigma) 문제가 없으며, 광범위한 정치적 지지기반을 형성하고, 사회적 통합을 증진시킬 수 있다. 반면, 사회복지급여가 필요하지 않은 대상에게도 서비스가 제공될 수 있어 급여의 비효율성(benefit inefficiency)이 초래될 수 있다는 단점이 있다.

한편, 선별주의–보편주의 이분법(the universal–selective dichotomy)은 사회복지 대상자 선정 문제를 단순화시켜 이해를 쉽게 한다. 그러나 현실은 이런 이분법으로 파악하기 힘들 정도로 복잡하다. 다시 말해서 자산조사가 있으면 선별주의, 그렇지 않으면 보편주의라고 할 수 없는 경우가 현실 사회복지에 적지 않게 존재한다는 것이다. 예컨대, 아동수당의 경우 자녀를 가진 모든 가족을 대상으로 하기 때문에 보편주의 제도인 것 같지만, 적어도 자녀가 한 명 이상이어야 대상이 된다는 점에서 선별주의 제도도 된다. 선별주의와 보편주의를 비교하면 〈표 1–2〉와 같다.

〈표 1–2〉 선별주의와 보편주의의 장 · 단점

구분	선별주의	보편주의
주요 내용	사회복지 대상자들을 사회적 · 신체적 · 교육적 기준에 따라 구분한 다음 복지서비스를 제공한다. 자산조사(means test)를 통해 원조의 필요가 있다고 인정된 사람들, 즉 결손가정, 장애인, 무능력자, 노인, 빈민 등만을 복지서비스의 대상으로 본다.	보편주의는 전 국민을 사회복지의 대상자로 삼는 것을 말하는데, 시민권(citizenship)에 입각해 하나의 권리로 복지서비스를 제공하고, 복지수혜 자격과 기준을 균등화한다.
장점	서비스를 도움이 필요한 사람에게 서비스를 집중시킬 수 있고, 자원의 낭비가 없으며, 비용이 적게 든다.	최저소득을 보장함으로써 빈곤을 예방할 수 있고, 수혜자에게 심리적 · 사회적 낙인을 가하지 않으며, 행정 절차가 용이하고, 시혜의 균일성을 유지할 수 있으며, 모든 시민의 구매력을 일정 수준에서 유지(유효 수요)함으로써 경제적 안정과 성장에 기여한다.
단점	자산조사 과정과 일반 시민들과의 사회적 관계에서 낙인을 피할 수 없다.	한정된 자원을 꼭 필요한 부분에 효과적으로 사용하는 데 한계가 있다.

출처 : 원석조(2022).

제 3 절 사회복지의 목적

사회복지의 목적은 '일반적 목적'과 '사회적 목적'으로 구분할 수 있다(박용순, 2009).

1. 일반적 목적

사회복지의 일반적 목적으로 인간의 존엄성 유지, 개인의 자립성 유지, 개별적 성장성을 중심으로 제시한다.

1) 인간의 존엄성 유지

인간 존엄성(dignity)은 한 개인이 인종, 종교, 연령, 성별, 교육수준, 사회적 신분 등의 차이에 관계없이 한 인간으로서 존엄한 가치를 지닌 존재라는 것을 의미한다. 인간의 존엄성 사상은 오랜 역사적 기원을 가지고 있다. 특히, 현대사회에서는 중시되고 있는 사상이며 가치로 간주되고 있다. 1919년 독일의 바이마르 공화국 헌법규정에 이른바 생존권 규정을 삽입함으로써 인간의 존엄성 확보를 위해 국가가 적극적으로 개입할 수 있는 길을 열어 놓았는데, 이러한 생존권 개념을 실현하기 위한 구체적인 제도적 장치가 바로 사회복지이다. 그러므로 오늘날 복지국가를 지향하는 모든 국가에서는 국민 복지를 위해 '요람에서 무덤까지'의 주창 아래 각종 사회복지적 노력을 강구하고 있다.

우리나라도 「헌법」 제34조에 의하면 "모든 국민은 인간다운 생활을 할 권리를 갖는다"고 되어 있다. 이것은 우리나라 사회복지의 목적 혹은 기본 가치로서 의미를 지니고 있는 것이다. 즉, 인간다운 생활을 통해서 인간의 존엄성이 유지 · 확보되는 것으로서 인간의 존엄성은 사회복지의 최고 목표로 자리 잡고 있다.

2) 개인의 자립성 유지

개인의 자립성(self-reliance)은 사회복지의 이상이자 목표로서 타인에 의한 의존성에서 자기 스스로 벗어나 삶을 영위하는 데 있다. 자립의 목표는 자신의 생활을 결정하고 영위할 수 있는 데까지 이르도록 하는 사회복지실천의 목표를 의미한다. 즉, 사회복지의 개입목표에 있어서 클라이언트가 자신의 문제 원인과 그 의미를 스스로 인식하여 해결할 수 있도록 개입하는 것을 말한다.

그리고 전문 사회복지사가 주관적이고 권위적으로 해결하지 않아야 된다는 사회복지실천상의 개입원리는 자립성의 유지라는 목표를 분명하게 보여주는 예가 되고 있다. 따라서 사회복지서비스가 전문적이고 질적 · 양적 수준이 높다고 하더라도 자기 스스로 생활을 하는 사람과는 비교할 수 없다는 것을 알 수 있다. 특히 개인의 자립은 일정한 교육을 통해서 동기가 유발될 수도 있으나, 중요한 것은 자신의 능력에 따라 일에 흥미를 가지고 긍정적인 태도로 열심히 노력하도록 유도하는 것이 사회복지의 목적이라는 것이다.

3) 개별적 성장성

개별적 성장성(growth)은 사회복지로 인간의 문제를 해결 · 예방하는 것은 물론, 개인, 가정, 집단, 지역사회, 국가 등이 성장 · 발전할 수 있는 잠재력을 갖도록 하는 데 그 목적이 있다. 특히, 각 개인은 타고난 재능을 지니고 있음에도 불구하고 그것을 충분히 활용하지 못하고 있는 것이 현실이다. 따라서 사회복지의 목적은 개별적으로 지닌 잠재력을 발견하여 활용하도록 성장시키는 데 있다. 그러므로 모든 인간이 개인적으로 각자 능력에 따라 성장 · 발달할 수 있는 잠재력을 발휘할 수 있도록 원조하는 것에 초점을 두어야 한다. 이와 관련하여 리플(L. Ripple)은 개인의 성장을 위해서 '동기–능력–기회'(MCO)이론을 제시하고 있다. 즉, 개인은 자신의 성장을 위해 하나의 개념이 성공적이면 다른 개념이 연쇄적으로 성공을 이룰 수 있다는 것이다.

2. 사회적 목적

사회복지서비스를 제공하는 목적으로서 사회통합과 안정, 경제성장과 안정, 정치도덕과 안정의 세 가지를 제시할 수 있다.

1) 사회통합(social integration)과 안정

사회복지의 사회적 목적은 사회적 약자의 어려움을 해결하고 사회질서 유지와 사회안정을 도모하는 데 있다. 사회복지는 개인의 사회생활상의 어려움에 대해서 사회복지적인 원조를 통하여 정상적인 사회생활을 유지하도록 한다. 즉, 개인적으로 사회에 적응하게 할 뿐만 아니라 사회적으로도 사회통합과 안정에 기여하게 된다는 것이다. 사회복지는 사회제도의 하나로서 다른 사회제도가 제 기능을 상실하게 되었을 때 그 제도를 일시적으로 보충·보완하게 함으로써 사회통합에 기여한다는 입장으로 이해되고 있다.

핀커(Pinker, 1979)는 사회복지와 관련된 사회학자들의 견해를 나름대로 추론하여 그의 저서 『사회이론과 사회정책』에서 현대사회복지를 연결시키고 있다. 초기 사회학자들의 관심은 사회문제의 해결과 사회적 혼란을 방지하는 사회복지적 측면에 기울어졌는데, 이것이 사회복지의 사회안정과 사회통합적 기능을 연결시킬 수 있다는 것이다.

2) 경제성장(economic growth)과 안정

사회복지제도가 경제에 미치는 영향을 전제로 하는데, 일반적으로 사회복지는 단기적으로 볼 때 경제에 '마이너스'(-) 효과를 가져오지만, 장기적으로는 '플러스'(+) 효과를 가져오는 것으로 인정되고 있다. 사회복지의 영역과 성격에 따라 경제성장에 서로 다른 효과를 가져온다는 연구결과가 일반적으로 수용되고 있는 것이다.

조지와 윌딩(George & Wilding, 1984)은 사회복지와 경제성장에 관한 실질적인 연구와 결과를 바탕으로 심층적으로 분석하였는데, 사회복지가 경제성장에 '플러스'(+) 효과를 가져오는 요인은 사회복지활동을 통해 인적자본의 질적 수준을 높임으로써 가능하다는 것이다.

여기에는 건강과 보건, 교육, 주택, 기타 복지서비스 등이 노동자의 복지증진은 물론 노동력의 질적 수준을 향상시킨다는 것으로 이해될 수 있다.

3) 정치도덕(political morality)과 안정

사회복지제도가 정치적으로 중요한 기능을 한다는 것은 이미 인정된 사실이다. 사회복지제도는 정치적 산물로서 어떤 경우에는 사회적 약자와 국민의 정치적 권리뿐만 아니라 조직활동과 정치참여에 영향을 미치고 있다.

한편, 사회복지제도는 그 수준과 내용이 성장 · 발달하면서 국민의 행복척도에 따라 정치적 도덕과 안정이 도모된다는 것을 사실로 받아들이고 있다.

우리나라의 경우 IMF(1997년 12월)로부터 구제금융을 받으며 시작된 공공 및 민간부문의 대량 감원과 구조조정은 대규모의 실업사태를 가져왔고, 기존의 사회적 안정망으로 존속하고 있던 공공부조제도의 문제점들이 표출되면서 제도의 변화를 불러왔다. 또한 증가하는 실업문제에서 야기되는 근로자의 생활안정과 노동의 유연성을 가져오기 위하여 고용보험을 전면적으로 확대, 실시하게 되었고 제도의 시행을 통하여 근로자 및 사회 전반의 구조적 불안을 감소시키는 결과를 가져왔다.

사회구조적 문제에서 발생하는 다양한 실업 및 빈곤과 같은 사회적 불안감의 확산은 정치적 불안정과 계층 간의 대립과 분열을 조장하는 것이므로 사회적 안정과 통합을 위하여 국가는 사회복지제도를 정비 · 확충하게 된다. 발생하는 사회적 변화는 사회복지제도 변천의 동인(動因)이며, 사회복지제도는 정치적 안정을 가져오는 동인(動因)이라 할 수 있다(강용규 외, 2011).

제 4 절 사회복지와 사회사업 및 사회보장

1. 사회복지와 사회사업

사회복지와 사회사업이란 용어는 가끔 혼동되고 때로는 동의어로 사용된다. 실제로 사회복지는 폭넓은 의미를 가지는데, 사회사업, 사회복지정책, 기타 사회복지와 관련된 프로그램과 활동을 모두를 포함하며, 사회사업은 사회복지라는 광범위한 사회제도 내에서의 중요한 전문직이다(Skidmore & Thackeray, 2000).

사회복지이든 사회사업이든 그 궁극적인 목표는 사회적 개입을 통하여 개별적, 또는 집단, 조직, 지역사회 및 전체 사회 속에서 사람들의 삶의 질을 개선하려는 것이다.

우리나라의 경우, 1950년대부터 1970년대 중반까지 미국 등 서구의 영향을 받아 '사회사업(social work)'이라는 개념이 교육이나 실천현장에서 통용되었다. 그러나 1970년대 후반에 이르면서 '사회사업의 토착화' 과제가 제기되었고, 당시 우리나라의 사회문제를 고려할 때 '사회복지'라는 광의의 제도적 접근이 필요하다고 하여 학계나 실천현장에서 '사회사업(social work)'이라는 이념적 접근이 우위를 차지하게 되었다.

1980년대에는 사회사업과 사회복지라는 용어가 혼용되어 오다가 1990년대에 이르러 '사회복지'라는 용어로 통일되는 경향이 나타나게 되었다(박종삼, 2002). 또한 사회복지는 개인 및 집단과 지역사회의 문제에 관심을 두고 이들의 사회적 욕구를 충족시키기 위한 제반 법률, 프로그램 및 서비스 체계이며, 사회사업은 이를 이루기 위한 사회사업가들의 전문적인 활동이라고 할 수 있겠다.

이상과 같은 사회복지와 사회사업을 비교해보면 〈표 1-3〉과 같다.

〈표 1-3〉 사회복지와 사회사업의 비교

구 분	사회복지	사회사업
어의적	이상적 측면을 강조	실천적 측면을 강조
목적적	환경 지향적	인간 지향적
대상적	전체적, 불특정적	부분적, 특정적
방법적	제도, 정책, 고정적	지식, 기술, 역동적
기능적	사전적, 예방적, 적극적	사후적, 치료적, 소극적

출처 : 전재일 외(2010).

2. 사회복지와 사회보장

사회복지와 사회보장은 국민들의 생활상의 곤란과 위험에 대응하기 위한 사회적 제도라는 점에서 같은 목적을 가지고 있다.

사회복지와 사회보장은 마치 동전의 양면과 같은데, 사회보장은 인간의 사회적인 위험에 대비하는 경제적 소득보장에 대응하는 제도 및 체계로 간주되고, 사회복지는 사회보장을 전제로 하여 인간의 사회생활상의 곤란, 즉 사회적 기능에 대응하는 제도 및 체계로 정의된다.

최근 들어 사회복지 대상자가 빈곤층에 한정되지 않고 중산층에 속한 사람들의 기능상의 곤란과 장애가 사회복지적인 욕구로 부각되면서 사회복지의 독자적인 영역과 역할이 더욱 주목받고 있다.

참고문헌

강용규(2011). 『사회복지개론』. 공동체.

김민주 외(2009). 『사회복지개론』. 공동체.

김성천(2009). 『사회복지개론』. 나남출판사.

박광준(2004). 『고령사회의 노인복지정책』. 현학사.

박석돈 외(2016). 『사회복지개론』. 양성원.

박용순(2009). 『사회복지개론』. 학지사.

박종삼 외(2002). 『사회복지학개론』. 학지사.

신등순(2007). 지역밀착형 포괄적 복지서비스에 관한 연구. 고려대학교 대학원 석사학위논문.

원석조(2021). 『사회복지개론』. 양서원.

전재일 외(2010). 『사회복지개론』. 형설출판사.

조흥식 외(2013). 『사회복지학개론』. 창지사.

Dunham, A.(1970). *The New Community Organization*. New York : Thomas Y. Crowell Co.

Forder, A. et al.(1984). *Theories of Welfare*. London : RKP.

Friedlander, W. A. & Apte, R. T. Z.(1980). *Introduction to Social Welfare*. Englewood Cliffs, NJ : Prentice-Hall.

Furniss, N. & Tilton, T.(1979). *The Case for the Welfare State From Social Security to Social Equality*. Bloomington : Indiana University Press.

George, V. & Wilding, P.(1984). *The Impact of Social Policy*. London : RKP.

Johnson, H. W.(1982). *The Social Services an Introduction*. Itasca, Ⅲ. : F. E. Peacock Publishers, Inc.

Kirst-Ashman, K. K.(2003). *Introduction to Social Work and Social Welfare : Critical Thinking Perspectives*. CA : Thomson.

NASW(1999). Code of Ethics of the National Association of Social Workers.

Pinker(1979). *Social Theory and Social Policy*. London : Morrison and Gibb.

Skidmore, R. A. & Thackeray, M. G.(1982). *Introduction to Social Work*(3th ed.). Englewood Cliffs, N.J. : Prentice-Hall. Inc.

Titmuss, R. M.(1974). *Social Policy : An Introduction*. London : Allen & Unwin.

Watson, D.(1985). *A Code of Ethics for Social Work*. London : RKP.

Wilensky, H. L. & Lebeaux, C. N.(1965). *Industrial Social and Welfare*. New York : The Free Press.

Zastrow, C.(2006). *Social Work with Groups : A Comprehensive Workbook*(6th ed.). Thomson Brooks/Cole.

Chapter 02

사회복지 동기, 가치, 윤리 및 구성요소

제 1 절 사회복지의 동기, 가치, 윤리

인간의 삶의 욕구를 충족시키기 위해 사회복지는 여러 가지 동기에서 시작된다.

일반적으로 동기(motivation)는 '사람으로 하여금 특정한 행동을 유발하는 내적 요인'을 의미한다. 매카로브(Macarov, 1978)는 사회복지의 동기를 크게 상호부조, 종교적 교리, 정치적 배려, 경제적 이득, 이데올로기의 명분으로 구분하면서 사회복지제도를 이런 여러 동기들이 복합적으로 작용한 결과로 설명하였다(김상균 외, 2006). 여기에서는 상호부조의 동기, 종교적 동기, 공리주의적 동기, 반사회적 동기, 경제적 동기, 전문직업적 동기로 구분하여 살펴보고자 한다.

1. 사회복지의 동기

1) 상호부조의 동기

상호부조(mutual aid)의 동기는 '서로가 서로를 돕는다'는 뜻으로 가장 오래되고 보편적인 사회복지의 동기이다. 현대사회에서도 일상생활 속에서 서로 접하게 되는 가족, 이웃, 노동조합, 자조집단(self-group), 지역사회, 다양한 사회복지제도 등을 통해 여전히 중요한 사회복지의 동기로서 작용하고 있다.

상호부조는 인간의 욕구충족의 동기에 기인하지만 결과적으로 인간이 소속된 집단적 관계를 보다 긴밀하게 유지하는 역할을 수행한다. 따라서 상호부조의 핵심적 목표는 경제적 이득이 아니라 사회적 연대의 확산이라고 할 수 있으며, 이것은 사회복지의 궁극적인 목표와도 일치한다고 볼 수 있다(Mauss, 1990). 한편 상호부조의 동기는 현대사회가 점차 개인주의화됨에 따라 전통사회에 비해 상호부조의 동기가 약화되는 것은 사실이나, 동시에 사회복지제도를 통해 다시 회복하거나 유지할 수도 있다(Macarov, 1978).

2) 종교적 동기

종교적 동기(religious motives)는 인간이 사회적 동물일 뿐만 아니라 종교적 동물이라는 전제하에 접근하고 있다.

특히, 기독교의 경우를 중심으로 살펴보면 예수 그리스도의 직접적인 교훈과 행적은 4복음서(마태복음, 마가복음, 누가복음 및 요한복음)에서 상세히 찾아볼 수 있다. 복음서는 무엇보다도 예수 그리스도의 사랑, 친절 및 평화의 기본 정신을 사람들에게 나타내 보이고 있다. 즉, 모든 인간은 서로 형제처럼 사랑하고 또 세상에 있어서는 거룩한 의무를 다함으로써 하나님의 은총을 입어 영생을 누릴 수 있게 된다는 것이다. 따라서 자선행위는 이러한 종교적 교리가 바탕이 되어 형제애나 이웃사랑으로 서로 돕고 나아가서는 불우한 타인까지도 돕는 일이다.

이와 같은 종교적 동기가 사회복지의 발달사에 미친 영향은 크다고 할 수 있다. 그런데 이러한 동기와 영향을 과대시한 나머지 기독교뿐만 아니라 다른 종교를 가진 종교인만이 좋은 사회복지사가 될 수 있는 것으로 보는 견해도 있으나 사회복지실천의 전문적 입장에서는 그렇게 볼 수 없다(Niebuhr, 1932).

3) 공리주의적 동기

공리주의는 영국의 벤담(Bentham)에 의하여 체계화되었고, 밀(Mill)과 그의 아들을 중심으로 한 철학적 급진주의자에 의하여 발전되었다. 개인주의와 합리주의를 사상적 기초로 하여 공리 또는 최대의 행복원리를 도덕의 기초로 삼는다. 특히 벤담은 국가의 기초는 계약에 있는 것이 아니라 인간의 필요성에 있고, 그 필요성이란 개인을 산술적으로 계산한 것에 있다고 주장했다. 이처럼 벤담의 주장이 어떠한 질적(質的) 차이도 무시된 다수인의 행복이라는 점에서는 벤담의 공리주의를 그대로 계승하였으나, 쾌락이 모두 양적(量的)으로 계산될 수 있는 것이 아니라 질적인 차이를 가지는 것이며 감각적 쾌락보다는 정신적 쾌락이 더 중요하다고 함으로써 공리주의를 수정하였다.

종교와 도덕적 선입관을 배제하고 객관적으로 관찰한다면 모든 사람은 고통을 가능한 한 제거하거나 피하려고 하는 반면 가능한 한 향락을 추구한다. 그러나 이러한 본래의 의도는 마침내 영국의 산업혁명과 더불어 일어난 개인주의적 사상의 대두로 인하여 사회복지도 마치 다른 사업이나 일반 산업조직과 같은 태도로써 임하기에 이르렀던 것이다.

4) 반사회적 동기

반사회적 생성 동기(antisocial motives)는 당시의 반사회적 계층들에게 기본적 생활이 가능하도록 국가적인 구제사업을 실시했다는 측면에서 그 근원을 찾아볼 수가 있다. 그 시기는 14세기 중엽 유럽의 흑사병 유행에서 장원의 붕괴, 가내공업의 발달, 길드의 쇠퇴, 인구의 이동성 증대, 경제적 및 사회적 변동 등에 의해서 도출된 영국의 구빈법 실시부터 시작하여 산업혁명까지를 말한다.

1601년 영국의 엘리자베스 1세 때 제정한 구빈법(The Poor Law)은 매우 엄격한 법으로 당시의 상황을 잘 반영하고 있었다. 즉, 사회에는 정상과 비정상의 두 계층의 부류가 있는데, 비정상적 계층은 일할 수 없거나 일하려고 하지 않는 사람들로 여겨 이들을 배척한 시대였다(최웅 외, 2008 재인용).

5) 경제적 동기

사회복지의 경제적 동기는 사회복지를 정부가 주도해서 제공하는 것이 다른 방법보다 더 효율적이기 때문에 나타나게 된다. 일반적으로 자본주의 사회에서 재화를 분배하는 가장 효율적인 방법은 시장을 활용하는 것으로 알려져 있다. 하지만 시장이 재화를 효율적으로 분배하지 못하는 이른바 시장실패가 발생하는 경우, 시장을 대신하여 정부가 재화를 분배하는 것이 더 효율적이다.

6) 전문직업적 동기

전문직업적 동기(professional motives)는 법률이든 교육이든 의학이든 간에 그것을 취급하는 방향이 인권옹호, 인격형성, 정신치료, 신체치료 등과 같이 전문분야가 다를 수 있지만, 결과적으로 사회복지 대상자에게 일종의 서비스를 제공한다는 점에서 그 유래를 찾을 수 있다. 클라크(Clarke) 여사는 "오늘날 많은 사람이 법률이나 의학에 종사함과 같이 사회복지에 종사하여 도움을 필요로 하는 사람들에게 전문적 서비스를 제공하는 추세"라고 하면서, 전문직업적 동기에서 사회복지의 선호도가 점차 증대되고 있다는 것을 강조하고 있다. 즉, 사회복지사도 여타 전문직인 법률가, 의사, 교육자 등과 같이 사회복지 전문직으로서의 철학과 윤리에 근거하여 최선의 사회복지서비스를 제공하며, 이에 상응하는 대가를 받을 필요가 있기 때문이다.

그러므로 사회복지사는 도움을 필요로 하는 사람들에게 바람직한 사회적 기능을 수행함으로써 행복할 수 있도록 의도적으로 변화시키는 과정에서 인간과 사회환경에 대한 전문가적 지식과 윤리와 가치 그리고 실천적 기술이 요구된다. 이런 측면에서 사회복지는 전문적 동기에 입각하여 충실한 서비스를 수행하고자 하는 노력이 이어지고 있다(윤철수 외, 2008).

전문직업적 동기만을 고려할 때, 우리 사회에서 사회복지사의 직무에 대한 만족도는 그리 높지 않은 실정이다. 우리나라 사회복지사는 사회적 공헌, 소속감, 직장에 대한 자부심 등에서는 상당히 만족하고 있는 반면, 사회적 인정, 승인, 임금, 개인생활 등에 만족하는 정도는 낮은 것으로 나타나고 있다(김상균 외, 2011).

2. 사회복지의 가치

바틀렛(Bartlett)에 의하면 가치는 선이며, 바람직한 것으로 본다. 레비(Levy)는 가치란 인간에 관하여 그리고 인간을 다루는 적절한 방법에 대하여 전문직이 갖는 신념으로 본다. 사회복지의 가치를 언급함에 있어서 가치는 삶의 문제를 겪고 있는 사람들을 사람답게 살 수 있도록 돕는 매우 중요한 의미를 갖는다고 할 수 있다. 왜냐하면 사회복지의 실천이 가치를 기반으로 동기화되거나 기능화되기 때문이다. 일반적으로 가치(value)는 문화, 인간집단, 개인이 바람직한 것으로 생각하는 관습, 신념, 행동기준 및 원칙이다. 또한 가치란 인간에 관하여 그리고 인간을 다루는 적절한 방법에 대하여 전문직이 갖는 신념을 의미한다. 그러나 가치란 그 소속이 고정되어 영원불변한 것이 아니라 시대와 장소 그리고 가치를 주장하는 사람들에 따라 다양하게 변화하고 있다. 사회복지의 가치와 관련된 것을 살펴보면 다음과 같다(남기민, 2011).

1) 인간의 존엄성

인간의 존엄성(worth and dignity of individual)은 사회복지의 철학이고 가장 중요한 기본 가치가 되고 있다(Compton & Galaway, 1984).

사회복지란 근본적으로 어떤 사람이든 누구에게나 인간의 존엄성을 지켜나가면서 인간으로서 대우받을 수 있는 생활보장을 그 목적으로 한다. 따라서 누구든지 어떠한 문제로 인하여 인간의 존엄성을 훼손당하거나 위협받는 경우가 존재해서는 안 된다(한인영 외, 2011). 여기에는 장애인이든, 천재이든, 남성이든, 여성이든, 노인이든, 아동이든 간에 다르지 않다. 때문에 우리나라 「헌법」 제10조에서 "모든 국민은 인간으로서 존엄과 가치를 가지며 행복을 추구할 권리를 가진다"라고 하였으며, 헌법 제34조에서도 "모든 국민은 인간다운 생활을 할 권리를 가진다"고 하여 천부적인 인간의 존엄성을 헌법에 명시하고 있다.

오늘날 가족이나 개인, 집단, 지역사회 및 보다 큰 사회의 복지로 실천하게 된다. 그러나 그 중에서도 가장 기본적이며 중요한 것은 개인이며, 따라서 개인의 권리와 존엄성은 결코 무시되어서는 안 될 만큼 중요한 핵심적 요소가 되고 있음에 주목하지 않을 수 없다.

2) 평등

평등은 사회적 자원의 재분배를 통하여 사회구성원의 삶의 질을 골고루 향상시키고자 하는 가치이다(장인협 외, 2016).

평등을 살펴보면 산술적 평등(numerical equality), 비례적 평등(proportional equality), 기회의 평등(equal opportunity)이 있다. 먼저 산술적 평등은 결과의 평등(equality of result)으로 모든 사람에게 그들의 욕구나 능력의 차이에 상관없이 사회적 자원을 똑같이 분배하는 가장 적극적인 평등이다. 그리고 비례적 평등은 공평(equality)으로 개인의 욕구, 능력, 기여 정도에 따라 사회적 자원을 다르게 분배하는 평등이다. 끝으로 기회의 평등은 결과를 무시한 채 과정상의 기회만을 똑같이 해주는 평등으로, 가장 소극적인 평등이다.

사회복지에서 평등이라고 표현할 때 사회주의 사회의 경우 산술적 평등이 중심가치가 되고, 자본주의 사회의 경우는 비례적 평등과 기회의 평등을 강조한다. 우리나라 「헌법」 전문에는 기회의 균등, 「헌법」 제11조에는 법 앞에서의 평등, 「헌법」 제31조에서는 교육기회균등, 「헌법」 제36조에서는 혼인과 가정생활에서 양성평등을 규정하고 있다.

3) 생존권의 보장

빈곤, 교통사고, 질병 또는 재해로 인간의 생활이 최저생활 수준에 미달하거나 생계위협을 받는 생존권을 집단적 · 사회적으로 보장하는 것이 생존권보장의 가치이다. 우리나라 「헌법」 제34조에서는 "모든 국민은 인간다운 생활을 할 권리를 가진다"라고 규정함으로써 생존권의 보장을 명시하고 있다.

4) 자기결정권

자기결정권은 모든 사람은 자신이 무엇을 요구하며 그것을 어떻게 충족할 것인가를 스스로 선택하고 결정을 내릴 수 있는 자유로운 권리를 갖고 있다는 것이다.

인간의 자기결정의 권리는 클라이언트의 의사결정 능력 및 법률이나 도덕, 사회복지기관 기능의 범위에 따라 제한을 받을 수 있다.

5) 사회적 연대의식

모든 인간은 상부상조의 정신에 입각하여 자기 자신, 가족, 사회 전체에 대해 공동체적 책임을 져야 한다는 사회적 연대의식을 강조한 가치이다. 오늘날 빈곤, 질병, 노령, 산업재해 등 사회적 위험에 대하여 국가적 차원에서 마련되고 있는 사회보험제도들은 이러한 사회적 위험에 대한 공동의 협동과 책임을 전제로 한 사회적 연대의식이라는 가치의 실현이다(박경일 외, 2011).

3. 사회복지의 윤리

1) 윤리란?

윤리(ethics)란 인간의 행위와 도덕적 의사결정에 관련되는 철학의 한 분야이다. 윤리는 사람들에게 옳고 그름을 나타내는 판단기준이며 인간이 마땅히 지켜야 할 도리이다. 윤리는 무엇이 옳고 틀리는가와 관련이 있다. 윤리는 사람에게 스스로가 추구하는 가치를 일관되게 행동하도록 지시하는 행동규범으로서 윤리적 판단에 따른 행동을 수행하기 위해서는 기준이 되는 규범이 필요하다.

따라서 윤리는 인간의 행동을 통제하거나 규제하는 기준이나 원칙까지 포함하는 개념으로 일반적으로 타인에 대한 책임감에서 우러나오는 인간에 대한 기대를 말한다(양옥경 외, 2010).

사회복지윤리는 사회복지의 기본적 사명과 그에 근거한 제반 실천활동의 도덕적 측면에 대한 개념, 원칙, 이론 등을 정립하고 이를 정당화하는 체계적 노력이라 할 수 있다. 윤리는 가치로부터 나오기 때문에 일반 가치와 사회복지의 가치는 사회복지사와 같은 실천가에게는 윤리적 결정을 내리는 데 현명한 선택을 할 수 있는 근거가 된다.

2) 윤리 중요성

사회복지사의 직무는 클라이언트와 전문적 인간관계를 형성하지 않으면 충분한 도움을 주기가 힘들 뿐만 아니라 돕는 일에 있어 윤리적 결정을 내려야 하는 다양한 상황에 직면하기도 한다. 또한 사회복지사들은 다른 직업에 비해 인간관계를 깊이 다루는 직업이기 때문에 그 봉사의 질적 책임을 위해 윤리강령이 필요하며 그들의 윤리의식을 증명하기 위해 다양한 연구가 진행되었던 것처럼 사회복지의 윤리는 중요하다고 할 수 있다.

리머(Reamer, 1994)는, 유능한 실천은 효과적이나 윤리적 실천은 의무적이라고 강조하였다. 이는 곧 윤리적 실천은 선택이 아닌 의무이므로 그 결과가 효과적이지 못할지라도 반드시 윤리적으로 행동해야 한다는 것을 의미한다. 또한 사회복지 윤리란 내부적으로는 사회복지사가 해야 할 행동을 강제하며 외부적으로는 사회복지사의 실천에 대한 평가의 요소가 된다. 그러므로 사회복지실천에 있어서 가치화된 행위와 태도들은 사회복지 윤리의 특성을 나타내며 사회복지의 윤리적 원칙은 사회복지사에 대한 평가의 범주를 포함하므로 사회복지 윤리가 윤리적 · 법적 문제와 연관되어 있다는 것이다. 특히 평가와 법적 문제에서 윤리적 원칙은 클라이언트를 보호하는 기능을 하게 되므로 사회복지에서 윤리는 중요하다고 할 수 있다(박기선, 2011).

3) 윤리적 딜레마

사회복지사가 전문가로서 지켜야 할 윤리적 가치나 원칙이 서로 충돌하고 있어 주어진 상황에서 어떠한 실천활동이 가장 윤리적으로 올바른 것인지를 판단하기 어려운 상태를 '윤리적 갈등' 또는 '윤리적 딜레마'라고 한다.

윤리적인 원칙 사이의 딜레마를 해결하는 가장 보편적인 방법은 원칙을 서열화하는 것이다. 비록 원칙을 서열화하는 것이 쉽지는 않지만 필수적인 작업이며, 이러한 윤리적 딜레마에 직면하였을 때 윤리적 의사결정을 할 수 있는 필요한 기준이나 지침이 요구된다.

사회복지사가 최선의 윤리적 결정을 돕기 위해 로웬버그와 돌고프(Lowenberg & Dolgoff, 1996)가 제시한 윤리원칙과 일반결정모델은 다음과 같다.

(1) 윤리원칙심사(Ethical Principles Screen : EPS) 기준

- 윤리원칙 ① : 생명보호의 원칙
- 윤리원칙 ② : 평등 및 불평등의 원칙
- 윤리원칙 ③ : 자율과 자유의 원칙
- 윤리원칙 ④ : 최소 해악의 원칙
- 윤리원칙 ⑤ : 삶의 질의 원칙
- 윤리원칙 ⑥ : 사생활 보호 및 비밀보장의 원칙
- 윤리원칙 ⑦ : 성실의 원칙

첫째, 인간의 생명보호의 원칙은 클라이언트를 비롯한 모든 사람에게 적용된다. 대부분의 의사는 삶의 질이나 경제적 비용에 상관없이 인간의 생명을 구하고 생명을 연장시키기 위해 이 원칙을 지킨다.

둘째, 평등과 불평등의 원칙에 따르면 동등한 사람들은 평등하게 처우받아야 하며, 동등하지 않는 상황의 사람들은 상황 그 자체가 사안이 되고 있다면 그에 따라 다르게 처우되어야 할 권리를 가진다.

셋째, 사회복지사는 개인의 자율성과 독립성 그리고 자유를 신장시키는 실천적 결정을 해야 한다. 그러나 이 원칙은 생명보호의 원칙을 우선할 수 없다. 클라이언트가 자기 자신이나 다른 사람을 해칠 위험이 있는 결정을 하려고 할 때 사회복지사는 이에 개입해야 할 의무가 있다.

넷째, 사회복지사는 손실만 초래될 가능성이 높음에도 불가피하게 선택해야만 할 때가 있다. 비록 손실이 발생한다 해도 영구적 손실이 가장 최소화되거나 또는 발생할 손실이 가장 쉽게 회복될 수 있는 기회를 선택해야 한다.

다섯째, 사회복지사는 지역사회뿐만 아니라 개인과 모든 사람의 삶의 질을 좀 더 향상시키는 기회를 선택해야 한다.

여섯째, 사회복지사는 모든 사람의 사생활보호의 권리를 신장시키는 실천적 결정을 해야 한다.

일곱째, 사회복지사는 클라이언트와 다른 사람에게 진실을 말하고 모든 관련 정보를 충분히 개방하는 것을 허용하는 실천적 결정을 해야 한다.

(2) 일반결정모델

- 1단계 : 문제가 무엇인지, 문제를 야기하는 요인은 무엇인지를 확인한다.
- 2단계 : 누가 클라이언트이고 피해자인지, 지지체계와 다른 전문가 등 해당 문제와 관련된 사람과 단체는 누구인지 확인한다.
- 3단계 : 사회적 가치, 전문가로서의 가치, 클라이언트와 사회복지사의 개인적 가치 등 두 번째 단계에서 확인된 다양한 주체들이 주어진 문제와 관련해서 어떤 가치가 있는지 확인한다.
- 4단계 : 주어진 문제를 해결하거나 혹은 최소한 문제의 정도를 경감시킬 수 있는 개입목표를 명확히 한다.
- 5단계 : 개입수단과 개입대상을 확인한다.
- 6단계 : 확정된 목표에 따라 설정된 각 개입방안의 효과성과 효율성을 평가한다.
- 7단계 : 누가 의사결정에 참여할 것인가를 결정한다.
- 8단계 : 개입방법을 선택한다.
- 9단계 : 선택된 개입방법을 수행한다.

- 10단계 : 선택된 개입방법이 수행되는 것을 검토하며 예상하지 않았던 결과가 나타나는지 주의를 기울인다.
- 11단계 : 결과를 평가하고 추가적인 문제들이 무엇인지 확인한다.

(3) 미국 사회복지교육협의회의 윤리기준

미국 사회복지교육협의회에서 사회복지사의 윤리기준으로 제시한 내용은 다음과 같다.

① 사회복지사의 전문직 관계는 개인적 가치, 존엄에 근거하여 세워지고, 상호 참여, 수용, 비밀보장, 정직, 그리고 책임감 있게 갈등을 다룰 수 있는 능력에 의해 더욱 견고해진다.

② 사회복지사는 사람들이 독립적으로 결정을 내릴 수 있는 권리와 원조과정에 참여할 수 있는 권리를 존중한다.

③ 사회복지사는 클라이언트체계가 필요한 자원을 얻도록 돕는 일에 참여한다.

④ 사회복지사는 사회제도가 더 인도적이고 인류의 필요에 더욱 민감하도록 노력한다.

⑤ 사회복지사는 다양한 민족, 인종의 각기 독특한 특성에 대해 존중하고 수용한다.

⑥ 사회복지사는 자신의 윤리적 행위, 실천의 질, 지식과 기술을 끊임없이 발전시키도록 노력한다.

(4) 우리나라의 사회복지사 윤리강령

한국사회복지사 윤리강령은 전문과 윤리기준으로 구성되어 있다. 윤리기준은 크게 다섯 부문으로 나누어져 있다. 사회복지사의 기본적인 윤리기준, 클라이언트에 대한 윤리기준, 동료에 대한 윤리기준, 사회에 대한 윤리기준, 그리고 기관에 대한 윤리기준이 그것이다.

◆ 윤리기준 ◆

Ⅰ. 사회복지사의 기본적 윤리기준

1. 전문가로서의 자세

1) 사회복지사는 전문가로서의 품위와 자질을 유지하고, 자신이 맡고 있는 업무에 대해 책임을 진다.
2) 사회복지사는 클라이언트의 종교 · 인종 · 성 · 연령 · 국적 · 결혼 상태 · 성 취향 · 경제적 지위 · 정치적 신념 · 정신, 신체적 장애 · 기타 개인적 선호, 특징, 조건, 지위를 이유로 차별대우를 하지 않는다.
3) 사회복지사는 전문가로서 성실하고 공정하게 업무를 수행하며, 이 과정에서 어떠한 부당한 압력에도 타협하지 않는다.
4) 사회복지사는 사회정의 실현과 클라이언트의 복지증진에 헌신하며, 이를 위한 환경 조성을 국가와 사회에 요구해야 한다.
5) 사회복지사는 전문적 가치와 판단에 따라 업무를 수행함에 있어, 기관 내외로부터 부당한 간섭이나 압력을 받지 않는다.
6) 사회복지사는 자신의 이익을 위해 사회복지 전문직의 가치와 권위를 훼손해서는 안 된다.
7) 사회복지사는 한국사회복지사협회 등 전문가단체 활동에 적극 참여하여, 사회정의 실현과 사회복지사의 권익옹호를 위해 노력해야 한다.

2. 전문성 개발을 위한 노력

1) 사회복지사는 클라이언트에게 최상의 서비스를 제공하기 위해, 지식과 기술을 개발하는 데 최선을 다하며 이를 활용하고 전파할 책임이 있다.
2) 클라이언트를 대상으로 연구하는 사회복지사는 저들의 권리를 보장하기 위해, 자발적이고 고지된 동의를 얻어야 한다.
3) 연구과정에서 얻은 정보는 비밀보장의 원칙에서 다루어져야 하고, 이 과정에서 클라이언트는 신체적 · 정신적 불편이나 위험 · 위해 등으로부터 보호되어야 한다.

4) 사회복지사는 전문성을 개발하기 위해 노력하되, 이를 이유로 서비스의 제공을 소홀히 해서는 안 된다.
5) 사회복지사는 한국사회복지사협회 등이 실시하는 제반 교육에 적극 참여하여야 한다.

3. 경제적 이득에 대한 태도

1) 사회복지사는 클라이언트의 지불능력에 상관없이 서비스를 제공해야 하며, 이를 이유로 차별대우를 해서는 안 된다.
2) 사회복지사는 필요한 경우에 제공된 서비스에 대해, 공정하고 합리적으로 이용료를 책정해야 한다.
3) 사회복지사는 업무와 관련하여 정당하지 않은 방법으로 경제적 이득을 취하여서는 안 된다.

Ⅱ. 사회복지사의 클라이언트에 대한 윤리기준

1. 클라이언트의 관계

1) 사회복지사는 클라이언트의 권익옹호를 최우선의 가치로 삼고 행동한다.
2) 사회복지사는 클라이언트에 대하여 인간으로서의 존엄성을 존중해야 하며, 전문적 기술과 능력을 최대한 발휘한다.
3) 사회복지사는 클라이언트가 자기결정권을 최대한 행사할 수 있도록 도와야 하며, 저들의 이익을 최대한 대변해야 한다.
4) 사회복지사는 클라이언트의 사생활을 존중하고 보호하며, 직무수행 과정에서 얻은 정보에 대해 철저하게 비밀을 유지해야 한다.
5) 사회복지사는 클라이언트가 받는 서비스의 범위와 내용에 대해, 결정하고 충분한 정보를 제공함으로써 알 권리를 인정하고 존중해야 한다.
6) 사회복지사는 문서 · 사진 · 컴퓨터 파일 등의 형태로 된 클라이언트의 정보에 대한 비밀보장의 한계 · 정보를 얻어야 하는 목적 및 활용에 대해 구체적으로 알려야 하며, 정보 공개 시에는 동의를 얻어야 한다.
7) 사회복지사는 개인적 이익을 위해 클라이언트와의 전문적 관계를 이용하여서는 안 된다.
8) 사회복지사는 어떠한 상황에서도 클라이언트와 부적절한 성적 관계를 가져서는 안 된다.

9) 사회복지사는 사회복지 증진을 위한 환경조성에 클라이언트를 동반자로 인정하고 함께 일해야 한다.

2. 동료의 클라이언트와의 관계

1) 사회복지사는 적법하고도 적절한 논의 없이 동료 혹은 다른 기관의 클라이언트와 전문적 관계를 맺어서는 안 된다.
2) 사회복지사는 긴급한 사정으로 인해 동료의 클라이언트를 맡게 된 경우, 자신의 의뢰인처럼 관심을 갖고 서비스를 제공한다.

Ⅲ. 사회복지사의 동료에 대한 윤리기준

1. 동료

1) 사회복지사는 존중과 신뢰로서 동료를 대하며, 전문가로서의 지위와 인격을 훼손하는 언행을 하지 않는다.
2) 사회복지사는 사회복지 전문직의 이익과 권익을 증진시키기 위해 동료와 협력해야 한다.
3) 사회복지사는 동료의 윤리적이고 전문적인 행위를 촉진시켜야 하며, 이에 반하는 경우에는 제반 법률규정이나 윤리기준에 따라 대처해야 한다.
4) 사회복지사가 전문적인 판단과 실천이 미흡하여 문제를 야기하였을 때에는 적절한 조치를 취하여 클라이언트의 이익을 보호해야 한다.
5) 사회복지사는 전문직 내 다른 구성원이 행한 비윤리적 행위에 대해 제반 법률규정이나 윤리기준에 따라 조치를 취해야 한다.

2. 슈퍼바이저

1) 슈퍼바이저는 개인적인 이익의 추구를 위해 자신의 지위를 이용해서는 안 된다.
2) 슈퍼바이저는 전문적 기준에 의해 공정하게 책임을 수행하며, 사회복지사·수련생 및 실습생에 대한 평가는 저들과 공유해야 한다.
3) 사회복지사는 슈퍼바이저의 전문적 지도와 조언을 존중해야 하며, 슈퍼바이저는 사회복지사의 전문적 업무수행을 도와야 한다.
4) 슈퍼바이저는 사회복지사 수련생 및 실습생에 대해 인격적·성적으로 수치심을 주는 행위를 해서는 안 된다.

Ⅳ. 사회복지사의 사회에 대한 윤리기준

1) 사회복지사는 인권존중과 인간평등을 위해 헌신해야 하며, 사회적 약자를 옹호하고 대변하는 일을 주도해야 한다.
2) 사회복지사는 필요한 사회서비스를 개발하기 위한 사회정책의 수립 · 발전 · 입법 · 집행에 적극적으로 참여하고 지원해야 한다.
3) 사회복지사는 사회환경을 개선하고 사회정의를 증진시키기 위한 사회정책의 수립 · 발전 · 입법 · 집행을 요구하고 옹호해야 한다.
4) 사회복지사는 자신이 일하는 지역사회의 문제를 이해하고, 그것을 해결하는 일에 적극적으로 참여해야 한다.

Ⅴ. 사회복지사의 기관에 대한 윤리기준

1) 사회복지사는 기관의 정책과 사업목표의 달성서비스의 효율성과 효과성의 증진을 위해 노력함으로써 클라이언트에게 이익이 되도록 해야 한다.
2) 사회복지사는 기관의 부당한 정책이나 요구에 대하여, 전문직의 가치와 지식을 근거로 이에 대응하고 즉시 사회복지윤리위원회에 보고해야 한다.
3) 사회복지사는 소속기관 활동에 적극 참여함으로써 기관의 성장발전을 위해 노력해야 한다.

사회복지윤리위원회의 구성과 운영

1) 한국사회복지사협회는 사회복지윤리위원회를 구성하여, 사회복지윤리실천의 질적인 향상을 도모하여야 한다.
2) 사회복지윤리위원회는 윤리강령을 위배하거나 침해하는 행위를 접수받아 공식적인 절차를 통해 대처하여야 한다.
3) 사회복지사는 한국사회복지사협회의 윤리적 권고와 결정을 존중하여야 한다.

사회복지사 선서문

나는 모든 사람들이 인간다운 삶을 누릴 수 있도록, 인간존엄성과 사회정의의 신념을 바탕으로, 개인 · 가족 · 집단 · 조직 · 지역사회 · 전체 사회와 함께한다.

나는 언제나 소외되고 고통 받는 사람들의 편에 서서, 저들의 인권과 권익을 지키며, 사회의 불의와 부정을 거부하고, 개인이익보다 공공이익을 앞세운다.

나는 사회복지사 윤리강령을 준수함으로써 도덕성과 책임성을 갖춘 사회복지사로 헌신한다.

나는 나의 자유의지에 따라 명예를 걸고 이를 엄숙하게 선서합니다.

제 2 절 사회복지의 욕구

'욕구(need)'란 유기체가 건강한 삶을 영위하기 위해 반드시 필요한 것을 말한다. 따라서 결핍되면 기능장애나 죽음과 같이 명백하게 부정적인 결과를 초래한다는 점에서 욕강(wants)과 구분된다(위키백과사전). 욕망은 필수적이거나 기본적인 것들이 충족된 상태에서 정신적으로나 물질적으로 더 많이 가지려는 바람이나 행동을 의미한다.

욕구를 좀 더 구체적으로 살펴보면 심리학에서는 개인이 그의 복지에 유해한 것으로 느껴지는 어떠한 결핍 혹은 부족을 의미한다. 국어사전에서는 무엇을 얻거나 무슨 일을 하고자 바라는 일이라 하고 있다.

1. 매슬로우의 욕구위계이론

매슬로우(Maslow, 1908~1970)는 인간이 특정한 목적의식을 가지고 어떠한 행동을 하는 것은 단순히 인간이 가지고 있는 논리적인 사고의 결과가 아니라 그 내면에 잠재해 있는 욕구충족의 필요성 때문이라고 하였다. 그의 임상적인 관찰에 의하면 인간은 기본적으로 다섯 가지 종류의 기본적인 욕구를 가지고 있다고 한다. 다섯 가지 기본 욕구는 다음과 같다.

(1) 생리적 욕구(physiological needs)

인간의 욕구 중에게 가장 기본적인 욕구로서 음식, 물, 공기, 수면, 성적 욕구, 추위, 더위로부터의 보호 그리고 감각적 자극에 대한 욕구 등이 포함된다. 즉, 인간이 신체적·생물학적 항상성(homeostasis)을 유지하기 위해 요구되는 것들을 얻고자 하는 욕구로서 생명 유지 및 생존을 위해 기본적으로 필요하며 그 어떤 욕구보다 우선하는 욕구이다.

(2) 안전의 욕구(safety needs)

일단 생리적 욕구가 만족되면 개인은 안전의 욕구(safety needs)에 관심을 갖게 된다. 이러한 욕구가 생기는 주된 이유는 모든 개인이 확실하고, 잘 정돈되고, 조직화되고 예측할 수 있는 환경 내에서 생활하고 싶어 하기 때문이다.

(3) 소속 및 애정의 욕구(belonging and love needs)

주로 인간관계와 관련된 욕구로서 가족, 친구, 친척들과 친교를 맺고 타인들과 어울리고 싶어 한다든지 하는 원하는 집단 어딘가에 소속되고 싶어 하는 욕구를 말한다. 인간은 또래집단이나 어떤 무리에 가입하여 그 속에서 의미 있는 관계를 주고받을 때 편안함과 만족감을 느끼게 된다. 어린 시절 친구모임에서 시작하여 성장하면서 각종 동아리, 동문회, 종친회, 계모임 등에 가입하여 모임을 갖는 것도 이러한 욕구와 관련된다고 하겠다. 최근 트위터(twitter)나 페이스북(face book)과 같이 웹사이트나 휴대전화를 통해 사람들이 타인들과 친구를 맺고 대화를 하고 정보를 교환할 수 있는 소셜 네트워크 서비스가 각광을 받고 있는 것도 인간관계를 맺고 싶어 하는 우리들의 사회적 욕구와 관련이 있다고 하겠다.

(4) 자존(존경)의 욕구(self-esteem needs)

사랑받고 남을 사랑하려는 욕구가 어느 정도 충족되고 나면, 자존감의 욕구(self-esteem needs)가 나타난다. 자기존중감에는 다른 사람이 자신을 존중해 주기 때문에 갖게 되는 자아존중감과 스스로 자기를 높게 생각하는 자아존중감이 있다. 전자는 사회적 명성, 존중, 지위, 평판, 사회적 성과 등에 기초를 두므로 쉽게 사라질 수도 있는데 반해 스스로 자신을 높게 생각하는 자아존중감을 지닌 사람은 내적으로 자신이 가치 있는 사람이라고 생각하므로 자신에 대한 안정감과 자신감이 생기게 된다. 이 욕구를 충족시키지 못하면 열등감, 좌절감, 무력감, 자기비하 등의 부정적 자기지각을 하게 된다.

(5) 자아실현의 욕구(self actualization need)

한 인간으로서 자기발전을 위해 실현할 수 있는 자신의 잠재력을 극대화하려는 욕구이며 자기완성에 대한 갈망을 말한다. 즉, 자신의 능력을 발휘하고 자기 개발을 계속 하고 싶은 욕구로서 자신이 이룰 수 있는 것 혹은 될 수 있는 것을 성취하려는 욕구이다.

매슬로우는 이 다섯 가지의 욕구는 그 강도와 충족에 있어서 계층적 구조를 형성하고 있다고 주장한다. 즉, 다섯 가지 종류의 욕구는 생리적 욕구로부터 자아실현의 욕구에 이르기까지 위계를 이루고 있으며, 낮은 차원의 욕구가 충족된 후에야 그 다음 차원의 욕구가 생기게 된다는 것이다. 그러나 경우에 따라서는 하위욕구가 채워지지 않더라도 상위의 욕구를 추구하는 경우가 있다(김영화 외, 2011).

2. 사회복지에서의 기본적인 욕구

사회복지에서의 기본적인 욕구는 인간의 욕구들 중에서 누구에게나 공통적이면서도 필수적인 것들의 최저수준을 충족시켜 줄 때 적용되는 것이다.

첫째, 공통적인 기본적 욕구란 의, 식, 주, 직업, 교육, 건강, 화목한 가정, 쾌적한 환경들을 생각해 볼 수 있다.

둘째, 필수적인 기본적 욕구란 공통적인 욕구가 충족되지 않을 경우, 인간성의 확보가 불가능해진다는 것이다. 이때 인간성이란 생존과 자율의 보장을 의미한다.

셋째, 기본적인 욕구의 최저 수준이라 함은 일시적인 욕구 미충족의 상태로 인하여 자립과 자조가 곤란해진 사람으로 하여금 자립과 자조의 능력을 회복시킬 수 있을 만큼의 수준으로 한정한다는 것이다.

이러한 기본적인 욕구는 고정되는 것이 아니라, 시대와 장소 그리고 한 사회의 사회경제적 수준과 지향하는 이념에 따라서 변화된다는 특성이 있다. 특히 사회, 경제가 발전될수록 기본 욕구는 다양해지고 수준이 높아진다(박경일 외, 2011).

3. 사회복지 대상으로서의 욕구

사회복지는 인간의 욕구(need)에 대응하기 위한 사회적 제도이다. 욕구는 대부분 인간의 생존과 성장·발전을 위해 필요한 것, 필수적인 것이 미충족되거나 결핍된 상태를 지칭한다. 인간의 욕구는 자신의 정신현상이나 생활체계 가운데에서 균형을 지키는 것이지만 그 균형이 깨어지고 소위 긴장 상태가 될 때에 욕구불만이 일어난다. 그리하여 사회복지는 인간의 욕구불만 상태를 해결하거나 충족시켜 주기 위한 사회제도인 것이다. 욕구가 없는 상태의 인간을 상상할 수 없을 정도로 인간의 욕구는 다양하고 무한하다.

4. 브래드쇼의 사회적 욕구

(1) 규범적 욕구(normative need)

전문가나 사회과학자 등이 규정한 욕구이다. 즉, 해당 분야 전문가나 사회과학자가 바람직한 수준을 정하고 개인이나 집단이 실제 유지하거나 존재하는 수준을 이 기준에 맞추어 보았을 때 미치지 못하면 이들은 욕구상태에 있는 것으로 보는 개념이다.

(2) 지각된 욕구(felt need)

주관적인 것으로 개인이 스스로 욕구 상태에 있음을 인식할 때 욕구로 인정하는 것으로 클라이언트 중심주의 방법이다.

(3) 표현된 욕구(expressed need)

감지된 욕구가 실제로 욕구충족을 위한 행위로 나타나는 것으로 서비스를 실제로 받기 원하는 사람들의 수로 표현된다. 대부분의 경우 표현된 욕구는 지각된 욕구보다 적게 나타나는 것이 일반적이다.

(4) 비교적 욕구(comparative need)

어떤 서비스를 받고 있는 사람들과 비슷한 특성을 갖고 있으면서 서비스를 받지 않고 있는 사람들을 욕구상태에 있는 것으로 규정하는 인식방법이다.

5. 사회복지의 주체

사회복지의 주체란 사회복지를 실천하는 주된 체계를 의미한다. 이를 역사적으로 보면 가족으로부터 국가에 이르기까지 여러 가지 형태가 있을 수 있으나 대표적으로 민간부문과 공공부문으로 나누어 살펴보면 다음과 같다(윤철수 외, 2011).

1) 민간부문과 공공부문

사회복지의 주체는 민간부문과 공공부문으로 나눌 수 있다. 민간부문은 법인의 형태로 운영되는 사회복지법인, 종교단체, 기업체, 자원봉사단체와 같은 비영리기관 등이 해당되며, 공공부문은 국가 혹은 지방자치단체가 이에 속한다. 그러나 글레너스터(Glennerster)는 사회복지의 주체별 구분을 파악하기 위해서 사회복지재원의 출처와 사회복지급여를 상호 연관시켜 설명하고 있다. 즉, 동일한 공적부문이라고 하더라도 사회복지재원의 출처에 따라 완전 또는 부분으로 세분화할 수 있다. 이에 사회복지재원의 출처는 〈표 2-1〉과 같다.

〈표 2-1〉 **사회복지재원의 출처**

<table>
<tr><th rowspan="2" colspan="2">구분</th><th colspan="4">급여</th></tr>
<tr><th colspan="2">공적</th><th colspan="2">민간</th></tr>
<tr><td rowspan="2">자원</td><td>공적</td><td>공적급여,
완전공적재원</td><td rowspan="2">공적급여,
부분민간</td><td>민간급여,
완전공적재원</td><td rowspan="2">민간급여,
부분민간
부분공적재원</td></tr>
<tr><td>사적</td><td>공적급여,
완전민간재원</td><td>민간급여,
완전민간재원</td></tr>
</table>

출처 : Glennerster(1985).

민간부문을 보다 구체적으로 살펴보면 비공식부문, 민간 비영리부문, 민간 영리부문으로 설명할 수 있다.

첫째, 비공식부문은 가족, 친구, 친척, 이웃, 지역사회 등과 같은 일차적 집단이라고 할 수 있으며, 비공식부문의 특징은 친밀감을 기반으로 하는 주체라는 점이다.

둘째, 민간 비영리부문은 민간 비영리단체에서 운영한다는 점에서 공적 단체와 다르고, 이윤을 추구하지 않는다는 점에서 영리단체(민간 기업)와도 다르다. 대표적으로 시민단체가 있다.

셋째, 민간 영리부문은 공적부문에 의한 사회복지 공급에 한계를 느끼고 민간에 의한 보완이 필요해지면서 새롭게 그 역할이 인식되고 있다.

민간 영리부문에는 두 가지 측면이 있다. 먼저 긍정적인 측면은 우리나라에서 사회복지 대상자가 선별주의에서 보편주의로 확대되는 과정에 있으며, 특히 급격한 인구 고령화로 인해 사회복지서비스에 대한 수요가 급증하고 있고, 이에 따라 사회복지의 주체로서 공적부문에만 의존할 수 없다는 점이다. 부정적인 측면은 영리를 추구하는 기업과 같은 단체가 사회복지의 주체로 참여하면 서비스의 질을 높일 수 있다는 점이다. 하지만 이윤 창출에 너무 치중할 우려가 있다는 점을 신중하게 고려해야 한다.

공공부문에 대해 살펴보면, 자본주의가 도입되기 이전에는 가족을 중심으로 한 비공식부문과 시장원리에 입각한 사적 영리부문이 사회복지의 주체였다. 이후 도시화, 산업화 등에 따른 사회적 변화는 국가로 대표되는 공적부문의 기능 확대를 요구하게 되었다. 최근에는 우리나라에서도 중앙정부뿐만 아니라 각 지역의 특성에 맞는 사회복지정책을 만들고 실천하도록 「사회복지사업법」에 근거하여 지역사회복지 계획을 수립하도록 하고 있다. 따라서 앞으로 지방정부의 역할이 더욱 중요해질 것으로 전망된다.

공공 및 민간 사회복지시설을 중심으로 비교해 보면 〈표 2-2〉과 같다.

〈표 2-2〉 **공공 및 민간 사회복지시설 비교**

구분	공공사회복지시설	민간사회복지시설
사명감	빈약함	왕성함
특색	설비 등에 특색은 있어도 특색 있는 방침은 별로 없음	특별한 전통을 가지고 있으나 새로운 방침을 내세움
자주성	법규, 규칙에 제약되어 자주성이 빈약함	비교적 자주성이 강함
운영	상부의 지시에 좌우되는 때가 많음	경영자의 자의에 의해 좌우되는 때가 많음
외부간섭	정치가 개입하는 경우가 있음	행정기관의 간섭을 받을 경우가 있음
경영규모	비교적 큼	소규모의 것도 많음
재정	지방자치단체의 재정력에 영향을 받아 예산 기술상의 제약을 받으나 일반적으로 안정되어 있음	큰 단체에서 원조대상이 되어 있는 시설 외에는 재정이 불안정하고, 신설 시설은 기본재산이 빈약한 것이 많음
사무처리	무난하나 새로운 사무관리, 방법, 기구의 도입이 불충분함	사무처리 체계가 확립되어 있지 않은 경우가 많음
설비	보통 수준. 그러나 노후시설 가운데는 불량한 것이 많음	일반적으로 불량. 그러나 새로운 시설은 비교적 좋은 설비를 갖춤
욕구대처	개별적 욕구에 대한 적절한 처리가 불충분함	욕구에 대한 대응노력은 비교적 적극적임
서비스의 일관성	직원의 배치, 이동 등으로 불충분함	장기근속자가 많은 경우는 비교적 양호함

구분	공공사회복지시설	민간사회복지시설
사후 치료	불충분함	비교적 적극적임
창의성과 수행노력	빈약하고 관청풍임	적극적인 면이 많음
지역사회와의 협력	소극적임	비교적 적극적인 것도 많음
홍보활동	소극적임	적극적인 것도 많음
직원의 근무조건	비교적 좋음	시간과 시설환경면에서 개선될 점이 많음
처우	공무원 처우, 그러나 승진이 늦을 경우가 많음	불량하고 특히 장기 근속자의 경우 상대적으로 더 불량함

출처 : 전재일 외(2010).

2) 정책주체, 운영주체, 실천주체

사회복지의 실천적 입장에서 사회복지의 주체를 정책, 운영, 실천 주체로 나눌 수 있다(박경일 외, 2011). 먼저 정책주체는 사회복지정책을 만들고 실행하는 주체이며, 국가(중앙정부) 및 지방자치단체가 이에 속한다. 운영주체는 정책주체가 만든 정책에 근거하여 실제로 사회복지시설 등을 운영 관리하여 구체적인 서비스를 제공하며, 사회복지법인, 재단법인, 종교단체, 의료단체 등이 있다. 실천주체는 서비스가 필요한 대상자에게 직접 서비스를 전달하는 사람으로 사회복지사 및 사회복지시설 종사자가 있다.

3) 사회복지사의 역할

사회복지 전문가인 사회복지사는 사회복지사업을 실천하는 중추적인 다양한 역할과 기능을 담당하게 된다. 사회복지사의 역할과 기능을 살펴보면 다음과 같다.

〈표 2-3〉 사회복지사의 역할과 기능

역할	업무내용	기능
중개자	클라이언트를 적절한 서비스와 자원에 연결함	• 클라이언트의 상황사정 • 자원사정 • 의뢰 • 서비스체계 연결
옹호자	클라이언트가 자원과 서비스를 받을 권리를 유지하도록 돕거나 클라이언트 집단에 부정적인 영향을 미치는 프로그램과 정책을 변화시키는 운동을 적극적으로 지지함	• 클라이언트 및 사례 옹호
교육자	클라이언트가 문제를 예방하거나 사회적 기능을 향상시키는 데 필요한 지식과 기술을 갖추도록 준비함	• 사회생활과 일상생활 기술 교육 및 행동 변화 촉진 • 1차 예방
상담가 (치료자)	클라이언트가 자신의 감정을 이해하고 변화시키며, 문제 상황에 대처하기 위해 학습하도록 도움으로써 사회적 기능을 향상시킴	• 심리사회적 사정과 진단 • 지속적이고 안정적인 보호 • 사회치료 • 실천연구
사례관리자	클라이언트를 적합한 서비스에 연결하고 그런 서비스를 활용하도록 조정하는 과정에서 개인과 가족에게 서비스를 지속적으로 제공함	• 클라이언트의 확인과 방향 설정 • 클라이언트 사정 • 서비스 및 치료 계획 • 연결 및 서비스 조정 • 사후 조치와 서비스 전달 점검 • 클라이언트 지지
업무관리자	클라이언트에게 가장 효율적으로 서비스를 제공하고 고용된 조직에 대한 책임을 지기 위해 업무관리를 함	• 업무 계획 • 시간 관리 • 서비스의 질 점검 • 정보처리 과정
슈퍼바이저	훈련, 슈퍼비전, 인사관리를 통한 기관 직원의 전문적 개발 촉진	• 직원 오리엔테이션 및 훈련 • 인사관리 • 슈퍼비전 • 자문
행정가 (프로그래머)	봉사서비스 조직에서 정책, 서비스, 프로그램의 계획, 개발, 수행	• 관리 • 내부적·외부적 조정 • 정책과 프로그램의 개발 • 프로그램 평가

역할	업무내용	기능
사회변화 대행자	지역사회 프로그램과 삶의 질을 향상시키는 영역을 확인하고, 변화나 새로운 자원의 획득을 옹호하기 위해 이익집단을 동원하는 데 참여함	• 사회 프로그램 및 정책 분석 • 지역사회의 관심 고취 • 사회적 자원 개발
전문가	유능하고 윤리적인 사회복지실천에 참여하고 사회복지전문직의 발전에 기여함	• 자기 사정 • 개인적 · 전문적 개발 • 사회복지 전문직의 향상

출처 : 박경일 외(2011).

제 3 절 사회복지의 접근방법

사회복지의 목적달성을 위한 접근방법은 전문적 · 정책적 · 통합적 접근방법으로 구분할 수 있으며, 그 구체적인 내용은 다음과 같다(김안호 외, 2008).

1. 전문적 접근방법

전문적 접근방법의 이론적 특성은 미국 자본주의에의 절대적인 확신을 배경으로 하여 자유민주주의 개념에 내재하는 인간의 존엄성 존중과 프로이트학파에 의한 정신분석이론에 근거하는 인간행동의 이해를 강조하고 있다. 또 미국 특유의 사회철학인 실용주의(pragmatism) 사상을 이론적 기반으로 1920년에서 1930년대에 확립되어온 심리 · 정신의학적 개별사회사업(casework)을 중심으로 집단사회사업(group work), 지역사회사업(community work) 등 사회복지의 주요 전문기술체계로 확립된 데 있다. 이것은 사회복지 대상자에 관계되는 사회문제는, 결국은 도덕(moral)의 문제로서 혹은 대상자 개인의 성품 결함이나 정서적 · 정신적 이상성의 문제로서 또 가족이나 지역사회에서의 인간관계 부조정의 문제에 기인한다는 것이 그 이론적 귀결이었다(전재일 외, 2010).

2. 정책적 접근방법

사회복지에서는 자본주의 제도의 사회적 · 경제적 법칙 하에 필연적으로 발생한 구조적 제 모순을 배경으로 하는 여러 가지 사회문제를 대상으로 한다. 그리하여 사회복지는 사회문제 대책의 일환으로서 자본주의 국가의 체계를 유지하고 재생산하기 위한 분배정책의 일환으로서의 성격을 갖는다(배기효 외, 2014).

사회복지의 정책적 접근방법은 "사회복지정책", "사회보장제도", 또는 "사회보장"으로 인식되고 있는 것으로서 사회복지 대상, 즉 모든 국민의 인간다운 생활을 보장한다는 점에서 전체성을 강조하고 있다. 따라서 융통성보다는 고정성이 강한 것이 특징이다.

3. 통합적 접근방법

통합적 접근방법은 사회복지의 목적이 기본적으로 문제해결 지향성에 있다고 본다. 그리고 사회복지는 문제해결방법의 개발에 치중해야 한다고 본다. 문제해결 지향의 실용주의적 전통은 미국의 사회사업학과 영국의 사회행정학에 근원을 두고 있다. 문제해결능력을 향상시키기 위해서는 정책적 접근(거시적)과 전문적 접근(미시적)의 가능한 모든 접근방법이 동원되어야 한다. 정책적 접근과 전문적 접근은 서로 나름대로 고유한 사회문제 해결능력이 있기 때문이다. 따라서 정책적 · 전문적 양 접근방법은 문제해결성이라는 측면에서 친화성을 지니고 있고, 이들을 포괄적으로 사회복지에 수용함으로써 문제해결능력을 향상시킨다는 것이 통합의 입장이다.

따라서 사회복지의 전문적 접근방법이나 정책적 접근방법 중 한 가지 접근방법으로는 효과를 거둘 수 없음을 깊이 인식하여야 한다. 즉, 사회복지의 전문적 접근방법과 정책적 접근방법의 통합적 접근방법을 필요로 하는 것이 사회복지분야라 하겠다.[1)]

제 4 절 사회복지의 전달체계

1. 사회복지 전달체계의 의의

사회복지 전달체계란 사회복지정책을 사회복지서비스로 전환하는 과정에서 공급자인 사회복지조직과 수요자인 클라이언트를 연결하는 조직적인 장치를 말한다. 프리들랜더(Friedlander)는 사회복지 전달체계란 사회복지의 조직적 환경인 사회복지기관 및 시설과 중앙에서 지방 일선에 이르는 모든 공·사조직 등 일체의 공적·사적 복지기관과 이들 기관의 서비스 전달망이라고 말했다(Friedlander & Apte, 1980).

사회복지 전달체계는 사회복지서비스가 전달되는 데 관련되는 조직적인 체계를 말한다. 사회복지의 목표를 대상자에게 가장 적합한 서비스를 가장 효율적으로 제공하는 것이라고 할 때, 사회복지 전달체계의 확립은 사회복지서비스의 적합성과 효율성을 최대로 발휘하여 사회복지 대상자에게 좀 더 전문적인 서비스를 제공하고 사회복지제도 운영의 효율성을 높이기 위해 필요한 체계이다.

사회복지 전달체계는 사회복지서비스 대상자의 선정, 자격요건의 설정, 급여내용의

1) 오늘날 사회복지는 대상자의 연령, 성별, 지역, 문제의 성질, 서비스 기능의 종별 등에 의해 다양한 사업활동을 시행하고 있는데, 이 사업활동을 일정한 기준에 따라 분류하고 체계화한 활동영역을 사회복지의 분야라고 말한다.

성격에 관한 정책들이 실제로 이를 통해 이루어지게 되므로, 사회복지 전달체계가 확립되어 있어야 사회복지의 욕구와 문제가 올바르게 파악되고 이것을 해결하기 위한 전문적 서비스가 이루어질 수 있으며, 사회복지의 효율성이 증대될 수 있다.

사회복지 전달체계에서 고려해야 할 원칙으로는 다음과 같이 통합성, 지속성, 접근성, 책임성, 전문성, 적절성, 효과성, 효율성이 있다(현외성, 2011).

1) 통합성의 원칙

통합성(integration)이란, 문제를 가진 사람들이 전달체계를 통하여 서비스를 받게 될 때, 복합적이고 다양한 문제해결에 필요한 각종의 서비스가 질서정연하고 체계적으로 제공되어 문제를 해결하고 욕구충족을 충분히 달성할 수 있는 것을 말한다.

2) 지속성의 원칙

지속성(continuity)이란, 서비스가 단절됨이 없이 대상자에게 개입부터 목적을 완수할 때까지 지속적으로 제공할 수 있어야 하며, 하나의 욕구가 해결되어 다른 욕구로 이전이 필요할 경우에 전달체계들 간의 연계를 통해서 중단 없이 제공되어야 한다는 것이다. 이는 계속적 시점에서의 과정적 연속을 의미하는 것으로써, 이를 위해서는 서비스 공급자와 수요자 간의 지속적인 관계를 맺고 개입할 수 있어야 한다.

3) 접근성의 원칙

접근성(accessibility)이란, 서비스와 급여를 필요로 하는 사람들이 이용하는 데 장애가 없는 상태를 의미한다. 실제로 복지서비스가 아무리 좋은 질을 유지하고 있다 하더라도 수요자들이 실제로 그것을 이용하는 것이 어려우면 실효성을 거두기 어렵다. 따라서 전달체계는 공간적 · 시간적 · 절차적 측면에서 수요자가 쉽게 이용할 수 있도록 만들어져야 한다.

4) 책임성의 원칙

책임성(accountability)이란, 전달체계에 맡겨진 사회적 위임과 과제를 어느 정도로 적절하게 수행하고 있는지의 여부에 관한 것이다. 사회복지조직은 복지국가가 시민의 권리로 인정한 사회복지서비스를 전달하도록 위임받은 조직이므로 사회복지서비스의 전달에 대하여 책임을 져야 한다.

5) 전문성의 원칙

전문성(professionalism)이란, 복지서비스가 전문적인 지식과 기술을 갖춘 사람들에 의해서 제공되어야 한다는 것이다. 이들은 단순하게 경험이 많은 정도의 사람이 아니라, 자격이 객관적으로 인정됨으로써 자신의 전문적 업무에 대한 권위와 자율적 결정권 및 책임성을 지닌 사람을 의미한다. 사회복지 전달체계에서 전문성의 원칙이 중요한 것은 기본적으로 복지서비스는 수요자의 욕구를 정확하게 분석함으로써 이에 정확하게 반응할 수 있는 서비스가 필요하기 때문이다.

6) 적절성의 원칙

적절성(adequacy)이란, 서비스 요구에 대해서 이러한 요구에 부합하는 서비스 제공 여부의 측면과 양적 · 질적 · 시간적 측면에서 서비스 적절성과 관련되는 것이다. 사회복지 전달체계가 이러한 원칙을 충족시키기 위해서는 수요자들의 서비스 욕구를 적절하게 파악해야 하며, 이러한 서비스 욕구에 대응하여 충족될 수 있을 정도의 인적 · 물적 자원이 구비되어야 한다. 그러나 현실적으로는 사회적 욕구에 대한 객관적 측정이 사실상 불가능한 상황에서 복지수요자가 바라는 인지된 욕구와 복지공급자가 판단하는 규범적 욕구 사이의 불일치가 발생하는 경우가 많다. 따라서 전문가에 의한 적절한 사정을 통한 전달이 요구된다고 할 수 있다.

7) 효과성의 원칙

효과성(effectiveness)이란 조직, 전달체계가 목적한 바를 얼마나 잘 달성하였는가에 대한 것으로 사회복지 전달체계가 가져야 하는 핵심적인 기준이다. 일반적으로 효과성은 전달체계가 제공한 서비스가 그 대상이 가지고 있는 문제해결이나 지역사회의 욕구를 어느 정도로 충족시켰는가 하는 것으로 사용되었는데, 복합적인 차원의 개념이므로 단순하게 처리할 수 있는 것이 아니다.

8) 효율성의 원칙

효율성(efficacy)이란 목적을 실행하기 위해 투입된 비용과 산출된 서비스의 비용을 비교하는 것으로서, 전달체계는 가능한 한 투입비용을 적게 들이고 목표는 최대한 달성할 수 있도록 구축되어야 한다.

2. 사회복지 전달체계의 선택

사회복지 전달체계를 선택하는 과정은 여러 가지 변수에 의해 결정된다. 국가 또는 지방자치단체가 수립하고, 운영주체인 공적 전달체계는 대개 사회보험, 공공부조 및 사회복지서비스의 대부분을 공공복지정책을 통하여 제공한다. 사회보험과 공공부조는 중앙정부에서 관장하는 경우가 많고, 사회복지서비스는 지방정부가 상당 부분을 전담하는 경향이 있다. 그리고 사적 전달체계라는 사회복지 전달체계 부분이 활발하게 전개되고 있다.

전달체계의 선택은 전달체계를 통해 달성하려는 정책목표와 이념, 조직의 원리, 급여내용, 재정여건, 행정적 기술과 인력의 역량 등에 따라 정치적으로 결정된다. 따라서 사회복지 전문가는 전달체계 선택과정에 내포되어 있는 의미들을 잘 이해하여 시민들의 사회복지 증진에 기여할 수 있는 전달체계의 선택이 이루어질 수 있도록 힘써야 할 것이다(권육상 외, 2010).

참고문헌

권육상 외(2010). 『사회복지개론』. 공동체.

김상균 외(2011). 『사회복지개론』. 나남출판사.

김안호 외(2008). 『사회복지학개론』. 청목출판사.

김영화 외(2011). 『사회복지개론』. 정민사.

남기민(2011). 『사회복지학개론』. 양서원.

박경일 외(2011). 『사회복지학강의』. 양서원.

박기선(2011). 사회복무요원의 윤리성 및 사회복지의식이 직무만족에 미치는 영향. 고려대학교 대학원 석사학위논문.

배기효 외(2014). 『사회복지개론』. 창지사.

양옥경 외(2010). 『사회복지실천론』. 나남출판사.

윤철수 외(2011). 『사회복지개론』. 학지사.

전재일 외(2010). 『사회복지개론』. 형설출판사.

장인협 외(2010). 『사회복지학』. 서울대학교출판부.

현외성 외(2011). 『사회복지학의 이해』. 양서원.

Bradshaw, J.(1972). "The Concept of Social Need". *New Society*, N.496.

Friedlander, W. A. & Apte, R. Z.(1980). *Introduction to Social Welfare*. Englewood Cliffs, NJ : Prentice-Hall.

Glennerster, H.(1985). *Paying for Welfare*. Oxford : Basil Biackwell Ltd.

Maslow, A. H.(1954). *Motivation and Personality*. New York : Harper & Row.

Compton, B. K. & Galaway, B.(1984). *Social Work, Processes*. Homewood, III : The Dorsey press.

Friedlander, W. A.(1958). *Concepts and Methods of Social Work*. Englewood Cliffs, New Jersey : Prentice Hall, Inc.

Furniss, N. & Tilton, T.(1977). *The Case for the Welfare State From Social Security to Social Equality*. Bloomington : Indiana University Press.

Lowenberg, F. & Dolgoff, R.(1996). *Ethical Decisions for Social Work Practice*. Itasca, KL. : F. E. Peacock Publishers.

Niebuhr, R.(1932). *The Construction of Religion to Social Work*. New York : Columbia University Press.

Mauss, M.(1990). *The Gift : The form and Reason for Exchange in Archaic Societies*. Translated by W. D. Halls & W. W. Norton.

Macrov, D.(1978). *The Design of Social Welfare*. New York : Halt, Rinehart and Winston.

Reamer, F.(1994). "Social Work Values and Ethics". In F. Reamer(Ed.), *The Foundations of Social Work Knowledge*. New York : Columbia University Press.

Chapter 03

사회복지역사

제 1 절 사회복지의 역사적 의미

사회과학은 경험성(experience), 역사성(history), 실천성(practice), 전체성(totality) 등을 지니는 법칙으로 인간관계 또는 사회현상 등을 연구대상으로 하는 학문이다. 그러므로 사회복지는 사회현상에 내재되어 있는 사회문제에 대처하기 위한 사회적 시책으로서, 곧 학문으로서의 실천적 성격을 지닌다고 할 수 있다.

사회복지는 사회과학으로서 역사성과 실천성을 지니는데, 그것이 역사적 경험을 과학적으로 인식 · 분석함으로써 제반 사회복지현상에 대한 이해를 도울 수 있다. 또한 사회복지는 초역사적 존재나 단순한 이념이 아니며, 사회사상인 동시에 인류에게 공통적인 사회현상으로 역사 속에서 생성, 확립, 전개되는 것을 의미한다.

따라서 사회복지의 역사에서 박용순(2009)의 연구는 사회과학의 역사와 함께 일정한 사회현상에 대한 체계화의 시도로서 공통된 의의를 지니고 있다. 우리들은 사회복지 역사를 알기 위해서 일정한 법칙을 이루는 변수를 찾아 과거의 경험에 대한 분석을 통해 미래의 전망을 예측함으로써 사회복지역사의 의미를 찾을 수 있을 것이다.

사회복지의 역사적 의미를 좀 더 알아보면 다음과 같다(감정기 외, 2010).

첫째, 현대사회에 이르러 정착된 사회복지의 생성 및 발달과정 그리고 역사적 특성을 이해할 수 있다.

둘째, 과거의 사회문제 및 사회적 욕구 그리고 이에 대응했던 사회복지제도 및 프로그램의 등장과 변천과정에서 나타난 성공 및 실패 원인, 조건 배경 등에 대한 지식을 확보함으로써 현재의 사회복지정책, 제도, 프로그램 개발에 활용할 수 있다.

셋째, 우리에게 적합한 사회복지제도 발달에 관한 이론을 개발하는 데 중요한 단서를 얻을 수 있다.

사회복지학은 인간을 대상으로 하는 매우 복잡한 학문으로 사회학과 심리학, 심리사회학을 근원으로 하는 관계로 그 흐름을 알아보려면 사회복지의 역사를 알아야 한다.

제 2 절 영국의 사회복지역사

오늘날의 사회복지는 영국을 중심으로 발달한 사회복지에 근거를 두고 있다. 영국은 14세기 후반 빈민을 구제하기 위한 시도에서 복지에 대한 사회적 인식이 형성되기 시작했다. 그런 이유로 오늘날 사회복지의 시초는 영국에서 찾을 수 있다.

영국 사회복지 발달의 역사를 초기 자선사업시대, 중상주의시대, 자유주의시대, 사회보험시대, 베버리지보고서(Beveridge Report), 사회보장시대 및 복지국가시대로 구분하여 살펴보면 다음과 같다(강용규 외, 2011).

1. 초기 자선사업시대

1) 노동자법

1349년 영국 국왕 에드워드(Edward) 3세가 노동자법(Statute of Laborers)을 제정하였다. 노동자법은 노동능력이 있는 노동자로서 어떤 특별한 생계수단이 없는 자는 그를 고용하고자 원하는 고용주가 있을 경우 그 고용주의 고용제의를 받아들여야만 한다는 것이며, 또한 그들이 살고 있는 교구를 떠나는 것을 금지시키는 법이다.

2) 건장한 부랑자 및 걸인의 처벌에 관한 법

헨리 8세가 1536년 제정한 건장한 부랑자 및 걸인의 처벌에 관한 법(Act for Punishment of Study Vagabonds and Beggars)은 정부의 원조 아래 공적 구제에 대한 최초의 계획으로 탄생하였다. 이 법에 따르면, 극빈자들은 거주지에서 3년을 거주한 후에야 그들의 교구에 등록할 수 있었고, 교구는 교구민들의 자발적인 헌금이나 기부로 무능력자인 가난한 사람들을 보호해야만 했다. 건장한 부랑자 및 걸인들은 일을 하게 했으며, 5~14세까지의 놀고 있는 아동들에게 도제생활을 하게 했다.

3) 1562년 장인법(Statute of Artificers)

1562년 제정된 장인법에서는 임금, 노동시간을 규정하고 있었고, 도제제도에 따라 기술자, 수공예가들은 기술 향상을 할 수 있도록 법으로 명시했다. 또한 이 법은 부랑자들을 중노동에 처하게끔 규정하고 있으며, 12~60세 사이의 직업 없는 걸인들을 종으로 고용하는 것을 일반인들에게 허용하였다.

4) 빈민구제법(Poor Relief Act)

1572년 빈곤구제를 위한 기금을 준비하기 위하여 엘리자베스 1세 여왕은 일반세(general tax)를 채택하였고, 1576년 교정원(house of correction)에서 빈민이 일을 할 수 있게 했다. 1597년 교구위원(church warden)들과 네 명의 지역사회 내 유지들을 빈민감독관으로 임명할 수 있도록 하였다. 이 법은 무능력 빈곤자, 노인, 맹인, 절름발이, 그리고 일할 수 없는 자들을 위해 설립되었고, 그 외의 사람들은 그들 스스로 생활을 책임지도록 했다.

2. 중상주의시대

1) 엘리자베스 구빈법(1601)

엘리자베스 구빈법은 구호를 교구단위의 자선행위에서 국가책임으로 전환시켰다는 점에서 의미가 깊다. 빈민구제를 위한 조세를 징수하여 재원을 마련하였으며, 빈민감독관을 두어 구빈행정체계를 확립하였기에 근대적인 빈곤정책의 효시로 볼 수 있다. 구빈법은 빈민을 다음과 같이 세 범주로 구분하였다(함세남, 2001).

첫째, 노동능력이 있는 빈민(The able-bodied poor)이다. 교정원 또는 열악한 수준의 작업장에서 강제노역을 하였으며, 주어진 노역을 거절하는 자는 감옥에 투옥되었다. 시민들은 이들에게 자선과 같은 재정적 도움을 제공하는 것을 금지당했으며, 다른 교구에서 온 걸인들은 최종적으로 지난 1년 동안 거주한 장소로 되돌려 보냈다.

둘째, 노동능력이 없는 빈민(The impotent poor)이다. 병자, 노인, 장애인, 아동을 두고 있는 편모 등은 구빈원(almshouse)에 수용되었다. 이들 중 거처할 곳이 있어 그곳에서 돕는 것이 비용을 줄일 수 있다고 판단되는 경우에는 의복, 음식, 연료 등을 제공하면서 원외구호(outdoor relief)를 실시하였다.

셋째, 요보호아동(dependent child)이다. 부모 또는 조부모의 보호를 받을 수 없는 아동은 양육을 원하는 시민 아래서 도제생활을 했다. 소년은 8~24세까지 주인에게서 상거래활동을 배우고, 소녀는 21세 또는 결혼할 때까지 집안일을 돌보는 하녀의 삶을 살았다.

이처럼 엘리자베스 구빈법은 자선원이나 빈민원 등과 같은 시설에서 구호를 제공하였다. 그러나 자신의 주거에 살면서 구호를 제공하는 것이 비용이 적게 든다고 판단되는 경우에는 예외적으로 현물급여를 제공하였다. 엘리자베스 구빈법의 특징은 빈민에 대한 구호에서 노동 유인 측면을 강조하고 있다는 것이다. 엘리자베스 구빈법은 공적 구호의 기본 형태를 정착시키고, 빈민에 대한 국가의 책임을 최초로 인정하였다는 점에서 서양 사회복지의 시발점이라고 볼 수 있다.

영국에서 구빈법이 나타나는 이유는 이 시기에 봉건사회가 붕괴되고 중앙집권적인 절대왕정이 수립되면서, 제도를 시행할 수 있는 행정력이 갖추어졌다는 것과 전쟁, 질병, 기근, 인클로저 운동(enclosure movement) 등으로 인구가 줄어들면서 빈민이 증가하였기 때문이다(성민선 외, 2005).

구빈법은 그 후 사회적 · 경제적 변화에 따라 빈민에 대한 구호정책도 변화하게 되었는데 구빈법의 시행과정 중 발생한 문제점, 즉 늘어나는 구빈비용과 빈민들의 작업장 이탈 등을 보완하는 정주법, 작업장법, 길버트법, 스핀햄랜드법을 각각 제정, 시행하게 되었다(성영혜, 2002).

2) 정주법(The Act of Settlement and Removement, 1662)

노동력의 확보 차원에서 각 교구는 출생자의 법적 거주권을 가지려고 했고, 이로 인해 빈민들의 자유로운 이동을 금지하는 법령을 제정하게 되었다.

3) 작업장법(Workhouse Test Act, 1722)

여러 교구들이 하나의 연합체를 구성하여 공동작업장을 만들고 빈민들에게 일자리를 제공한 것으로 오늘날의 직업보도 성격을 띠고 있다.

4) 길버트법(Gilbert Act, 1782)

길버트 의원이 주도한 길버트법은 작업장에서 빈민들의 비참한 생활과 착취를 개선할 목적으로 노동은 가능하나 자활능력이 없는 빈민을 작업장에 보내는 대신 자기 가정 또는 인근의 적당한 직장에 취업하도록 알선해주는 원외구조(outdoor relief)를 인정하였다.

5) 스핀햄랜드법(Speenhamland Act, 1795)

빈민에 대한 임금보조제도를 규정한 법으로 최저생활거주에 미달되는 임금의 부족분을 보조해 주는 것을 목적으로 하고 있다. 이는 오늘날의 가족수당이나 최저생활보장의 기반을 이루는 법으로 볼 수 있다. 그러나 이 법 또한 시민의 구빈세 부담을 증가시킴으로써 많은 문제점을 내포하여 비판의 대상이 되었다.

3. 자유주의시대

1) 신구빈법(Poor Law Amendment, 1834)

엘리자베스 구빈법에 사실상 종지부를 찍고 산업사회에 부응한 새롭긴 하지만 가혹한 성격을 지닌 구빈제도였다. 이 법에 의하여 확립된 구빈원칙은 20세기 사회보장제도가 성립될 때까지 영국 공공부조의 기본 원리가 되었다(김동국, 2008). 신구빈법은 스핀햄랜드법에 의해 마련된 임금보조제도를 폐지하였고, 자조와 절약을 강조하는 자유방임주의자들의 철학을 기초로 하여 노동능력이 있는 빈민들의 거택구호를 금지하고 열등처우의 원리를 관철시켰으며 전국적으로 통일된 구빈행정을 전개하였다. 그 내용을 요약하면 다음과 같다(남기민, 2011).

첫째, 노동능력이 있는 빈민에 대한 원외구호를 폐지하고 이들에 대한 구빈을 작업장 내에서의 구빈으로 제한한다(작업장 제도의 원칙).

둘째, 구호받는 노동능력이 있는 빈민의 생활조건은 자활해서 사는 최하위계층 독립노동자의 생활조건보다 열등한 것이어야 한다(열등처우의 원칙).

셋째, 빈민의 유형이나 거주지에 관계없이 균일한 행정서비스를 받을 수 있도록 구빈행정의 전국적 통일을 기한다(전국적 통일의 원칙).

2) 사회개량운동

사회개량운동 중에서 가장 중요한 핵심은 차티스트(The Chartists)운동과 노동조합운동이라 할 수 있다.

차티스트운동은 정치적 요구를 관철시키기 위한 운동이었으나 실패로 돌아갔다. 그러나 노동자들은 이를 계기로 그들의 관심을 정치적 목적에서 경제적 조건 개선의 구체적 수단으로 전환하였으며, 1844년 로챠일드에 의해 노동자 자신들 소유로 최초의 소비조합 매점을 개설하였다.

대표적인 사회개량운동가는 오웬(Robert Owen)이다. 오웬은 충분한 임금과 좋은 근로조건으로도 수익성 있는 공장 운영이 가능하다고 생각하고 자신의 뉴 라나크(New Lanark) 지역 공장에서 고용한 노동자와 가족들을 위한 공동체 사업을 시도했다. 산업복지 영역에서 생활조건과 근로조건 개선 요구에 영향을 크게 미쳤다.

3) 자선조직화운동

1860년대의 영국은 빈곤에 대한 현실적 접근과 수많은 민간자선활동단체 상호 간의 조정 및 구빈행정의 역할분담 등이 필요하다는 인식들이 대두하면서 지역단위의 조직적 자선을 위한 움직임이 나타나게 되었다. 이와 관련하여 1869년 자선조직협회(Charity Organization Society : COS)가 발족되었다. 자선조직협회의 목적은 다음과 같다.

첫째, 구제 대상자들을 해당 자선단체에 등록시켜 자선단체로부터 중복적 구제를 받으려는 직업적인 클라이언트를 방지하는 것이다.

둘째, 자선단체 상호 간의 업무 연락을 통한 연계협력체계를 구축하는 것이다.

셋째, 구제자원과 피구제자의 합리적인 조절과 효과를 제고시키는 것이다.

자선조직협회의 기본 원칙은 신청주의에 의한 조사, 중앙 등록국의 설치, 지역사회 내 모든 원조기관의 협조, 자발적 우호적인 방문사업을 실시하는 것이다. 자원봉사자인 우애방문원(friendly visitors)의 활동은 체계적 교육과 훈련과정을 거쳐 전문적사회사업인 개별사회사업으로 발전하게 되었다. 그리고 지역단위 자선활동의 조직화와 조정활동은 지역사회조직의 모태가 되었으며, 우애방문원들의 빈곤가정조사는 사회사업조사의 발전에 기여하였다(김형수 외, 2013).

4) 인보관운동

인보관운동(settlement movement)은 새로운 도시문제의 하나로 대두된 도시지역의 빈곤문제에 대처하기 위한 노력이 사회활동의 일환으로 전개되었다.

도시빈민의 문제를 해결하기 위하여 의식 있는 사회지도층 인사와 대학생들이 중심이 되어 문맹퇴치 등 교육사업, 지역주민과 아동을 위한 보건교육, 취업과 관련된 기술교육, 성인 교육사업 등을 전개하였다.

인보관운동은 1884년 영국 런던에 세워진 토인비 홀(Toynbee Hall)에서 시작되어, 1887

년 뉴욕 근린조합(Neighborhood), 1889년 시카고 헐 하우스(Chicago Hull House) 등으로 이어졌다.

토인비 홀의 설립목적은 다음과 같다(남일재 외, 2007).

첫째, 지역에 거주하고 있는 빈곤자들에게 교육과 문화적인 활동을 향상시키는 것이다.

둘째, 인보관에서 활동하고 있는 대학생 자원봉사자들에게 빈곤자들의 상황과 사회개량의 필요성을 알리는 것이다.

셋째, 사회문제, 보건문제 그리고 사회입법에 관하여 일반 지역주민과 사회에 관심을 높이는 것이다.

이처럼 인보관운동은 사회사업의 방법적인 면에서 집단별로 필요한 교육을 위하여 집간을 활용한 다양한 프로그램을 전개하였다는 점에서 집단사회사업의 발전에 상당한 영향을 미쳤다. 또한, 지역사회문제를 직접 확인하고 생활하면서 서비스를 전개, 이를 위한 시설을 운영한다는 점에서 현재 지역사회복지관의 모체라 할 수 있으며 지역사회복지의 발전에 기여하였다.

5) 사회조사활동

사회복지조사는 영국에서 19세기 말 빈곤에 대한 경험적 · 실증적인 사회조사가 실시되었다. 1886년 부스(Booth) 시 런던 주민들의 주택, 고용, 임금, 보건 등 포괄적인 생활 상태를 조사한 결과 런던 주민의 30% 이상이 빈곤선 이하의 생활을 하고 있다는 것을 알게 되었다. 또한 1899년 라운트리(Rowntree)에 의한 요크 시의 사회조사가 이루어졌다. 빈곤은 개인적 원인에 의한 것이 아닌 사회구조적 요인에 의해서 발생하였다는 것을 입증하게 되었다. 이와 같은 조사결과는 사회개혁을 위한 효과적인 대책의 필요성과 보다 나은 사회복지정책 및 계획들을 실시하기 위해서는 과학적이고 객관적인 사회복지조사가 선행되어야 함을 시사한다.

4. 사회보험시대

영국은 20세기에 접어들면서 빈곤에 대한 태도가 점차 변화되기 시작하였고, 이러한 요인은 다음과 같다.

첫째, 정치적으로 선거권 쟁취를 통하여 노동자들의 세력이 강력해졌다.

둘째, 온정주의적 인도주의가 확산되었다.

셋째, 산업화에 따른 노동자들의 임금, 보호, 교육, 보건 등의 서비스가 확대되었다.

넷째, 빈곤에 대한 과학적인 조사연구가 이루어졌다.

이러한 점들을 바탕으로 왕립위원회(1905)가 발족하였고, 그 위원회 활동의 결과로서 사회입법 발전의 길이 제시되었다.

5. 영국의 베버리지 보고서

1941년 6월 영국 정부는 사회적 서비스의 구조와 그 효율성을 조사하고 필요한 개혁을 실시하기 위해서 사회보험 및 관련 사업에 관한 각 부처 연락위원회가 의회의 만장일치로 구성되었고, 베버리지(William Beveridge) 경이 위원장으로 임명되었다. 이 위원회는 기존의 사회보험과 복지 프로그램을 전면적으로 재검토하였으며, 이를 바탕으로 획기적인 개혁내용이 담긴 보고서를 1942년 11월에 발표하였다. 이 보고서에는 6가지의 기본 원칙이 담겨 있었는데, 이것이 베버리지 보고서이다. 베버리지 보고서에서 사회보장은 모든 국민으로 하여금 궁핍(Want), 질병(Disease), 무지(Igno- rance), 불결(Squalor), 나태(Idleness)의 5대 사회악에서 벗어나게 하는 것을 목적으로 하고 있다. 이를 해결하기 위한 방안을 다음과 같이 제시하였다.

첫째, 기본적 사회충족을 위한 사회보험 프로그램을 시행한다.

둘째, 특별히 긴급을 요하는 수요충족을 위한 공적부조를 마련한다.

셋째, 균일급여의 원칙으로는 대처할 수 없는 세대의 수요에 부응하는 자녀수당(오늘날의 가족수당)을 제도적으로 보장한다.

넷째, 건강 및 재활서비스 등의 포괄적인 보건의료보장제도를 확립한다.

다섯째, 공공사업을 통한 완전고용 유지의 사회보장체계를 확립한다.

또한 베버리지 보고서에서의 사회보험은 모든 위험과 대상을 포괄하는 하나의 사회보험시스템으로서 6대 원칙을 제시하였는데, 그 내용은 다음과 같다.

첫째, 행정의 통합화로, 기존의 복잡하고 산만한 사회보험을 하나의 통일된 체계로 통합하고 또한 행정운영비의 낭비를 최소화하기 위한 것이다.

둘째, 적용범위의 포괄성으로, 노동자 집단에 자영자를 포함하여 포괄적인 사회보험을 제안하였다.

셋째, 기여의 균일성(균일 기여/균일 갹출)으로, 소득의 높고 낮음에 관계없이 보험료가 동일하다.

넷째, 급여의 균일성(균일 급여)으로, 사회적 위험 종류와 과거 소득과 상관없이 동일하다.

다섯째, 급여의 적절성(급여 적절성)으로, 급여기간과 급여수준이 충분하다.

여섯째, 노인, 아동, 자영자, 피용자, 주부, 무직자 등 6가지 범주로 대상을 분류하였다.

이처럼 베버리지 보고서를 기초로 1944년 사회보장청이 설치되고 구빈법이 폐지되었으며 1945년 가족수당법, 1946년 국민보험법, 1948년 국민부조법 등 관련 법령이 제정되는 데 영향을 미쳤다.

6. 사회보장시대 및 복지국가시대

영국을 중심으로 한 서유럽국가들은 제2차 세계대전 이후 경제적 호황으로 순조로운 자본 축적으로 복지국가의 길로 들어섰다. 그 국가 중 영국은 1970년대 두 차례 석유파동의 위기를 경험하면서, 1979년 대처정권은 신보수주의적인 정치로 선회하여 복지서비스에 대한 국가의 공급책임을 제한하는 것을 정책목표로 삼았다. 즉, 복지의 민간공급을 늘리고 국가의 복지개입을 최소화하는 대처리즘이 출현하였다. 현재 보수당이 집권하고 있는 영국은 복지개혁을 진행하고 있으며, 생산적인 복지를 주창하는 '제3의 길(the third way)'을 통하여 시장의 효율성과 사회적 연대를 조화시켜 나가고 있다. '제1의 길'이 '요람에서 무덤까지'로 대표되는 사회민주주의적 기획이라면, '제2의 길'은 신자유주의적 기획으로 볼 수 있으며, '제3의 길'은 '제1의 길'의 시장 효율성 강조와 '제2의 길'의 사회적 평등 부각으로 새로운 종합을 모색하고 있다(박경일, 2011).

제 3 절 미국의 사회복지역사

19세기 초 주로 영국에서 이주해 온 식민지 개척자들이 대부분 미국사회의 각 분야에서 중추적인 활동을 하였는데, 그들은 영국의 법제나 관습을 그대로 가져와 미국의 정책에 반영시키려 했다. 청교도 윤리가 지배적이었기 때문에 노동은 미덕으로 여기고 나태는 죄로 여겼는데 빈곤의 책임이 개인의 책임이라는 생각은 이를 뒷받침하였다. 따라서 이 시기의 빈민에 대한 구호활동도 이러한 빈곤관에 입각하여 시행되었다. 미국의 사회복지 발달은 독립이전시대, 남북전쟁시대, 대공황시대, 신연방주의와 신보수주의적 재편, 복지변화시대로 구분할 수 있다(강용규 외, 2011).

1. 독립이전시대

독립 이전 미국은 영국 구빈법의 영향을 받았다. 주요 산업은 농업이었고, 사상적으로는 청교도주의와 자유주의 정신이 뒷받침된 보충적 사회복지로 특징지어진다. 당시의 구제 대상자는 병자, 장애인, 아동을 양육하는 과부 등 본질적으로 고용이 불가능한 사람들과 계절 실업자였다.

미국 구빈원의 개선을 위한 두 가지 조사 보고서가 마련되었는데, 하나는 1821년 매사추세츠의회 자문에 응하기 위해 마련된 퀸시보고서(Quincy Reports)이고, 또 하나는 1824년 뉴욕 입법기관의 위촉에 의해 마련된 예이츠보고서(Yates Reports)이다. 먼저 퀸시보고서의 내용은 다음과 같다.

첫째, 거택구호가 비경제적이고 효율적이지 못하다는 것
둘째, 작업장을 가진 구빈원은 설립이 더 경제적이라는 것
셋째, 빈민들의 취업을 위해 농업이 가장 적합하다는 것
넷째, 빈곤의 가장 큰 원인은 음주라는 것

예이츠보고서의 내용은 다음과 같다(이영철 외, 2007).
첫째, 각 군에 농업 종사자인 빈민을 구하기 위한 고용원을 설립해야 한다는 것
둘째, 건강한 빈민과 부랑인 등을 위하여 작업장을 주선한다는 것
셋째, 명령과 빈민법의 소송을 폐지한다는 것
넷째, 18~50세까지의 건강하지 못한 남자는 빈민명부에 기입한다는 것
다섯째, 부랑인을 벌하고 빈민을 주에 이양한다는 것

이들 보고서는 많은 주에서 구빈원과 작업장 등을 설립하였으나 빈민의 조건을 개선하는 데에는 큰 효과가 없었다.

2. 남북전쟁시대

1861년에 시작된 남북전쟁 이후 북부의 상공업이 크게 발달하면서 남부의 농노들은 빈민으로 전락하게 되고, 또한 자유경쟁을 주장하는 자유방임주의 사상이 지배하면서 빈민의 구제를 반대하고 자본주의는 독점자본주의로 이행하기 시작했다. 빈부격차가 심화되고 빈민이 증가되자 영국으로부터 구빈제도를 도입하여 1877년 버팔로에 최초의 자선조직협회가 결성되어 빈곤과 구걸 근성에 대한 과학적 접근을 통해 전달체계의 구축을 시도하였다.

20세기 사회복지분야에 있어서 중요한 계기는 1909년 시작된 백악관 회의로, 사회봉사 및 사회적 정책에 대한 지방적 개입보다는 전국적인 정책적 실현의 필요성을 인정하였다. 이러한 노력의 결실은 아동복지분야에서 두드러졌는데, 아동은 가난한 이유로 가족과 격리되어서는 안 되며, 아동시설에 대한 입소보다는 결연을 통하여 일반 가정에 입양되어야 한다는 선언을 채택하였다. 이러한 10년 주기의 백악관 회의는 사회복지의 많은 분야에 영향을 주었다.

3. 대공황시대

제1차 세계대전에 이어 1929년 10월부터 시작되어 전 세계를 강타한 경제대공황은 10월 주식시장의 붕괴로 이어지면서 상품의 가격은 떨어지고 실업자의 급증을 초래하여 약 1,200만 명에서 1,500만 명에 이르는 근로자들이 직장을 잃게 되었다.

뉴욕 주지사 출신의 대통령 루즈벨트는 실업 구제와 경제의 부흥을 위하여 '뉴딜정책'을 발표했고, 이에 따라 1933년 연방긴급구호법과 연방긴급구호청이 창설되었다.

1935년 8월 제정 · 공포된 사회보장법은 강제적 사회보험과 공적부조를 양축으로 하고 세 부분으로 구성되어 있는데, 그 내용은 다음과 같다(김안호, 2002).

첫째, 사회보험 프로그램으로 연방노령보험체계와 연방정부와 주정부가 함께 하는 실업조장제도

둘째, 공적부조 프로그램으로 노령부조, 요보호 시각장애인 부조, 요보호아동 부조 등을 포함하는 3개 집단을 위한 연방정부 지원제도

셋째, 사회복지서비스 프로그램으로 모자보건서비스, 아동복지서비스, 지체장애 아동서비스, 직업재활 및 공중보건서비스 등에 대한 연방정부의 보조금 지급

이를 발판으로 1943년 직업재활법과 1944년 공중보건서비스법이 제정, 1946년 사회보장의 단일행정기구로서 사회보장청이 설립되었다.

경제대공황과 타개책인 뉴딜정책은 미국 사회복지계에 커다란 영향을 미쳤고, 특히 공공부문의 사회복지서비스 분야가 상당히 발전하였다. 뿐만 아니라 사회사업가의 수가 약 두 배 이상 증가하였고, 사회사업을 교육하는 고등교육기관이 급속도로 증가하면서, 빈곤은 개인의 책임이라는 구빈법적 사고에서 벗어나 사회복지가 중요한 위치를 자리잡게 되는 계기가 되었다(김만두 외, 2000).

4. 신연방주의와 신보수주의적 재편

1960년대와 1970년대 미국은 번영을 구가하던 시기였고, 이 시기에는 보충보장소득과 노인을 위한 복지서비스 프로그램이 제정되었다. 이 시기의 사회복지정책은 다음과 같다.

첫째, 유가파동에 의한 경기침제로 실업과 빈곤대책을 강구하기 위한 정책 개발

둘째, 흑인과 여성의 인권운동, 반전운동, 학생운동, 복지권운동 등 시민권 향상을 위한 운동이 대두되어 사회사업도 이에 관심을 갖고 발전

셋째, 연방정부는 사회복지와 관련된 입법을 통해 적극적인 복지정책 시행

1980년대 공화당 레이건 행정부의 신연방주의 또는 신보수주의가 등장한 시기의 복지정책 내용은 다음과 같다.

첫째, 연방정부의 복지비용 축소

둘째, 연방정부의 역할 축소 및 주정부 및 지방자치단체의 개입 확대

셋째, 긴박한 욕구부족 상태에 있는 자에 한해 복지급여 단기간 동안 지급

그 후 레이건 행정부는 '작은 정부'를 지향하면서 사회보장의 주요 재원인 소득세와 법인세를 감소시켜, 중산층의 소득은 더욱 높게 그리고 기업의 이윤을 확대시켜 전반적으로 경제에 호황을 가져왔으나, 상대적으로 빈곤한 저소득층의 삶은 악화되는 이중성을 가져왔다. 이러한 연방정부의 복지기능을 축소하고, 대신에 지방정부가 그 역할을 대신하여 복지비용을 최소화하려는 정책을 신연방주의(New Federalism)라고 한다.

5. 복지변화시대

1992년 클린턴 행정부는 과거 신보수주의적인 복지정책에서 탈피하여 제도적 개혁주의적 관점을 추진하였으나, 의료보험제도 개혁의 실패, 사회보험 틀의 계속 유지, 공공부조의 대폭적 삭감에 대한 클린턴 행정부 거부권 행사 실패, 클린턴 행정부 재당선 등 여러 가지가 있었지만 여전히 미국의 사회복지정책은 보수주의적인 경향을 갖고 있다.

2000년 조지 부시 행정부는 미국의 사회복지정책에서 대체로 이전의 틀을 그대로 유지하였다.

오바마 행정부는 미국의 기존 사회복지정책에서 극적인 변화가 예고되고 있다. 정부역할의 확대를 통하여 사회복지정책 강화, 균등한 분배, 환경문제 강화 등이 변화의 중심으로 나타나고 있으며, 그 중 보건복지정책의 변화는 의료보험제도의 강화와 공

적연금의 보장성 유지 등이다. 오바마 행정부는 사회보장제도(특히 공적연금)의 민영화에는 부정적인데, 공적연금 재정의 불안정성을 알리되 사회보장세(연금보험료)는 인상하지 않고, 대신에 고소득자(25만 달러 이상)에게 2~4%의 추가세금을 부과하여 재정안정화와 노령연금 수급연령 연장에 반대하고 기업의 퇴직연금에 대한 의무를 강조하고 있다.

영국과 미국의 사회복지역사를 비교해 볼 때, 먼저 영국은 사회제도나 정책을 발전시켜 왔으나, 오늘날은 이에 못지않게 직접적 대인서비스와 사회복지방법론적 접근에도 역점을 두고 있다. 이에 반하여, 미국은 역사적인 특수성이나 개인 존중의 민주주의 특징으로 대인적 서비스, 즉 사회사업방법론의 발달에 큰 성과를 거두어 왔으나 최근에는 보다 바람직한 제도와 사회정책 및 계획에 대한 과제 연구가 활발히 전개되고 있음을 알 수 있다(성영혜, 2002).

제 4 절 한국의 사회복지역사

한국의 사회복지역사는 서구와는 다른 나름대로의 독특한 면을 보이고 있다.

한국의 사회보장에 관한 기본 정신은 헌법에 명문으로 규정하고 있다. 우리나라 사회복지 역사를 근대 이전, 일제 강점기, 미군정시대, 제1공화국, 제3 · 4공화국, 제5공화국, 제6공화국으로 살펴보고자 한다.

1. 근대 이전

1) 삼국시대

삼국시대의 구빈사업의 특징은 씨족이나 부족의 결합이 강했기 때문에, 문제가 대개 공동체 내에서 해결되었다. 우리나라 역사 기록에 나타나는 구빈사업 가운데 가장 오래되고 일반화되었던 제도는 '창(創)'이라고 할 수 있다.

창은 양곡을 비축해 두는 창고로, 원래 목적은 전시에 군량미를 확보하는 것이었지만 빈민구제에 많이 활용되었다. 삼국은 이러한 창 이외에 다음과 같이 구빈사업을 공통적으로 실시하고 있었다(고승덕 외, 2003).

첫째, 관곡의 진급(賑給)은 정부에서 비축하고 있는 관곡을 여러 형태의 재난을 당한 백성들에게 구제하는 것이다.

둘째, 사궁구휼(四窮救恤)은 무의무탁한 빈민을 구제하는 것으로, 환과고독(鰥寡孤獨)을 지칭한다.

셋째, 조세감면사업은 자연재해로 인하여 심한 피해를 입었던 지역의 주민들에게 그 재해의 정도에 따라 조세를 감면해 주는 것이다.

넷째, 대곡자모구면(貸穀子母俱免)은 춘궁기에 백성들에게 대여한 관곡을 거두어들일 때 재해로 인해서 흉작이 되면 상환 시 그 원본과 이자를 감면해 주는 것이었다.

이러한 구빈사업은 민족문화 형성에 많은 역할을 한 유교, 불교, 선교의 영향을 받았다. 삼국시대의 구빈사업은 임시적이었고, 사후대책적인 성격이 강하였으며, 지속성을 유지할 수 있는 단계에는 이르지 못한 한계성을 지닌 구제제도였다.

2) 고려시대

고려시대에는 관료적 봉건체제가 확립된 시기로서 빈민의 구제를 국가적인 사업으로 인식하고 구제사업 전문기관을 두었고, 적극적인 구제정책을 시행하였다.

국가단위의 복지사업으로는 의창과 상평창 등 상설복지기구를 설치하였고, 의료구제기관으로는 동서대비원, 혜민국, 제위보 등을 설치하여 빈민 환자에게 의약과 의복을 지급하고 치료도 해주었다(조원탁 외, 2015).

3) 조선시대

조선시대의 구제사업은 유교의 왕인사상(王仁思想)에 입각해 전개해 나갔다. 조선시대에는 법전이 편찬됨에 따라 각종 구제제도가 법적 근거를 가지고 시행되었다. 조선의 대표적인 구빈기관으로는 고려시대에 시행되었던 의창, 상평창, 이외에 민간 차원의 구제제도인 사창제도가 있으며, 그 밖에도 구황청, 혜민국, 제생원, 활인서, 기로소 등이 있다. 또한 환곡제도를 두어 영세민을 구제하였는데, 이것은 고구려 진대법과 같은 제도였다. 조선시대 구제제도는 창제와 환곡이 있으며 예방적 차원을 위한 제도로서는 의창과 상평창이 있었다. 기타 조선 후기의 가장 대표적인 법령으로 정조 7년(1783)에 반포된 자휼전칙(字恤典則)은 유기아, 행걸아의 구제에 관한 아동보호법령이었다. 한편, 조선시대에는 국가 차원의 구휼사업 외에 민간 차원의 활동으로 계, 두레, 품앗이, 향약 등이 있다(양점도 외, 2010).

2. 일제강점기

일제강점기의 사회사업은 사회통제와 천황의 인정(仁政)을 강조하여 식민지 국민들의 불만을 희석시키려는 목적으로 본국에서 시행하던 행정체계를 그대로 도입하여 우리나라의 제도에 반영하였다. 특히 1932년에 본국에서 시행하였던 구호법을 그대로 도입하여 1944년 우리나라 최초의 구빈법인 조선구호령을 실시하게 되었다.

조선구호령은 원칙적으로 65세 이상의 노인, 13세 이하의 아동, 임산부, 불구, 폐질자, 질병자, 실명자, 상이 및 기타 정신 또는 신체장애로 인하여 노동하기에 지장이 있는 자로 한정하였다. 서비스의 내용은 생활부조, 의료부조, 조산부조, 생업부조, 장제부조 등이고 구호방법은 신청에 의해 자산조사 후 거택보호를 원칙으로 하였다. 이 제도는 1961년 생활보호법이 제정되기까지 우리나라 공적부조의 지침이 되었으나 시행시기가 제2차 세계대전 말엽인 점으로 볼 때 구호의 개념보다는 전시동원을 위한 대상의 분류와 자산조사를 통한 전쟁물자의 동원 목적도 있었음을 쉽게 알 수 있다.

3. 미군정시대

광복 후 미군정 시기의 사회복지사업은 1945년 미군정법령 제18호에 의거하여 보건후생국을 두고 이재민, 피난민, 실직자 등에 대해 식량, 주택, 의료구호를 실시하였으나 적극적이고 획기적인 복지정책이나 사회정책을 실시하지 않았다.

4. 제1 · 2공화국

1948년 8월 15일 정부 수립 이후에 한국전쟁이 발발하여 수백만 명의 피난민과 이재민이 발생하여, 국가 전체의 혼란과 절대적 빈곤으로 매우 어려운 상황이었다. 따라서 이 시기의 사회복지사업은 외국 원조단체의 시설보호와 물자구호 및 민간 차원에서의 자선활동에 의존할 수밖에 없었다.

1950년대에는 전후 경제, 사회, 정치가 취약하고 혼란스러웠음에도 불구하고 외형적으로는 외국원조단체의 자선구호활동, 전문사회사업 교육기관의 설치, 각종 복지직능단체의 발생 등 민간사회사업은 활동적이었다. 그러나 국가 주도의 사회복지정책은 응급구호사업이 중심을 이루고 있으며, 행정상으로도 일제와 미군정 사회복지정책의 틀을 벗어나지 못하는 시기라고 특징지을 수 있다.

5. 제3 · 4공화국

1960년대에 들어 경제발전계획이 수립되고, 국가주도의 산업화가 급속히 진행되어 경제성장이 이루어지면서 절대빈곤이 감소하기 시작했다.

1962년부터 제1차 경제개발 5개년계획을 추진하였고, 1963년에는 박정희 정부의 제3공화국이 출범하였다. 1962년부터 시작한 경제개발로 도시화 및 산업화 현상이 나타나고, 도시 빈곤층, 가출 및 비행, 미혼모, 주택 부족 등 과거와는 다른 여러 가지 사회문제들이 드러나기 시작하였다. 그러나 당시 정부 당국자들은 한정된 재원을 경제개발에 집중하기 위해 사회복지에 대해서 소극적이었다. 한편, 노동자계층의 미성숙으로 노조의 조직력이 미약했고 그들의 권익을 추구하기 위한 이익 표출은 거의 없었으며, 일반 국민의 경우도 사회복지에 대한 이해나 주장이 거의 없었다(남기민, 2011).

1970년대 초에는 UN의 권고에 따라 지역사회개발사업이 실시되었는데, 농촌을 중심으로 시작된 새마을운동은 농촌의 근대화에 크게 기여하였다. 1960년대와 1970년대에 여러 가지 사회복지 관련법들을 살펴보면, 공무원연금법(1960), 윤락행위등방지법(1960), 군사원호보상법(1961), 생활보호법(1961), 아동복리법(1961), 고아입양특례법(1961), 국가유공자 및 월남 귀순자 특별보호법(1962), 재해구호법(1962), 선원보험법(1962), 산업재해해상보험법(1963), 군인연금법(1963), 의료보험법(1963), 사회보장에 관한 법률(1963), 자활지도에 관한 임시조치법(1968), 사회복지사업법(1970), 사립학교교원연금법(1973), 국민복지연금법(1973), 개정 의료보험법(1976), 공무원 및 사립학교 교직원 의료보험법(1977) 등이 제정 · 공포되어 사회복지의 제도적 기반을 구축하기 시작하였다.

6. 제5공화국

1980년 5월 전두환 정부의 제5공화국이 출범하였다. 전두환 정부는 민주주의 토착화, 정의사회 구현, 교육혁신 및 문화 창달과 더불어 복지사회의 건설을 국정 지표로 내세웠을 뿐만 아니라 1982년부터 시작된 제5차 경제개발 5개년계획에서도 경제와 사회의 균형적인 발전을 기본 목표로 삼았다. 전두환 정부는 부족한 체제 정통성을 확보하기 위하여 일단 사회복지 입법을 단행하였다. 사회복지서비스부문에서는 사회복지사업기금법(1980), 심신장애자복지법(1981), 노인복지법(1981)을 제정하였고, 아동복리법을 아동복지법(1981)으로 개정하였다. 또한, 사회복지사업법(1983)을 전면 개정하여 사회복지 종사자를 사회복지사로 그 명칭을 변경하고 사회복지사 자격을 1급, 2급, 3급으로 구분하였다. 그리고 공공부조 부문에서는 생활보호법(1983)을 개정하여, 생활보호 유형에 자활보호와 교육보호를 추가하였고, 최저임금법(1986)을 제정하였다. 또한 1987년 사회복지사를 사회복지 전문요원(현, 사회복지 전담공무원)이라는 명칭으로 공무원으로 채용하였다.

한편, 전두환 정부 후반기에는 한국형 복지모형이 등장하였다(구종회, 2003). 이러한 한국형 복지모형은 제6차 경제사회발전 5개년계획(1987~1991)과 맥락을 같이 하고 있다. 제6차 계획의 기본 방향을 살펴보면 다음과 같다.

첫째, 우리 경제, 사회발전 수준에 맞는 복지시책

둘째, 가족과 지역사회의 복지기능을 최대한 조장

셋째, 자립정신에 입각한 복지시책을 전개

넷째, 민간의 복지자원을 최대한 동원

이로 인해 1980년 후반부터는 시설 수용 위주의 복지사업으로부터 탈피하여 지역복지와 재가복지가 강조되기 시작하였다.

7. 제6공화국

제6공화국은 '민주화'를 염원하는 사회적 분위기에서 노태우 정부는 경제와 사회의 균형적 발전과 동시에 빈부격차 및 지역감정 해소를 목표로 내세웠다. 이 시기에 재가복지제도가 생겨났으며, 장애인에 대한 정부의 관심이 확대되었다.

노태우 정부에서 시행된 사회복지 관련 법률에는 국민연금제도(1988), 최저임금제도(1988), 전 국민의료보험제도(1989) 등이 있다. 제6공화국 정부에서 제정 또는 개정된 사회복지 관련법은 모자복지법 제정(1989), 심신장애자복지법을 장애인복지법으로 개정(1989), 노인복지법 개정(1989), 장애인 고용촉진 등에 관한 법률 제정(1992), 의료보호법 개정(1991), 영유아보육법 제정(1991), 고령자고용촉진법 제정(1992), 사회복지사업법 개정(1992) 등의 법률을 제정 · 개정하여 사회복지의 범위를 확대하였다.

제6공화국의 사회복지제도 발전의 특징을 살펴보면 다음과 같다.

첫째, 국민연금제도, 최저임금제도, 전 국민의료보험제도 실시 등 소득 및 의료 보장의 확대가 이루어지기 시작하였다.

둘째, 1988년 서울 장애자 올림픽 이후 장애인 종합대책을 수립하였으며, 이어서 장애인 고용촉진 등에 관한 법률을 제정하여 장애인복지에 대한 변화를 시도하였다.

셋째, 지역복지의 중추적인 서비스 전달체계인 사회복지관 운영을 전국적으로 확대 실시하였다.

넷째, 아동복지법과는 별도로 영유아보육법이 제정되면서 영유아 보육사업이 크게 부각되었다.

다섯째, 재가복지를 중시하여 재가복지봉사센터가 급격하게 증가되었고, 1987년부터 사회복지 전문요원을 영세민 밀집지역의 동사무소에 배치하기 시작하였다.

김영삼 정부는 '세계화'를 정책목표로 설정하였으나, 외환 · 금융부문에서 시작된 외환위기로 인하여 국제통화기금(IMF)의 구제금융을 요청할 수밖에 없었고, 한국 경제는 최악의 침체와 함께 상당한 부분을 외국의 자본에 의존하게 되었다.

김영삼 정부는 1993년 신경제 5개년계획의 사회복지부문에서 우리나라 제7차 경제사회발전 5개년계획 복지정책의 기본 방향을 국가발전 수준에 부응하는 사회복지제도의 내실화에 두고 국민 복지를 증진시킬 것을 제시하였다. 또한 1995년 성장 위주의 정책에서 벗어나 삶의 질과 생산적인 국민 복지에 적극적인 관심을 기울여야 할 것이라고 강조하였다. 그러나 실질적인 성과는 미미하였다. 김영삼 정부에서 사회복지 관련법들을 보면, 사회보험부문에서는 고용보험법 제정(1993), 사회복지서비스부문에서는 정신보건법 제정(1995), 사회복지공동모금법 제정(1997)이 있었다. 또한, 과거의 사회보장에 관한 법률을 폐지하고 사회보장기본법을 제정(1995)하였다. 김영삼 정부의 사회복지제도에서 가장 큰 변화는 사회보험부문으로, 전 국민 대상 국민연금제도의 확대 실시와 더불어 전 사업장에 대한 고용보험제도의 적용, 전 국민의료보험의 실시 등으로 기존의 산업재해보험제도를 포함한 4대 보험체계를 완성하였다는 것이다.

김대중 국민의 정부는 대대적인 사회복지제도의 개혁을 시도하였다. 심각한 경제적 위기는 최저한의 삶에 대한 국가적 보장이라는 국민적 인식의 확대를 가져왔고, 사회계층 간의 연대의식을 강화하는 계기가 마련되었다. 또한 생산적 복지를 추구하였는데 '시민의 권리'로서 복지를 강조, '노동을 통한 복지추구'라는 양면성을 내포하고 있다. 이 시기에는 IMF의 금융위기에 따른 실업대책을 마련하였으며, 제1차 사회보장발전계획을 수립 · 시행하였다. 국민의 정부에서 사회복지 관련법들을 살펴보면 사회보험제도의 보편화로서 국민연금이 도시자영업자까지 확대되어 전 국민의 연금시대를 열었다(1999).

고용보험을 1인 사업장까지 확대하였으며(1999), 산업재해보상보험을 5인 미만 사업장까지 확대하였다(2000). 국민건강보험법을 제정하여 직장조합까지 포함한 모든 조합을 건강보험공단으로 완전 통합하였다(1999). 최저생활을 보장하고 자활을 조성하기 위해 국민기초생활 보장법을 제정(1999)하였으며, 의료급여법(2001), 모 · 부자복지법(2002) 등의 제정을 통해 사회복지를 완성시켰다.

노무현 정부는 3대 국정목표 중 하나로 '더불어 사는 균형발전사회'를 제시하고 이에 따른 사회안전망을 구축하기 위하여 '기초생활보장의 내실화 등 취약계층 보호지원'을 100대 국정과제 중 하나로 추진하였다. 그리고 취약계층의 보호지원을 위하여 사각지대 해소를 위한 제도 개선과 차상위계층 보호, 일을 통한 탈빈곤 지원, 사회적 취약계층의 보호 강화, 사회복지 전달체계의 확대 개편을 추진하였다.

2005년 6월 저출산 · 고령사회 기본법을 제정하고 이에 기초한 제1차 고령사회 기본계획을 마련하여 범정부적 대응체계를 구축하였다. 이 기본계획은 4대 분야, 70개 이행 과제, 242개 세부 과제로 구성되어 있다. 4대 분야는 출산과 양육에 유리한 환경조성, 고령사회의 삶의 질 향상 기반 구축, 저출산 · 고령사회의 성장 동력 확보, 저출산 · 고령화 대응 사회분위기 조성이다. 2007년 저부담 고급여 구조의 국민연금제도를 개혁하고자 하였으나 급여수준을 일부 조정하는 수준에서 그쳤다. 또 노인들의 연금 사각지대를 해소하기 위하여 기초노령연금제도를 도입하였으나 막대한 재정 부담으로 상당한 어려움이 예상되며, 계속 논의되어 오던 공무원연금과 군인연금의 개혁은 끝내 이루지 못하게 되었다.

노무현 정부에서의 사회복지 관련법들을 보면, 사회보험부문에서는 기초노령연금법 제정(2007), 노인장기요양보험법(2007), 공공부조부문에서는 긴급복지지원법 제정(2C05), 그리고 사회복지서비스 부문에서는 건강가정기본법 제정(2005), 노인복지법 개정(2007) 등이 있었다.

이명박 정부의 '능동적 복지'는 목표를 달성하기 위해 평생복지기반 마련, 예방 · 맞춤 · 통합형 복지, 시장기능을 활용한 서민생활안정, 사회적 위험으로부터 안전한 사회를 위한 성장과 분배 등 네 가지의 전략으로 내세운 사회복지정책을 추진하였다(박경호 외, 2010). 이명박 정부에서의 사회복지 관련법들을 보면, 다문화가족지원법(2008), 기존의 고령자고용촉진법을 폐지하고 고용상 연령차별금지 및 고령자고용촉진에 관한 법률 개정(2008), 실종아동 등의 보호 및 지원에 관한 법률(2008), 2005년 제정 당시는 한시적인 법인 긴급복지지원법을 영속법으로 개정(2009), 기존의 청소년의 성보호에 관한 법률을 폐지하고 아동 · 청소년의 성보호에 관한 법률 개정(2009), 장애인연금법(2010), 1994년에 제정된 성폭력범죄의 처벌 및 피해자보호 등에 관한 법률이 성폭력범죄의 처벌 등에 관한 특례와 성폭력범죄의 피해자보호 등에 관한 사항을 함께 규정하고 있어 이에 대한 효율적 대처에 한계가 있어 분리하여 성폭력범죄의 처벌 등에 관한 특례법(2010.4.), 성폭력방지 및 피해자보호 등에 관한 법률(2010.4.)로 제정하고 장애인활동 지원에 관한 법률(2011.1.) 등을 개정 및 제정하여 사회복지를 한 단계 더 성숙하게 발전시켰다.

〈표 3-1〉 역대 정부의 사회복지제도

<table>
<tr><th>정부</th><th>내용</th><th>주요 제도</th></tr>
<tr><td>박정희 정부
(1961～1979)</td><td>• 1961년 생활보호법, 아동복리법, 윤락행위 등 방지법, 갱생보호법
• 1962년 재해구호법(1962)
• 1963년 군인연금법, 산업재해보상보험법
• 1970년 사회복지사업법
• 1973년 국민복지연금법(실시 보류)
• 1977년 의료보험법, 의료보호법</td><td>생활보호법
산업재해보상보험법
아동복리법
사회복지사업법
의료보험법</td></tr>
<tr><td>5공 전두환 정부
(1981～1988)</td><td>• 사회복지 5법 완성
• 1981년 심신장애자복지법, 노인복지법, 아동복지법
• 1982년 생활보호법 제정
• 1983년 사회복지법 전면 개경: 사회복지사 자격 규정 사회복지협의회, 법정단체화
• 사회복지서비스 확충: 지역사회복지, 재가복지, 지역사회복지관 사업확대, 사회복지전문요원 최초 배치
• 1986년 8월 국민복지 3대 정책 발표: 국민연금 도입, 의료보험 전 국민 확대, 최저 임금제 도입
• 1986년 최저임금법</td><td>심신장애자복지법
노인복지법
아동복지법
사회복지법</td></tr>
<tr><td>6공 노태우 정부
(1988～1993)</td><td>• 전두환 정부의 국민 복지 3대 정책 실천, 사회복지체계 정비
• 1988년 국민연금법
• 1988년 전 국민 의료보험 달성
• 1989년 모자복지법
• 1990년 장애인고용촉지법
• 1991년 영유아보육법
• 1992년 고령자고용촉집법</td><td>국민연금법
영유아보육법</td></tr>
</table>

정부	내용	주요 제도
김영삼 문민정부 (1993~1998)	• 1993년 고용보험법 • 1995년 여성발전기본법 • 1997년 정신보건법, 사회복지공동모금회법	고용보험법
김대중 국민의 정부 (1998~2003)	• 생산적 복지 표방 • 1999년 국민기초생활보장법 • 1999년 건강보험 통합	국민기초생활보장법
노무현 참여정부 (2003~2008)	• 참여복지 표방 • 2007년 노인장기요양보험법 • 2008년 기초노령연금법	노인장기요양보험법
이명박 (2008~2013)	경제 살리기 국민통합 • 능동적 복지 표방 • 노인장기요양보험시행	장애인연금 도입
박근혜 (2013~2017)	국민행복 희망의 새 시대	
문재인 (2017~2022)	국민의 나라 정의로운 대한민국	

출처: 원석조(2022)

참고문헌

감정기 외(2010). 『사회복지의 역사』. 나남출판사.
강용규 외(2011). 『사회복지개론』. 공동체.
고승덕 외(2003). 『사회복지개론』. 교문사.
구종회(2003). 『한국의 사회복지발달사』. 홍익재.
김동국(2008). 『서양사회복지사론』. 유풍출판사.
김만두 외(2000). 『현대사회복지개론』. 홍익재.
김안호 외(2002). 『사회복지개론』. 청록출판사.
김형수 외(2013). 『사회복지개론』. 정민사.
남기민(2011). 『사회복지학개론』. 양서원.
남일재 외(2007). 『사회복지개론』. 학현사.
박경일 외(2011). 『사회복지학강의』. 양서원.
박경호 외(2010). 『사회복지개론』. 양서원.
박용순(2009). 『사회복지개론』. 학지사.
성민선 외(2005). 『사회복지개론』. EM커뮤니티.
성영혜(2002). 『사회복지개론』. 형설출판사.
양점도 외(2010). 『사회복지개론』. 공동체.
이영철 외(2007). 『사회복지학』. 양서원.
조원탁 외(2015). 『사회복지법제론』. 양서원.
함세남 외(2001). 『사회복지 역사와 철학』. 학지사.

Chapter 04

사회복지 정책 및 행정

제 1 절 사회복지정책의 개념 및 형성이론

1. 사회복지정책의 정의

사회복지정책은 사회복지에 관한 정책이라고 볼 수 있다. 사회복지가 목표로서의 의미를 갖는 것이라면, 정책은 목표를 달성하기 위한 수단으로서의 의미를 갖고 있다.

원석조(2013)는 정책이란 '특정 목적을 달성하기 위한 행동의 원칙, 지침, 일정한 계획, 조직화된 노력'으로 보고 있다. 따라서 사회복지정책이란 사회복지에 관한 계획되고 조직화된 행동방침이라고 정의를 내릴 수 있다.

사회복지정책은 사람들이 인간다운 삶을 영위하는 데 문제가 되는 사회적 상황을 개선하기 위하여 서비스나 소득을 제공함으로써 인간의 복지에 영향을 미치는 행동의 원칙, 계획 혹은 과정이며 실천적 조치(principle, plan or course and action)이다. 따라서 사회복지정책은 ① 원칙이라는 의미에서 어떠한 입장(position), 즉 가치(value)나 신념(brief)을 내포하고 있고, ② 행동의 계획과 과정이라는 의미에서 구체적인 단계(steps), 절차 혹은 방법(methods)을 내포하고 있다. 그러므로 사회복지정책에서는 사회복지 목표를 수

렴하기 위한 가치와 이념, 정책이 만들어지는 단계와 절차에 대한 정책 형성과정에 대해서 이해해야 한다(박경일 외, 2011).

사회복지의 개념은 추상적인 목적 개념이 아니라 '복지라는 목적달성'을 위한 현실적인 수단으로 실체적인 개념이다. 목적달성을 위한 수단으로 사회복지정책은 일곱 가지 영역인 소득보장, 건강, 교육, 주택, 사회복지서비스, 조세정책, 노동시장정책으로 구성되어 있고(송근원 외, 2004), 사회복지정책의 목적은 인간생활의 질적 가치를 보장하는 데 있다. 즉, 사회복지가 인간생활의 질적 가치를 보장하기 위한 실질적 개념이라고 본다면 사회복지정책은 정책목표의 성취를 통해 사회문제를 해결하고자 하는 행동방침이다.

칸(Kahn, 1979)은 "사회복지정책은 사회복지 프로그램과 서비스 전달체계가 장기적으로 기초되는 원리와 관계가 있다"는 사실을 강조하고 있다. 그는 훌륭한 사회복지정책이란 문제에 대해 즉각적으로 반응하는 것이 아니라, 장기간에 걸쳐 합리적으로 잘 고안된 반응이라고 하였다.

정리하자면 사회복지정책이란 "인간의 존엄과 가치구현이라는 이념을 바탕으로 모든 사회구성원, 특히 사회적 약자의 기본적 욕구에 대응하기 위한 정책분야이며, 각종 사회문제의 해결을 목적으로 하는 사회복지제도, 프로그램 등을 통한 가치배분활동"이다(박석돈 외, 2016).

〈표 4-1〉 사회정책과 사회복지정책의 비교

사회정책(social policy)	사회복지정책(social welfare policy)
獨(권위주의적)/ 英(탈권위주의적)	美(强 탈권위주의적)
사회복지정책의 상위개념(질서유지정책)	사회정책의 하위체계(욕구충족정책)
사회가 공인한 사회행동으로서 인간사의 공식적 · 체계적 질서유지를 위한 정책	고용, 소득, 음식, 주택, 보건의료, 사회관계 등 기본적 욕구충족을 위한 급여를 제공하는 것

출처 : 원석조(2013).

2. 사회복지정책의 영역

타운젠드(Townsend, 1970)는 사회복지정책의 주요 영역은 소득보장, 건강, 교육, 주택 그리고 대인적 사회서비스로 구성된다고 보았다. 이 다섯 가지 외에 티트머스(Titmuss, 1974)는 '복지의 사회적 분화'에서 사회정책의 구성으로서 사회보장과 비영리 대인서비스를 포함하는 사회복지뿐만 아니라 재정복지(fiscal welfare), 기업복지를 포함한다고 하였다. 이와 같이 티트머스는 사회복지정책의 영역을 포괄적으로 해석하여 사회복지정책의 영역에 조세정책을 포함시켰고, 그리고 칸(Kahn, 1979)과 힐(Hill, 1980)은 노동시장정책을 포함시켰다. 또한 사법정책을 포함시켜 사회복지정책의 개념을 보다 넓게 규정하고 있다.

사회정책의 고유 영역을 설정하는 작업은 궁극적으로 공공행정상의 편의를 고려할 때 가능한 것으로서 절대적인 구분은 사실상 불가능하다. 그렇지만 사회정책의 영역에 사회보장 또는 소득보장, 대인적 사회서비스 및 보건 또는 건강을 포함시키는 데에 아무런 이의를 제기하지 않는다. 그러므로 사회복지정책의 영역에 대한 견해를 종합하여 협의적으로 살펴보면 소득보장정책, 건강보장정책, 주택보장정책, 대인적 사회서비스 등의 네 가지 영역으로 구분할 수 있고, 광의적으로는 교육정책, 조세정책, 노동정책, 사법정책 등 8대 영역으로 구성되어 있다고 할 수 있다. 사회구성원의 욕구가 다양화되고, 정부의 공공행정이 사회구성원의 삶에 관여하는 정도가 점점 확대되고 있는 현대사회의 특성을 고려할 때 사회복지정책의 고유 영역을 명확하게 구분하여 한정하는 작업은 어렵다(임상록 외, 2007).

3. 형성이론

사회복지정책의 형성이론은 사회복지의 목적을 달성하기 위한 정책이 어떤 과정을 통해서 형성 · 발전해 왔는가를 말한다. 여기서는 사회복지정책의 형성이론 중에서 몇 가지만 살펴보고자 한다(양점도 외, 2010).

1) 수렴이론

수렴이론(Convergence Theory)은 사회복지의 발달이 그 사회가 가진 기술수준과 산업화의 정도에 따라 수렴된다는 것으로 '기술결정론'이라고 한다. 이 수렴이론에는 이데올로기적 갈등을 강조하지 않고, 단지 경제적인 면과 사회적인 면만을 강조한다. 즉, 산업사회의 사회구조를 결정짓는 것은 인도주의나 양심, 이데올로기나 계급 간의 갈등이 아니라 기술, 즉 산업화이며, 어느 수준의 산업화를 이룬 국가들의 사회제도는 어느 한 점으로 수렴되어 서로 비슷하게 되어 있다는 주장이다. 이 이론의 대표적인 학자로는 윌렌스키와 르보(Wilensky & Lebeaux, 1975)가 있다. 그러나 이러한 수렴이론은 사회복지제도를 현대사회에서 불가피한 것으로 간주하여 복지국가가 계획적으로 창조될 수 있는 것으로 오해할 수 있고, 정책결정과정에서 지배계층의 존재나 이해집단의 활동, 가치판단 등을 무시하는 점이 있으며, 기술을 지나치게 강조함으로써 문화, 이념 등 다른 요인들의 역할을 경시 내지 무시하는 경향이 있다는 비판을 받고 있다.

2) 시민권이론

시민권이론(The Citizenship Theory)은 18세기 시민사회가 형성되기 시작했을 때 쟁취한 인간의 자유와 평등에 대한 기본권을 최초의 시민권으로 인식하며 19세기의 참정권, 20세기의 사회권 등을 시대에 따른 시민권의 속성으로 인식한다. 이 이론은 제도적 복지모형과 시민적 연대성의 원리에 기여하였다. 즉, 시민권은 "공동체의 완전한 성원들에게 부여되는 하나의 권리"로 정의되고, 정치공동체 성원으로서의 자격을 말하며, 시민은 일반적인 권리와 책임을 가진다고 한다. 이와 같이 인간의 자유와 평등에 대한 포괄적이고 보편적인 틀 속에서 사회적인 권리를 포함시킴으로써 시민권 개념을 확대시켰다. 대표적인 학자로는 마샬(Marshall, 1970)이 있다. 그러나 이 시민권 이론에 대한 비판으로서 파커(Paker)는 엄연히 존재하고 있는 낙인의 문제와 평등 간의 괴리에 대한 성찰이 부족한 점과 기본 욕구충족의 아이디어와 선별주의 및 보편주의 간의 논쟁, 즉 시민권 개념이 현실과 이념의 많은 부분이 상호 모순관계에 존재하고 있다는 점을 지적하였고, 사회복지의 개념을 법에 규정된 권리, 즉 사회권으로서만 파악하는 것은 제한된 시각이라고 비판하였다.

3) 사회양심이론

사회양심이론(Social Conscience Theory)은 1950년대 영국 사회정책학의 통설로 받아들여졌던 이론으로 인도주의 사상에 기초한 이타주의와 사회적 양심의 증대가 사회복지제도와 사회복지정책의 발전을 가져오는 원동력이 되었다고 보는 이론이다. 대표적인 학자로는 홀(Hall)과 베이커(Baker)가 있다.

사회양심이론은 인도주의와 이타주의에 기반하고 있다. 사람은 연민과 동정심을 가지고 있다. 인간이 가진 이러한 양심은 개인적 차원에서 상호부조 정신과 기부문화가 발달할 수 있는 근거가 되고, 사회적 차원에서는 지역사회나 공동체, 지자체, 중앙정부 등에서 인도주의에 입각한 사회적 의무감이 복지정책을 확대하게 된다는 것이다.

사회복지정책을 이상주의적이고 문제해결중심적이고 동정주의적 관점을 가진 이론인 사회양심이론에 대한 비판을 살펴보면 첫째, 사회복지정책이 타인에 대한 이타심이 표현된 것이라면 세계 나라들이 비슷한 형태를 띠어야 하지만 그렇지 않다. 둘째, 사회복지정책의 자비적 특성을 지나치게 강조하여 국가의 역할에 대한 왜곡이 나타난다. 셋째, 사회복지정책의 형성과정 및 변화에 미치는 압력과 영향에 관한 분석이 매우 미흡하다.

4) 음모이론

음모이론(The Conspiracy Theory)은 사회양심이론(인도주의적 · 도덕주의적 관점)과는 전면적으로 배치되는 입장을 취하고 있는 이론으로서 1960년대와 1970년대 미국에서 신좌파의 확산으로 인해 야기되었다. 음모이론은 사회복지정책의 주목적이 인도주의나 동정이 아니라 사회안정과 질서유지와 사회통제를 위한 수단으로써 사용하고 있다고 보는 이론이다. 대표적인 학자로는 피븐과 클로와드(Peven & Cloward, 1971)가 있다.

빈민규제론(Regulating the poor)을 살펴보면, 사회복지정책은 복지에 대한 인도주의적 관심으로부터 발생한 것이 아니라 "시민의 무질서를 해결하고, 노동규범을 강제하기 위한 억압책(repressive system)"이라는 피븐과 클로와드가 주장한 사회복지의 음모이론(a conspiracy theory of welfare)이다.

음모이론에 의하면, 사회복지정책에 관한 의사결정은 지배층의 장기적인 계획으로 이루어진다. 그리고 지배층은 자신들의 이익에 기초하여 정책을 실행하고 그 결과는 피지배층에게는 불리하게 작용한다고 가정한다. 그리고 정치인이나 정책결정자는 사회복지정책을 통해 빈민이나 부랑자에 대한 두려움을 완화시키고, 사회문제에 대해 무엇인가 행동을 취하는 것으로 보이게 하며, 자본주의 생산양식의 결과인 불평등을 유지시키기 위해 노력한다는 점에서 음모적이다.

이들의 빈민규제론에 대한 미국 학계의 반향은 상당히 컸다(원석조, 2008). 이 이론은 복지정책의 수단화를 막고 본질적인 성격을 강조하는 면에서는 강점을 가지고 있지만, 기득권자나 정책결정자를 위협하지 않는 사회적 약자들에 대한 사회복지정책의 발달을 설명하는 데 한계가 있다. 또한 복지정책을 결정하는 사람들의 의도를 지나치게 강조한 나머지 복지정책이 필연적으로 전개되는 인간의 권리가 반영되는 현실에 대하여 설득력 있게 설명하지 못한다는 점을 가지고 있다.

5) 종속이론

종속이론(The Dependency Theory)은 제2차 세계대전 이후 식민국가(제3세력)들의 사회복지정책의 변천과정을 설명하고 있는 이론이다. 다시 말해 식민국가들은 종주국의 이익에 도움이 되는 방향으로 사회복지정책이 운영되었고, 독립 이후에도 그 사회복지 정책 등이 그대로 모방되거나 유지되는 현상을 설명하고 있다.

미즐리(Midgley)는 제2차 세계대전 후 개발도상국들이 사회복지정책 및 사회보장제도의 적극적인 확장에도 불구하고 빈곤, 자원재분배 실패, 사회적 불평등 심화가 계속되는데, 그 근본 원인은 식민지 영향(colonial influence), 즉 식민시대의 유습이 그대로 반영되었기 때문이라고 하였다. 종속이론의 관점에서 볼 때 우리나라의 경우도 일제강점기 구호사업은 식민지정책의 일환이었다(박경일 외, 2011).

종속이론에 대한 비판을 살펴보면 다음과 같다.

첫째, 국가 간의 불평등 문제는 종속관계가 아닌 한 국가 내의 두 지역 간에도 또는 중심 국가 내의 두 국가 간에도 발견된다.

둘째, 종속이론은 제3세계에 대한 선진국의 영향력을 과대평가함으로써 제3세계의 잠재력을 과소평가하였다.

셋째, 종속이론의 주요 학설들 중에 검증되지 않는 점이 발견되는 것으로, 예를 들면 카우프만의 라틴 아메리카 17개국 분석에 따르면 종속수준이 높을수록 토지소유구조는 공평하고, 지원의존도가 높은 나라가 정치적 안정을 나타내고 있다.

6) 확산이론

확산이론(Diffusion Theory)은 전파이론이라고도 하며, 이러한 확산이론은 한 나라의 사회복지정책 및 사회보장제도의 발달이 다른 나라에 확산(전파)되는 과정을 설명하는 이론이다. 이는 선진복지국가의 경험이 인근 국가로 전파되는 것인 동시에 선진국에서 후진국으로 관념이나 기술 등이 이전되는 과정이기도 하다.

콜리어와 메식(Collier & Messick)은 확산의 종류를 위계적 확산(hierarchical diffusion)과 공간적 확산(spacial diffusion)으로 구분하였다. 전자는 기술혁신이나 새로운 제도가 먼저 창안되고 실시된 선진국에서 늦게 근대화가 진행된 후진국으로 확산되는 것이며, 후자는 특정 국가에서 만들어진 제도가 우선 인접 국가들에게 지리적으로 가까운 순서대로 확산되는 것을 의미한다. 이 이론은 사회복지정책이 확산된 과정을 용이하게 설명할 수 있는 이론이기는 하지만, 전적으로 선진국의 사회복지정책을 단순 모방하여 확산되기보다는 각 국가의 상황에 따라 변형되거나 독창적으로 고안된다는 사실과 국제적인 변수와 국내적인 변수 간의 역동적인 과정을 반영하지 못한다는 점에서 한계를 보여주고 있다.

제 2 절 사회복지정책의 형성과정 및 분석

1. 사회복지정책의 형성과정

정책은 어떤 일정한 과정을 거쳐 수립된다. 사회복지정책도 다른 공공정책과 마찬가지로 매우 복합적이고 비교적 장기간을 요하는 일련의 연속적인 과정을 거쳐 수립된다. 이러한 사회복지정책의 형성과정에 대하여 가장 대표적이라고 할 수 있는 다섯 가지 모델을 도표화하여 정리하면 〈표 4-2〉와 같다.

〈표 4-2〉 사회복지정책의 형성과정모델

학자	칸 (Kahn)	디니토 (DiNitto)	프리먼과 셔우드 (Freeman & Sherwood)	길버트(Gilbert) 외 2인	송근원과 김태성
단계	① 기획의 선동 ② 탐색 ③ 기획과정의 정의 ④ 정책형성 ⑤ 프로그램화 ⑥ 평가 및 환류	① 정책문제의 확인 ② 정책대안의 형성 ③ 정책의 정당화 ④ 정책의 집행 ⑤ 정책평가	① 계획 ② 프로그램 개발과 집행 ③ 평가	① 문제확인 ② 문제분석 ③ 공중홍보 ④ 정책목표의 개발 ⑤ 공중지지 형성과 정당화 ⑥ 프로그램 설계 ⑦ 집행 ⑧ 평가와 사정	① 정책문제의 형성 ② 정책 아젠다의 형성 ③ 정책 대안의 형성 ④ 정책의 결정과정 ⑤ 정책의 집행과정 ⑥ 정책의 평가과정

출처 : 양점도 외(2010).

1) 사회복지정책 문제의 형성

사회정책의 문제는 다양한 사회문제 중에서 국가가 해결해야 할 공공문제로 채택하는 과정을 말한다. 사회문제는 사회정책을 형성하도록 하는 중요한 동인이며 사회정책의 주원료라 할 수 있다. 인간이 기본적인 생활을 누리지 못하고 고통받는 상황이나 조건을 해결할 문제로 인식할 때 비로소 사회문제는 성립된다.

이러한 사회복지문제의 해결을 정부에 대하여 요청하는 구체적인 행동을 정치학적인 의미에서 요구(demand)라 한다. 정치체제에 어떤 사회복지문제의 해결에 관한 요구가 성공적으로 투입되면 비로소 관심을 받으면서 그 해결방법들이 논의된다. 이때 정치적 논점으로 부각된 문제나 요구를 이슈(issue)라 부른다. 그러나 사회복지문제 가운데 어떤 것은 이슈화되지만 어떤 문제는 이슈화되지 못한다. 많은 경우 사회복지문제는 이슈화되지 못하는 경우가 많다. 그 주된 이유는 사회복지문제는 주로 정치적 · 경제적으로 가지지 못한 자들의 문제이며, 그들은 자기들의 문제를 이슈화시킬 돈, 지식, 조직, 사회적 지위 등을 가지고 있지 못하기 때문이다.

사회문제의 사회적 이슈화를 위해서 사회복지사의 역할이 중요하다. 클라이언트를 대신하여 사회복지사는 사회문제를 이슈화하고, 그들의 대변자 역할을 하거나, 언론 홍보, 자원 동원 등의 역할을 하는 한편, 정부에 대해서는 사회문제에 개입하도록 압력을 행사할 수도 있다.

2) 사회복지정책 아젠다 형성

사회복지정책 아젠다 형성이란 사회복지문제나 요구의 이슈화 과정이라고 할 수 있다. 그리고 정부가 정책적 해결을 위하여 사회문제를 정책문제로 채택하는 과정 또는 행위, 즉 사회문제가 정책문제로 전환되는 과정이나 행위를 아젠다 형성이라한다. 사회복지정책의 아젠다 형성은 학자들의 관점에 따라 다양하게 분류되고 있다. 이러한 아젠다 형성과정은 다음과 같이 볼 수 있다.

사회문제 → 사회적 이슈 → 공중 아젠다 → 정부 아젠다

3) 사회복지정책 대안의 형성

사회복지정책 문제가 무엇인지를 파악하고, 그 문제를 둘러싼 상황을 파악하여 정책목표를 세우고, 그 목표를 달성할 수 있는 정책수단으로서의 정책대안을 개발하며, 여러 정책대안 중에서 어떤 정책대안이 가장 바람직한 것인가를 비교 · 분석하는 단계다. 정책대안 마련과정에는 문제와 상황의 파악, 정책목표의 설정, 정책대안의 탐색과 개발정책 대안의 비교 · 분석, 최선의 정책대안 선택과정이 포함되어야 한다.

사회정책의 대안은 정책담당자가 정책의제에 대해 여러 해결방안 가운데 하나를 선택하는 것을 말한다(남기민, 2011). 사회정책의 대안은 사회문제의 해결방안을 모색하며 정책담당자를 위해 중요한 정보를 제공함으로써 가능하다.

4) 사회복지정책의 결정

사회복지정책의 결정이란 문제해결을 위해 주어진 다양한 대안들 중에서 하나를 선택하는 과정이므로, 결정에 앞서 주어진 문제해결을 위한 다양한 대안이 검토되어야 한다. 이때 문제해결을 위해 제시된 여러 가지 대안들 가운데 정책결정자가 하나를 선택하는 행위 또는 과정을 정책결정이라고 한다. 일반적으로 이러한 과정에는 정책대안의 비교·분석 행위 및 과정이 포함되는 것이 일반적이다. 따라서 정책결정과정은 ① 문제의 인지와 목표설정, ② 정보의 수집 및 분석, ③ 대안의 탐색 및 평가, ④ 최선의 정책대안 선택 등으로 이루어져 있다(박경일 외, 2011).

한편, 정책결정에 관한 대표적인 이론적 모형으로는 합리모형(Rational Model)과 점증모형(Incremental Model)이 있다. 합리모형은 인간의 이성과 합리성을 전제로 한 정책결정과정을 말한다. 즉, 정책결정권자나 정책분석가가 고도의 합리성을 가지고 있고, 주어진 상황 하에서 주어진 목표의 달성을 극대화할 수 있는 최선의 정책 대안을 찾아낼 수 있다고 보는 정책결정모델이다. 반면에 점증모형에서 정책결정과정은 과거의 정책결정을 기초로 하여 점증적 차이가 있는 정책대안을 검토하고 과거의 정책을 약간 수정한 정책결정이 이루어지며, 이루어진 정책결정에 대한 여론의 반응을 보고, 다시 정책을 수정하며 이전과는 약간 다른 정책결정을 내리는 과정이 반복하여 이루어진다(박병현, 2013).

5) 사회복지정책의 집행

사회복지정책의 집행이란 의도된 정책목표를 달성하기 위하여 결정된 사항들을 구체화시키는 활동들을 의미한다(송근원 외, 2004).

사회복지정책의 집행은 정책담당자와 사회복지 대상자 간의 직접적인 상호작용을 통하여 정책목표를 구체화해 나가는 과정이다. 그리고 정책집행은 정책목표를 달성하기 위한 기술적 과정인 동시에 정치적 과정인데, 이러한 정책과정에는 사회문제와 관련된 이해집단이 관여하는 특징이 있다.

6) 사회복지정책의 평가

사회복지정책은 그것이 형성되면서 집행이 이루어진 결과까지 평가되고, 평가된 내용은 다시 정책과정에 환류된다. 사회복지정책의 평가란 정책활동에 관해 정보를 수집하고 분석하며 해석함으로써 그 가치를 판단하는 것을 뜻한다. 여기에서 정책활동의 범위를 어떻게 잡느냐에 따라 협의의 정책평가와 광의의 정책평가로 구분된다.

협의의 정책평가는 정책집행의 결과에 대한 평가, 곧 정책이 원래 의도한 문제의 해결에 얼마만큼 영향을 미쳤는가에 대한 평가활동을 의미한다. 한편 광의의 정책평가는 정책과정 전반에 걸친 평가활동을 뜻한다. 곧 정책결정 이전부터 정책집행 이후까지의 모든 정책과정 속에서 이루어지는 정책활동에 대한 평가를 의미한다(송근원 외, 1995).

정책평가는 정책과정의 마지막 단계이자 동시에 새로운 정책결정의 시작이라고 할 수 있다. 이는 곧 정책평가의 결과가 환류(feedback)과정을 거쳐 새로운 정책에 영향을 미친다는 것을 말한다.

2. 사회복지정책의 분석

사회복지정책을 분석하기 위한 분석틀은 매우 다양하다. 기존의 사회복지정책을 용이하게 파악할 수 있고 중요한 평가요소를 적절하게 제시하고 있는 분석틀로는 길버트와 테렐(Gilbert & Terrell, 2002)의 분석틀을 들 수 있다. 이들은 사회복지정책이란 ① 누구에게 급여를 줄 것인가(급여대상), ② 무엇을 급여로 제공할 것인가(급여형태), ③ 어떻게 급여를 제공할 것인가(전달체계), ④ 어떻게 재정을 마련할 것인가(재원)에 대해 어떤 선택을 할 것인가를 결정하는 것이라고 규정하고 있다. 좀 더 구체적으로 살펴보면 다음과 같다.

1) 누구에게 급여를 줄 것인가?(급여대상자)

사회복지정책은 의도적인 재분배 문제를 주로 다루는데 그 전형적인 문제는 누구에게 무엇을 어떻게 갖게 되는가이다. 즉, 어느 집단이 사회복지 대상자가 되는가의 문제로서 대상자를 소수에 국한시킬 경우(선별주의)와 전 국민을 대상으로 하는 경우(보편주의)로 대별된다. 대상자를 소수로 국한할 경우 서비스 대상자를 결정하는 자격기준이 필요한데, 일반적으로 급여의 수급 자격요건으로는 거주 여부, 거주시간, 인구학적 조건, 기여의 여부, 근로능력, 소득수준 등이 있다. 사회복지의 역사에서 급여수급의 가장 중요한 자격요건은 근로능력이었다. 근로능력이 있는 빈민은 원조 받을 자격이 없는 빈민으로 취급되어 급여가 제공되지 않았다.

2) 무엇을 급여로 제공할 것인가?(급여형태)

급여의 형태는 크게 현금, 현물, 증서, 기회가 있다. 사회복지급여의 형태로서 현금으로 제공되는 경우는 국민연금, 질병보험의 질병수당, 산재보험의 장애수당, 실업급여, 공공부조, 아동수당, 주택수당 등을 들 수 있다. 증서는 특정 재화나 서비스의 소비를 권장 혹은 억제하고자 하는 경우나 수혜자들을 최대한 통제하려고 할 때 사용된다. 다시 말해서 일정한 용도 내에서 수급자로 하여금 원하는 재화나 서비스를 자유롭게 선택할 수 있는 방법이다. 증서로서는 상품권, 식품권에서부터 의료보험증이나 경로 버스표 등에 이르기까지 다양하다. 기회는 무형의 급여로 어떤 개인이나 집단에서 이전에는 부정되었던 급여에 대해서 접근을 가능하게 만드는 것이다(김영종, 2010).

3) 어떻게 급여를 제공할 것인가?(급여의 전달체계)

사회복지급여를 전달하는 조직체계를 어떤 방법으로 설계할 것인가에 관한 것이다. 대상자에게 제공되는 사회복지재화나 서비스는 여러 영역에 걸쳐 다양하기 때문에 수급자에게 전달하는 방법 또한 다양할 수밖에 없다. 사회복지정책의 전달체계는 크게 정부부문과 민간부문으로 나눌 수 있다. 구체적으로는 중앙정부, 지방정부, 그리고 중앙정부와 지방정부의 혼합체계, 정부와 민간부문의 혼합체계, 순수민간부문, 자원조직, 종교조직 등 다양하다. 대부분의 사회복지서비스는 정부와 민간부문의 혼합형태로 제공된다. 즉, 혼합체계는 정부가 민간부문에 재정을 지원하고, 민간부문은 국민에게 사회복지서비스를 제공하는 방식이다.

4) 어떻게 재정을 마련할 것인가?(재원조달방법)

사회복지재정의 주체로서는 정부나 지방자치단체와 민간 사회복지단체를 들 수 있다. 따라서 사회복지재원은 정부나 지방자치단체가 지출하는 공비와 민간자금이 있다. 공공부문 재원에는 조세로 구성되는 정부의 일반예산, 목적세 형태의 사회보장성 조세 그리고 조세비용이 있다. 민간부문 재원으로는 사용자가 부담하는 경우의 재원, 자발적 기여에 해당되는 기여금, 기업이 출연하는 재원 등이 있다.

길버트와 테렐(Gilbert & Terrell, 2002)이 제시한 사회복지정책 분석의 4가지 선택 차원을 정리하면 〈표 4-3〉과 같다.

〈표 4-3〉 사회복지정책 분석의 틀

선택의 차원	의 미	선택의 대안
할당 (Allocation)	수급자격 : 대상체계	귀속적 욕구, 사회적 공헌/사회적으로 부당하게 당한 손실에 대한 보상, 전문가 판단에 의한 진단적 차별, 또는 가족의 자산 상태에 따른 욕구

선택의 차원	의 미	선택의 대안
급여 (Benefits)	급여종류 : 급여체계	현금, 사회서비스, 물품, 신용(변제), 물품교환권(증서 : 바우처), 기회, 권력 등
전달 (Delivery)	전달방법 : 전달체계	중앙집권 또는 지방분권, 복수 서비스 또는 단독 서비스, 동일 건물 내 위치 또는 다른 건물에 위치, 협력관계 또는 대화단절, 전문가 의존 또는 소비자 및 준전문가 의존, 공공행정가 또는 민간행정가
재정 (Finance)	재정마련방법 : 재정체계	공공재원(사회보험, 과세), 민간재원(사용자부담, 민간모금 등), 공공과 민간재원의 혼합

출처 : 박경일 외(2011).

제 3 절 사회복지행정의 이념 및 특성

1. 사회복지행정의 이념

사회복지행정(social welfare administration)이란 '공 · 사 사회복지기관에서 보호 대상자나 국민의 복지증진을 위해 어떠한 목적을 설정하고 또한 그것을 달성하기 위해 노력하는 인간 간의 합리적인 협동행위'라고 할 수 있다(남일재 외, 2007). 또한 사회복지행정은 사회복지정책을 사회적 서비스로 전환하는 과정이다. 이러한 전환과정에서 사회복지 분야는 다른 어떠한 분야보다 충분한 인적 · 물적 자원의 획득과 자원의 효율적인 활용이 중요하다. 사회복지활동은 인력이나 물적 자원의 투입만으로는 소기의 성과를 거들 수 없으며, 인력이나 물적 자원을 효율적으로 활용하는 합리적인 행정과정을 통하여 이루어질 수 있다(장인협 외, 2016).

성규탁(1994)은 사회복지행정을 "사회복지조직과 전문가들이 효과적으로 서비스를 기획, 실천, 평가하도록 지원해 주는 사회복지의 방법 중에 하나"라고 강조하였다. 도니슨(Donnison, 1964)은 사회복지행정을 "행정관리의 과정은 물론 사회정책의 결정과정과 전문적 · 기술적 실천과정도 포함한다"라고 강조하였다. 티트머스(Titmuss, 1974)는 사회복지행정을 "사회정책과 상호 관련되어 있어 행정의 방법이나 서비스전달의 과정, 조직구조 등을 통하여 사회정책에 커다란 영향을 끼치는 한편, 사회정책도 행정에 영향을 미치고 있다. 이에 따라 사회복지행정과 사회정책은 하나의 통합과제를 구성한다"라고 주창하였다.

사회복지행정은 사회복지의 개념 정의에 따라 크게 협의의 개념과 광의의 개념 두 가지로 구분된다.

협의의 사회복지행정은 주로 사회복지조직 관리자의 활동과 관련되어 있으며, 목표설정, 프로그램 기획, 자원의 동원과 유지, 성과의 평가와 같은 과업활동에 사회사업적 지식, 기술, 가치 등을 의도적으로 적용하며 사회복지조직의 특수한 목적과 특징에 의해 영향을 받는다.

광의의 사회복지행정은 사회복지조직에서의 총체적 활동을 말하는 것으로 목표달성의 책임이 조직의 모든 구성원들에게 공유되며, 사회복지조직 내의 모든 활동은 그것이 개인적 차원이든, 조직적 차원이든 행정과정에서 매우 중요하다는 것을 강조함으로써 행정의 개념을 보다 민주화하고 있다(최성재 외, 2016).

따라서 사회복지행정이란 공공기관과 민간기관이 사회복지문제를 해결하기 위하여 복지정책을 형성하고 이를 구체화하는 일련의 과정으로 넓게 개념을 규정할 수 있다(박차상, 2010).

사회복지행정을 가리키는 유사개념을 알아보면 〈표 4-4〉와 같다.

〈표 4-4〉 사회복지행정의 유사개념 비교

구분	사회사업행정	사회복지행정	사회행정
관점	전문직적 시각	전문직과 외부사회 시각의 혼합	전체 사회적 시각

구분	사회사업행정	사회복지행정	사회행정
기능	잔여적 기능	잔여적 · 제도적 기능의 혼합	제도적 기능
지식과 기술	기존의 3대 전문직 방법론에 기초	휴먼서비스 조직 관리에 필요한 사회과학적 지식	전체 사회의 욕구 및 자원배분에 관한 지식
개인과 환경	개인의 치료에 관심	개인과 환경 간의 상호작용	구조 및 환경의 변화

출처 : 김영종(2010).

사회복지행정이 추구하는 가치 또는 이념은 사회복지서비스 제공의 기준과 목표로서 클라이언트의 욕구를 명확히 파악하고 그에 적합한 서비스를 전달하는 과정에서 사회복지행정이 지향하는 바다. 사회복지행정의 이념을 네 가지로 구분하여 보면 다음과 같다(윤철수 외, 2011).

1) 효과성

효과성(effectiveness)이란 조직의 목적과 수단을 변경한 상태에서 현실적인 산출이 처음의 목표를 어느 정도 달성했는가 하는 목표달성치의 개념이다. 사회복지행정의 효과성은 욕구의 충족이나 문제해결에 있어서 어느 정도 유효한가를 의미하고 있으며, 클라이언트의 욕구충족을 위해 사회복지조직에서 제공된 서비스나 프로그램이 문제해결에 있어서 적절하고 효과적이었는지, 즉 목표의 달성 정도를 평가해 볼 수 있다.

2) 효율성

효율성(efficacy)은 최소의 자원으로 최대의 효과를 거두었는가에 관한 이념이다. 자원의 제한성을 전제로 자원이 제한된 사회복지서비스 공급에서 중요한 가치라고 할 수 있다. 사회복지행정에 있어서 효율성은 자원의 극소화라는 시각을 넘어서서 동일한 자원으로 보다 최적의 서비스와 최대한의 만족을 클라이언트에게 주어야 한다는 것으로 이해하는 것이 좋을 것이다.

3) 공평성

공평성 또는 형평성(equity)은 동일한 욕구를 가진 클라이언트가 동일한 서비스를 받았는가에 관한 이념이다. 서비스를 받을 기회와 내용뿐 아니라 그 비용 등을 포함한다. 필요에 따라 장애를 가진 대상자에게 특별한 서비스를 제공하였지만 결과의 평등에 관계없는 경우도 있다. 이러한 의미에서 공평성의 판단은 사례에 따라서 유동성 있게 행할 필요가 있다.

4) 접근성

접근성(accessibility) 또는 편의성(convenience)은 클라이언트가 사회적 서비스를 쉽게 이용할 수 있는가에 관한 이념이다. 접근성을 높이기 위해서는 기관의 위치와 교통수단 등 물리적인 요소뿐 아니라 서비스의 비용, 서비스에 대한 홍보 등의 요소에 대해서도 고려할 필요가 있다.

2. 사회복지행정의 특성

사회복지행정과 일반행정은 목적적인 측면에서 공공성을 지니고 있으며, 수단적인 측면에서 공공목적을 달성하기 위한 인적 · 물적 제 변수의 효율적인 조직 내지 관리라는 점에서 동질성을 가지고 있지만, 대인지향성(client-orientation)의 특성을 가지는 사회복지행정은 일반행정과는 다른 고유한 특성을 가지고 있다(강용규 외, 2011).

사회복지행정 개념의 공통된 요소들을 고려하여 사회복지행정의 특성들을 정리하면 다음과 같다(장인협 외, 2016 ; 신섭중, 2001).

첫째, 사회복지행정은 사회복지에 대한 국가의 책임(헌법 제34조) 규정에 따라 국민의 사회복지 욕구충족을 목적으로 사회복지정책에서 설정된 목표를 이용 가능한 자원을 동원함으로써 욕구를 충족하기 위한 수단과 방법이다. 따라서 사회복지행정은 국가의 행정이념에 따라 결정되며 관련 법규를 근거로 실행된다.

둘째, 사회복지행정은 복지정책의 목표를 설정하고 이를 달성하기 위한 수단과 방법의 선택과 관련된 포괄적인 행동과정을 말하고, 사회복지정책을 준비 · 운영하는 특정의 조직과 운영에 관심을 둔다.

셋째, 사회복지행정은 많은 경우 비일상적 사건을 다루게 된다. 예컨대, 가족의 위기, 위급한 건강문제, 주택문제 등으로 긴장에 처한 클라이언트들의 행동은 가끔 돌발적으로 발생하고 예측하기 어렵다. 이러한 점에서 사회복지행정은 '대인서비스 행정'으르 불리기도 한다.

넷째, 사회복지행정은 서비스 행정이므로 최종적으로 서비스가 개인에게 직접 전달됨으로써 그 효과가 비로소 나타난다. 인간관계를 중시하고 투입과 산출 모두 인간이라는 점에서 전문가를 필요로 한다. 따라서 전문직을 포함한 다수의 직접적인 처우에 종사하는 사회복지 종사자를 필요로 하고 인간관계기술에 크게 의존한다.

다섯째, 사회복지행정에 의한 서비스는 궁극적으로 개별화되지 않으면 안 된다. 특히 복지서비스 내지 대인서비스라고 불리는 영역의 주요한 기능은 직접적인 케어에 있다. 이것은 서비스 행정이 본질적으로 스태프의 활동 및 그들의 양과 질에 크게 의존하고 있음을 의미한다.

3. 사회복지행정의 필요성

현대사회처럼 복잡한 사회에서 사회복지행정의 필요성에 대한 논의는 사회복지행정의 개념을 보다 명확하게 이해하기 위한 기초 과제이다. 즉, 사회복지행정은 다양한 사회복지활동을 조정하면서 조직활동을 통해 클라이언트에게 필요한 서비스를 지속적으로 제공하도록 할 뿐만 아니라 조직 자체의 유지와 발전을 위해서도 필요하다는 것이다. 특히, 사회복지조직에 의해 제공되는 서비스는 사회복지조직에서 사회복지행정이 어떻게 이루어지느냐에 따라 결정적으로 영향을 받는다.

이와 같이 서비스와 행정 간 불가분의 관계 때문에 사회복지조직의 서비스 질은 사회복지행정의 질에 크게 좌우된다고 볼 수 있다. 현대 산업사회에서 각종 사회문제의 발생으로 인해 충족되지 않은 사회적 욕구가 증가하면서 사회복지조직으로부터의 서비스 기대가 그 어느 때보다 높아져 가고 있는 만큼 효과적인 서비스를 위해 사회복지행정이 중요하다는 인식이 학계와 사회복지 실무자에게 보편화되고 있다(이영철 외, 2007).

제 4 절 사회복지행정의 과정 및 전달체계

1. 사회복지행정 과정의 이론

사회복지행정이론은 사회복지행정 조직이론들이다. 사회복지행정가가 조직관리에 관하여 어떤 이론적 관점을 가지느냐에 따라 조직을 설계하고 직원들에게 동기를 부여하는 방법도 달라질 것이다. 사회복지행정의 실천이론 및 원칙들은 주로 행정학, 경영학, 조직행동 등에 관한 사회과학 및 행동과학이론들로부터 도입되었다. 그러나 어느 하나의 이론만으로 사회복지조직현상에 관한 모든 것을 적절하게 설명하지는 못한다. 많은 연구에서 사회복지행정의 이론적 토대를 조직이론에 근거하고 있다.

여기에서는 전통적 이론을 대표하는 관료제이론, 과학적 이론, 인간관계이론, 체계이론을 살펴본다.

1) 관료제이론

관료제이론은 1947년 웨버(M. Weber)에 의해 전개되었다. 그는 인간사회의 지배 유형을 전통적 지배, 카리스마적 지배, 합리적 지배의 3가지 유형으로 구분하고, 이 가운데 가장 효율적이고 합법적인 지배형태인 합리적 지배로서 관료제를 주창하였다(박경일 외, 2011). 그러나 관료제는 그 자체의 특성을 유지하다보면 기대하지 않았던 부작용이 나타나고 합리성을 높이기는커녕, 오히려 해를 끼치는 역기능을 가져온다는 비판을 받고 있다. 특히 사회복지조직에 종사하는 실천가들은 규칙과 규제에 지나친 의존, 서비스 전달과정에서 직원과 클라이언트의 비인간화, 클라이언트에게 효과적인 서비스를 전달하는 데 필요한 융통성의 결여, 그리고 직원들의 자질을 평가하는 데 비인격적이고 무감각한 성과측정 방법에 의존하게 된다는 비판이 있다(신복기 외, 2005). 이러한 관료제의 중요한 특징을 요약하면 다음과 같다.

첫째, 인간의 개성보다는 공적인 지위에 기반을 둔 수직적이며 위계적인 권위구조
둘째, 지위에 따른 권위를 규정하는 엄격한 규칙의 체계
셋째, 명확하고 고도로 전문화된 분업과 책임의 명확화
넷째, 비인간적인 인간관계
다섯째, 기술적 자격(실적이나 기술)에 기반을 둔 신분보장과 유급관료의 충원

사회복지조직은 일련의 규칙과 법규보다는 전문직의 규범에 따라 행동한다. 사회복지조직의 관료제 도입은 서비스의 합리화·효율성의 증대, 서비스 기술의 개선을 가져다줄 수 있지만, 서비스 대상자들을 소외시키는 결과를 가져올 수 있으므로 적절한 균형이 중요하다.

2) 과학적 관리론

과학적 관리론(Scientific Management)은 1923년 테일러(Taylor, 1923)에 의해 창시된 것으로 효율성과 생산성의 극대화라는 명제를 실현하기 위한 규범적 관리이론이다(장동일, 2016). 즉, 과학적 관리론은 조직에서 사람의 육체적 능력의 중요성을 강조하고 있으며 개인이 과업을 수행하는 데 필요한 시간 및 동작(time and motion)에 초점을 두고 있다. 조직에서 개인의 기여를 극대화하기 위해 개개인의 기본동작에 관하여 그 형태 및 소요시간을 표준화하고 적정한 일일의 작업량, 즉 분업을 확립한 다음 과업의 성과와 임금을 관련시키는 것이다. 해당 과업을 달성한 자와 그렇지 못한 자에게는 보수를 차등지급한다. 이러한 과학적 관리론은 조직을 폐쇄체계로 인식하여 외부환경과의 관계를 무시하고, 인간관계적인 요소를 과소평가하고, 행정관리자에게만 조직의 목표를 설정할 수 있는 책임을 부여하여 전 직원이 참여할 수 있는 민주적인 절차를 무시하고, 직원들이 오로지 금전적인 보상만을 원하는 경제적인 인간으로만 취급되는 비판을 받고 있다.

3) 인간관계이론

인간관계이론(Human Relations Theory)은 고전이론의 조직구조에 초점을 두고 합리성과 생산성을 추구함으로써 발생하는 단점을 보완하기 위해 메이요(Mayor)의 호손(Hawthorne) 실험을 통하여 생산과 관리에서 인간적인 요소와 감정의 중요성, 인간의 심리·사회적인 욕구와 구성원들의 사회적인 상호작용이 중요한 영향을 미친다는 연구결과로부터 출발하였다. 이러한 인간관계이론의 특징을 요약하면 다음과 같다.

첫째, 인간관계에 의해 작업의 능률과 생산성이 결정된다.

둘째, 조직 내 비공식집단은 개인의 생산성에 영향을 미친다.

셋째, 경쟁에 의한 생산보다는 협동에 의한 생산이 더 중요하다.

넷째, 근로자는 개인으로서가 아니라 집단의 일원으로서 행동한다.

다섯째, 비경제적인 보상도 생산성을 향상시키는 데에 중요하다.

인간관계 모형은 조직 안에서 개인활동을 이해하는 데 중요한 기여를 하였다. 인간관계 모형이 직원의 태도, 사기, 대인관계 및 일반적 · 심리적 안녕에 영향을 주는 조직의 구조와 과정에 대한 중요성을 강조한 사실은, 클라이언트를 치료하는 데 있어 직원이 자아를 개입시키는 것이 서비스 전달의 핵심적인 구성요소인 사회복지조직에서는 특히 중요한 것이다(Hasenfeld, 1983).

한편, 슈트라우스(Strauss, 1964)에 의하면 이 모형의 결점은 사회심리적 요인 이외의 다른 요인을 고려하지 못하는 것이다. 조직에서 훨씬 더 중요할지도 모르는 다른 요인들이란 환경적 요구, 자원, 조직의 목표, 조직의 크기, 클라이언트의 욕구 및 속성, 서비스 기술, 직원능력, 임금과 봉급 등이다.

4) 체계이론

과학적 관리론이 조직을 하나의 기계로 인식하고, 인간관계이론은 가족으로서 인식하는 반면, 체계이론에서는 조직을 하나의 유기체로서 인식한다. 체계이론의 관점에서 조직체는 개방체계로서 항상 환경 속에서 자체의 생존과 유지에 도움이 되는 상호의존적인 다양한 하위체계들로 구성된다고 가정한다(박경일 외, 2011). 이 관점에서는 특히 조직 내 개체 간의 상호 의존성, 조직의 욕구, 그리고 조직환경의 중요성 등을 주요한 내용으로 다루고 있다.

체계(system)란 상호작용하는 부분들로 구성된 전체로서, 여기서 환경은 한 부분의 변화가 다른 부분의 변화를 자극하는 것을 말한다. 체계이론(system theory)은 조직에 대한 포괄적인 접근방법으로 조직을 다른 외부체계들과의 교류가 없는 폐쇄체계로 인식하는 것이 아니라 다른 체계들과의 빈번한 상호작용을 하는 개방체계로 인식하고, 이러한 체계이론은 고전이론과 인간관계이론 그리고 구조주의이론을 하나로 통합한 관점이다.

조직은 각각의 기능을 수행하는 하위체계로 구성된 복합체이다. 이상 체계이론에 근거하여 사회복지조직을 살펴보면, 다음의 다섯 가지 하위체계로 구분할 수 있다(Neugeboren, 1985).

첫째, **생산하위체계** : 클라이언트에게 서비스를 제공하는 것
둘째, **유지하위체계** : 조직의 계속성을 확보하고 안정상태로 유지하는 것
셋째, **경계하위체계** : 외부 환경의 변화에 대한 적절한 대응을 하는 것
넷째, **적응하위체계** : 외부 환경의 욕구에 반응하여 조직을 변화시키는 것
다섯째, **관리하위체계** : 위 네 가지 체계를 전체적으로 조정 · 통합시키는 것

2. 사회복지행정의 과정

사회복지조직에서는 일반 경영학에서의 관리과정보다 복잡한 과정을 통해 업무가 진행된다. 사회복지 목표를 달성하기 위해서 취하게 되는 일련의 행동과정으로 볼 수 있는 사회복지행정의 과정은 기본적 기획, 조직, 인사, 지도력, 조정, 보고, 재정, 평가 등으로 이루어진다. 이것은 알파벳 첫 글자를 따라 POSDCoRBE로 표현된다. 구체적인 내용은 다음과 같다(박경일 외, 2011).

1) 기획

기획(planning)은 행정가가 수행하여야 할 첫 번째 과정으로서 목표의 설정, 목표 달성을 위한 과업 및 활동, 과업수행 방법 등이 포함된다. 과업을 수행하기 위한 필요한

방법은 변화하는 목표에 따라 달라질 수 있다. 따라서 행정가는 변화하는 목표에 따라 과업을 계획하고 목표 달성을 위해 필요한 방법을 선정해야 한다.

일반적으로 사회복지기관의 목적은 기관의 설립 시, 민간기관은 정관에, 공공기관은 해당 법령에 기술되어 있다. 과업을 달성하기 위한 방법은 변화하는 목표에 따라 달라질 수 있으므로, 사회복지행정가는 변화하는 목표에 따라 과업을 계획하고 목표 달성을 위해 필요한 방법과 기술을 결정해야 한다.

2) 조직

조직(organizing)은 업무가 할당 · 조정되는 공식적인 조직구조가 설정되는 과정이다. 사회복지기관의 구조는 일반적으로 정관의 규정이나 운영지침서에 기술되어 있다. 조직 구성에 있어서 구성원 간의 갈등이 초래되지 않도록 구성원들의 역할과 책임이 분명해야 하며, 사회복지행정가는 구성원들에게 조직구조를 명백히 이해시켜야 한다. 또한, 기관 목표의 변화와 능력, 그에 따라 요구되는 과업과 방법의 변화에 보조를 맞추어야 한다.

3) 인사

인사(staffing)는 직원을 채용하고 능력을 개발하며, 근무 의욕을 갖고 헌신할 수 있도록 동기를 부여하는 관리활동을 말한다. 그러므로 인사에는 채용, 직원개발, 동기부여의 세 가지 과업이 있다. 행정책임자는 공공사회복지기관의 경우에는 행정기관의 장이, 민간사회복지기관의 경우에는 이사장 또는 회장이 선정하여 채용한다. 사회복지기관의 행정책임자는 직원의 임면, 직원의 교육 · 훈련을 책임지며, 우호적인 분위기 조성을 위해 구성원 간의 민주적인 의사소통관계를 유지해야 한다.

4) 지시

지시(directing)는 행정책임자가 기관을 효과적으로 운영하기 위해 구성원에게 업무를 부과하는 과정이다. 행정책임자에게는 합리적인 의사결정을 내리는 능력, 기관의 목적에 대한 적극적 관심과 그것을 달성하려는 헌신적인 태도, 구성원의 공헌을 칭찬하는 능력, 구성원에게 책임과 권한을 효과적으로 위임하는 능력, 개인과 집단의 창의성을 고취하는 능력 등이 요구된다.

5) 조정

조정(coordinating)은 기관활동의 다양한 부분을 상호 연계시키는 과정이다. 조정을 위해 행정가는 기관의 여러 부서와 구성원들 간의 효과적인 의사소통 통로를 만들어야 한다. 이를 위해서 가장 일반적인 방법은 위원회를 만들어 활용하는 것이다. 위원회에는 프로그램, 인사, 재정 등과 같은 활동에 관한 문제를 다루는 상설위원회와 긴급한 문제나 단기간 수행할 수 있는 임시적 활동을 다루는 특별위원회가 있다.

6) 보고

보고(reporting)는 행정가가 기관의 직원, 이사회, 지역사회 등에 기관에서 일어나는 상황을 알리는 과정이다. 기관의 보고를 위해 필요한 세 가지 주요 활동에는 인사 기록, 클라이언트 사례 기록, 전반적인 기관활동의 기록을 포함하는 기록유지활동, 기관이 어떻게 기능하고 있는가를 보여주는 정기적 감사활동, 기관의 서비스 수행 여부, 현재 서비스의 필요 여부 및 새롭게 요구되는 서비스 내용 등에 관한 조사 · 연구활동이 있다.

7) 재정

재정(budgeting)은 사회복지기관의 운용에서 급여의 스케줄, 수입 확보의 방법, 지출 통제의 방법 등을 말한다. 기관조직 재정활동의 세 가지 요소를 제시하면, 다음과 같다.

첫째, 사회복지기관이 합리적인 조직계획으로써 재정절감에 역점을 두어야 한다.

둘째, 사회복지기관이 구체적인 재정계획으로써 예산정책에 기초하여 업무수행이 이루어져야 한다.

셋째, 사회복지기관이 건전한 재정운용으로써 기관 내 모든 부서의 지출을 위한 권위와 책임 하에 소기의 목적을 달성해야 한다.

8) 평가

평가(evaluation)는 사회복지기관의 목표에 따라 전반적인 활동결과를 사정하는 과정을 말한다. 사회복지기관의 목표달성을 정확하게 평가하기 위해서는 다음의 두 가지 척도를 적용하여야 한다.

첫째, '효과성의 척도'로서 사회복지서비스에 대한 욕구와 관련되며 기관의 서비스가 수행된 정도를 평가한다.

들째, '효율성의 척도'로서 기관의 가용한 자원과 관련하여 기관의 서비스가 수행되는 정도를 평가한다.

따라서 사회복지기관의 평가기능을 효과적으로 수행하기 위해서는 기관조직의 구성원이 업무에 대한 평가활동을 자유롭게 하며, 기관의 프로그램을 창의적인 분위기에서 수행하도록 하는 노력이 필요하다.

3. 사회복지 전달체계 원칙

사회복지 전달체계란 '지역사회적 맥락에서 사회복지급여를 공급하는 자들 간의 조직적인 연계는 물론이고 서비스공급자와 소비자들 간을 연결시키기 위한 조직적 장치'이다(Gilbert & Specht, 1986). 이러한 전달체계를 분석할 때, 여러 가지 차원 중 구조·기능적 차원과 운영주체 차원으로 나눌 수 있다(서상목 외, 1988).

첫째, 구조·기능적 차원분석으로서, 사회복지 전달체계는 서비스 전달을 기획, 지원 및 관리하는 행정체계와 전달자와 소비자(클라이언트)와 상호 접촉을 가지면서 서비스를 직접 전달하는 집행체계로 구분될 수 있다.

둘째, 운영주체 차원분석으로서, 사회복지 전달체계는 운영주체에 따라 정부(중앙정부와 지방정부)나 공공기관이 직접 관리·운영하는 공적 전달체계와 민간단체나 개인이 직접 관리·운영하는 사적 전달체계로 나눌 수 있다.

효과적인 사회복지 전달체계를 구축하는 원칙은 다음과 같다(김영종, 2010).

첫째, 충분성(Comprehensiveness, 포괄성)으로, 지역사회의 대인적 혹은 사회적 문제들을 해결하기 위해서 충분한 양과 질, 충분한 기간의 서비스 제공이 이루어져야 한다. 사회복지 대상자들의 욕구는 다양하고, 복잡하며, 지역사회문제들도 복잡 다양하다. 사회복지서비스는 이러한 복잡 다양한 욕구와 문제들을 다룰 수 있도록 충분히 포괄적으로 제공될 수 있어야 한다는 것이다.

둘째, 접근성(Accessibility)으로, 서비스를 필요로 하는 사람들이 서비스를 활용하는 데 아무런 장애가 없어야 한다. 일반적으로 물리적인 거리, 경제적인 부담, 개인적 동기와 인식 등이 작용할 수 있다.

셋째, 연속성(Continuity, 계속성, 연계성, 지속성)으로, 전달체계 내의 모든 기관과 프로그램들이 서로 간에 얼마나 밀접하게 근접해 있는지를 나타내는 것이다. 개인의 특정 욕구 이전과 이후 서비스가 잘 연결되어 있어야 한다는 점과 복합적인 욕구를 가진 개인을 다루기 위해 다른 조직들과의 연결이 잘 되어야 한다는 점을 포함한다.

넷째, 비파편성(Defragmentation, 비단편성, 통합성)으로, 연속성과 관련된 기준이고, 서비스의 편중이나 누락에 초점을 둔다. 서비스가 파편화되어 기관 내에서 프로그램 간, 기관 간 연계가 되지 않아 지역사회에 유사한 서비스가 산재하고, 서비스 간 차이가 존재하고 그럼으로써 서비스의 중복을 가져오는 경우를 방지해야 한다는 것이다. 프로그램 간, 기관 간에 유기적으로 연결되어 클라이언트의 욕구와 필요에 대해 통합적으로 서비스를 제공함으로써 서비스 편중이나 누락을 방지해야 한다.

다섯째, 책임성(accountability)으로, 전달체계에 주어진 사회적 위임과 기대들을 전달체계가 적절하게 소화하는지 여부이다. 충분히 효과성과 효율성을 달성할 수 있는 전달체계여야 하고, 클라이언트의 개별적이고 독특한 욕구들에 적절히 반응하고, 이용자들의 불만을 최소화해야 한다는 것이다.

참고문헌

강용규 외(2011). 『사회복지개론』. 공동체.
김영종(2010). 『사회복지행정』. 학지사.
남기민(2011). 『사회복지학개론』. 양서원.
남일재 외(2007). 『사회복지개론』. 학현사.
박경일 외(2011). 『사회복지학강의』. 양서원.
박병헌(2013). 『사회복지정책론』. 학현사.
박석돈 외(2016). 『사회복지개론』. 양성원.
박차상 외(2010). 『사회복지학개론』. 학현사.
송근원 외(2004). 『사회복지정책론』. 나남출판사.
신복기 외(2005). 『사회복지행정론』. 양서원.
신섭중(2001). 『사회보장정책론』. 대학출판사.
양점도 외(2010). 『사회복지개론』. 공동체.
윤철수 외(2011). 『사회복지개론』. 학지사.
이영철 외(2007). 『사회복지학』. 양서원.
임상록 외(2007). 『사회복지개론』. 파란마음.
원석조(2022). 『사회복지개론』. 양서원.
장동일(2016). 『한국사회복지법의 이해』. 학문사.
장인협 외(2016). 『사회복지학』. 서울대학교출판부.
최성재 외(2016). 『사회복지행정론』. 나남출판사.
Donnison, D.(1964). *Social Policy and Administration*. London : Allen & Unwin.
Gilbert, N. & Specht, H.(1986). *Dimensions of Social Welfare Policy*. N.J. : Prentice- Hall.
Hasenfeld, Y.(1983). *Human Service Organizations*. Englewood Cliffs, N.J. : Prentice-Hall.
Hill, M.(1980). *Understanding Social Policy*. Oxford : Basil Blackwell.
Kahn, A.(1979). *Social Policy and Social Services*. New York : Randon House.
Marshall, T. H.(1970). *Social Policy in Twentieth Century*. London : Hutchinson.
Neugeboren, B.(1985). *Organization, Policy and Practice in the Human Services*. New York : Longman.
Piven, F. & Cloward, R. A.(1971). *Regulating the Poor : The Functions of Public Welfare*. New York : Pantheon.
Strauss, A.(1964). *Psychiatric Ideologies and Institutions*. New York : The Free Press.
Titmuss, R. M.(1974). *Social Policy : An Introduction*. London : George Allen & Unwin Ltd.
Weber, M.(1947). *The Theory of Social and Economic Organization*. Edited and Translated by A. M. Henderson & T. Parsons. New York : The Free Press.
Wilensky, H. L. & Lebeaux, C. N.(1965). *Industrial Social and Welfare*. New York : The Free Press.

Chapter 05

사회보험

제 1 절 사회보험의 개념

사회보험(social insurance)은 사회보장 구성체계의 하나로서 국민을 대상으로 노령, 질병, 장애, 사망 등과 같은 사회적 위험이나 사고에 의한 소득의 중단이나 감소에 대비해 근로시기에 정기적인 보험료를 내고, 사유가 발생한 후 급여를 지급받음으로써 정상적인 사회생활을 영위할 수 있도록 하는 사회보장제도이다(도광조, 2011).

사회보장을 성취하기 위한 방법론으로 사회보험을 주요 수단으로 하고 공공부조와 사회복지서비스를 보조수단으로 하는 것이 바람직하다.

사회보험은 개념상 및 실제상의 어려움 때문에 정의하기가 간단하지 않다. 먼저 미국의 ARIA(American Risk & Insurance Association)가 정의한 것을 보면 "사회보험이란 일정한 위험을 다른 기관에, 주로 정부에 이전하는 형식으로 풀(Pool)을 조성하여 위험분산 효과를 거두고자 하는 장치이다. 보험가입자에게 사전 규정된 손실 발생 시 금전적 보상이나 서비스를 법에 의거하여 해당자에게 제공하도록 하는 장치이다. 물론 가입, 수급자 요건, 급여의 종류, 급여의 방법, 급여액의 산정, 행정 등 제반 요건은 법률이 정하는 바에 따른다"라고 규정하고 있다.

현행 사회보장기본법 제3조 제2항은 사회보험을 "국민에게 발생하는 사회적 위험을 보험방식으로 대처함으로써 국민건강과 소득을 보장하는 제도"라고 규정하고 있다.

사회보험은 개인의 빈곤을 예방하고, 생활의 어려움으로 인한 소득의 중단 · 상실 · 감소 등이 오더라도 정상적인 생활을 유지할 수 있도록 해서 인간다운 삶을 실현할 수 있도록 하기 위해서 정부가 전 국민들에게 근로시기에 일정기여를 하도록 하고, 생활의 어려움이 닥쳐서 정상적인 생활이 어려운 상황에 직면할 때 급여를 받을 수 있도록 하는 체계를 갖추게 된다.

19세기 말 독일 비스마르크 정부의 사회정책에서 비롯되었고, 1935년 미국의 사회보장법, 1942년 영국의 베버리지 보고서 등에서 확산되었고, 제2차 세계대전 이후 전 세계적으로 확대되기에 이르렀다. 우리나라의 경우 사회보장제도는 사회보험, 공적부조, 사회복지서비스를 포함하고 있다.

현재 우리나라의 사회보험체계는 공적연금(국민연금), 건강보험, 고용보험, 산업재해보상보험을 포함하고 있고, 2008년 7월 1일 전면 실시한 노인장기요양보험이 포함되었다. 〈표 5-1〉은 각국의 사회보험 입법연도이다.

〈표 5-1〉 각국의 사회보험 입법연도

국가	공적연금	의료보험	실업보험	산재보험
독일	1889	1883	1927	1884
영국	1908*	1911	1911	1897
미국	1935	1965	1935	1908
일본	1941	1922	1947	1911

* 사회보험과 공적부조가 통합된 형태.

출처 : U.S. Social Administration(1995) ; 박종삼 외(2003).

사회보험은 현재 거의 모든 국가들이 시행하고 있다. 사회보험 형태별로는 공적연금을 시행하고 있는 국가가 가장 많으며 실업보험을 시행하고 있는 국가가 가정 적다. 산재보험을 가장 먼저 시행한 국가가 많다.

제 2 절 사회보험의 특징

일반적으로 업무상 재해에 대해서는 산업재해보험, 질병과 부상에 대해서는 건강보험, 질병, 폐질, 노령 등에 대해서는 국민연금, 그리고 실업에 대해서는 고용보험제도가 있는데, 이를 4대 사회보험이라고 한다.

사회보험이란 위험요소들을 다른 기관에, 주로 정부에 이전하여 공동 효과를 거두고자 하는 장치로서 사회보험은 보험이기 때문에 민간보험과 유사한 점이 많고, 또 소득보장책이란 점에서 공공부조와 동일한 목적을 갖는다.

그러나 사회보험은 민간보험, 공공부조와 본질적으로 다른 특징을 지니고 있다. 이러한 사회보험의 일반적 특징을 살펴보면 다음과 같다(Rejda, 1999).

① 사회보험은 강제적 프로그램이다. 사회보험 가입의 강제성은 개인들을 사회적 위험들(가장의 조기사망, 퇴직 후의 불충분한 수입, 장기간에 걸친 신체적 장해)로부터 개인 및 가족을 보호하기 위한 의무적 제도이다.

② 사회보험은 최저수준의 수입을 보장한다. 최저수준의 수입이란 다른 수입원을 고려하지 않고서도 최소 수입만으로도 쾌적한 생활을 영위할 수 있고, 적절한 수준의 생활을 영위할 수 있어야 한다.

③ 개인적 형평성보다는 사회적 충분성을 중시한다. 사회적 충분성(adequacy)이란 모든 가입자가 최저생계수준 이상을 유지하도록 급여를 골고루 돌아가게 한다는 것이고, 개인적 형평성(equity)이란 자신이 낸 보험료에 비례하여 급여를 받는 것을 말한다. 사회보험은 사회적 충분성을 보장하기 위해 저소득층, 대가족, 고령층 등이 더 유리하도록 배려한다.

④ 급여수준과 소득수준은 직접적 연관이 없다. 개인적 생활수준이나 자신이 낸 보험료 액수보다는 현재의 욕구에 따라 급여가 결정된다. 그러나 소득비례연금 등에서 보듯이 급여와 소득이 비례하는 경우도 있다.

⑤ 급여는 권리이며 자산조사가 없다. 사회보험수급권은 수급자와 보험자(정부 또는

공적 기구) 간의 계약에 의해 규정된 권리이고 수급자가 수급에 필요한 제반 요건을 다 충족시켰기 때문에 수급하는 것이며, 사회보장 관련법에 의해 보장된 권리이다. 사회보험수급권은 수혜자의 존엄성을 보장해 주는 동시에 사회보험에 대한 시민의 지지도 이끌어낸다.

⑥ 사전에 규정된 욕구(needs)에 따라 급여가 제공된다. 연금은 모든 노인에게 자동적으로 지급되는 게 아니라 관련 규정에 의거하여 65세 정년퇴직자에게만 지급된다.

⑦ 사회보험 재정은 그 수혜자인 피용자와 자영업자 그리고 피용자를 고용하는 고용주가 책임진다. 이를 '수익자재정책임원칙'이라 한다.

⑧ 급여는 법으로 규정된다.

⑨ 사회보험은 정부가 주도하지만 정부의 피용자인 공무원만을 위해서가 아니라 정부 개입이 필요한 사회문제의 해결을 위해 운용된다.

⑩ 재정의 완전 적립(full-funding)이 불필요하다. 사회보험이 적립방식을 택할 필요가 없는 몇 가지 이유가 있다.

- 사회보험은 일정기간만 운용되는 것이 아니라 영속적 프로그램이다. 따라서 완전 적립이 불필요하다.
- 사회보험은 강제 적용이기 때문에 신규 가입자가 계속해서 발생한다.
- 사회보험은 중앙정부가 궁극적 책임을 지므로 재정 적자가 발생하면 보험료를 인상하는 등의 방법을 통해 해결할 수 있다.
- 경제적 측면에서도 완전 적립은 바람직하지 않다(재정 적자, 수요 억제 등).

위의 내용을 바탕으로 사회보험과 민간보험의 차이점을 나타내면 〈표 5-2〉와 같다.

〈표 5-2〉 사회보험과 민간보험의 차이점

구분	사회보험	민간보험
제도의 목적	최저생계 또는 의료보장	개인적 필요에 따른 보장
보험가입	강제	없음
부양성	법적 수급권	없음
수급권	정부 및 공공기관의 독점	계약적 수급권
독점/경쟁	공동부담의 원칙	자유경쟁
공동부담 여부	능력비례부담	본인부담 위주
재원부담	주로 정률제	개인의 선택
보험료 부담방식	위험률 상당 이하 요율	소득 정률제
보험료 수준	불요	경험률
급여 수준	균등급여	기여비례
인플레이션 대책	가능	취약
보험사고 대상	인(人)보험	물(物)보험
성격	집단보험	개별보험

출처 : 권육상 외(2010).

제 3 절 사회보험의 재정 및 원칙

1. 사회보험의 재정

사회보험의 재정 원천은 기본적으로 가입자들의 기여와 부담이다. 이러한 재정으로 여러 가지 사회적 위험으로 인한 소득의 중단, 이로 인한 생활부분에서의 어려움을 개인적 책임만이 아닌 사회가 함께 분담함으로써 위험을 분산시키는 의미를 가지고, 소득 정도에 따른 차등기여와 어느 정도 저소득 가입자에게 유리하도록 설계됨으로써 소득의 재분배효과를 가져오기 때문이다. 그러나 사회보험의 필요재정을 정확하게 예측하기는 쉽지 않다. 우선 사회보험 수요는 발생의 불확실성, 소요경비의 불확실성, 회복의 불확실성이 있기 때문이다. 따라서 사회보험 재정을 어떻게 확보할 것인가는 더욱 중요해진다(도광조, 2011).

사회보험의 재정확보에는 적립방식과 부과방식이 있다.

먼저 적립방식(full-funded system)은 가입자 세대가 가입시점으로부터 보험료로 납부한 금액과 기금에서 발생한 이자수입을 합한 총액을 적립하였다가 그 적립된 금액이 모두 미래에 그 세대가 수급하게 되는 총 연금액을 충당하도록 하는 구조이다. 이러한 적립방식은 사회보험에 가입한 세대가 납부한 총액을 나중에 급여로 받아가도록 한다는 면에서 매우 안정적이다. 그리고 거대한 기금이 형성 · 유지된다. 적립방식은 일정기간 이상의 가입기간을 충족시켜야 하기 때문에 제도 도입 당시 이미 나이가 든 노령계층은 적용대상에서 제외된다. 일정한 기간이 되어서 연금수급권자가 연금급여를 지급받는 동안 새로운 세대들은 경제활동에 참여하게 될 것이고 보험료를 납부하게 되어 기금이 항상 추가되고 안정적으로 차 있게 된다. 그렇지만 급격한 경제변화로 인한 인플레이션이 발생할 경우 기금의 실질가치를 손상시킬 위험이 있다.

다음으로 부과방식(pay-as-you financing)은 제도 도입과 동시에 급여를 곧바로 지급하는 체제이고, 곧바로 현재 노령세대에게 급여를 지급하기 위해서는 당시 경제활동계층이 급여에 소요되는 총 급여비용을 부담해야 한다. 즉, 회계연도의 연금급여 총액을 계산하여 이를 전체 경제활동계층이 부담하도록 하는 재정방식이므로 연금급여 지급을 위한 기금을 형성하지 않는다. 결국 가입자 세대가 가입시점으로부터 보험료로 납부한 금액을 현 노령세대에 연금급여로 지급하고, 본인들의 노후보장은 미래의 경제활동계층이 부담하는 보험료에 의해 충당되도록 하는 재정방식을 말한다. 경기나 인구구조의 변화에 따른 재정조달의 어려움으로 제도 존립에 대한 문제가 야기되기도 한다(김태성 외, 2013).

서구 유럽의 국가들은 연금제도의 시행 초기에 낮은 보험료율[1)]을 적용했다가 시간이 경과되고 제도가 정착되어 가면서부터 점차 보험료를 상향조정해 가는 수정적립방식이나 부과방식으로 전환하였다. 그렇지만 최근 인구구조의 변화로 인한 세대 간의 불평등이 심화될 수 있다는 우려와 함께 적립방식으로의 재전환 노력을 기울이고 있다(조흥식 외, 2013).

2. 사회보험의 원칙

사회보험의 기능에는 빈곤예방의 기능, 사회연대적 기능, 소득재분배의 기능, 개인적 · 사회적 생산성의 기능[2] 등이 있다. 이러한 다양한 기능들이 원활하게 수행될 수 있기 위해서는 사회보험으로서 최소한 갖추어야 할 기본원칙이 있다. 사회보험의 기본원칙을 살펴보면 다음과 같다(박종삼 외, 2002).[3]

① 사회보험의 보편적 적용을 위한 법적인 강제성을 통해 모든 국민을 포괄하여야 한다. 이는 사회보험이 가지는 위험분산의 효과와 소득재분배의 효과를 극대화하기 위한 가장 기본적인 조건이다. 또한 누구나 사회적 위험에 노출될 수 있기 때문에 사회적 위험으로부터 국민들을 보호하기 위해서는 가입의 의무성을 담보해야 한다는 것이다.

② 사회보험의 급여는 원칙적으로 국민의 최저생계수준 이상을 유지할 수 있도록

1) 일반적으로 사회보험제도를 시행하는 데 있어서 시작단계에서는 낮은 보험료율을 적용한다. 시행 초기 여러 가지 이유로 국민들이나 가입자들의 불만과 반대 등으로 인한 정착의 어려움이 있을 수 있기 때문이다.

2) 개인적 생산성은 개인이 처하게 될 그리고 감당해야 할 생활의 어려움에 대비함으로써 개인이 자신의 일에 몰두할 수 있다는 뜻이고, 사회적 생산성은 모든 개인들의 생활의 위험들을 사회가 최소한은 분담하기 때문에 사회적 안정을 가져올 수 있다는 의미이다.

3) 김영모(1997)는 이와 비슷하게 Robert M. Ball(Social Security, Columbia University, 1978)의 논의를 인용하여 공적연금제도가 갖추어야 할 원칙을 제시하고 있다. 즉, 강제성, 가능한 한 과거소득과 기여액에 근거한 급여, 저소득층과 부양가족이 있는 근로자 가족에 대한 특별한 급여배려(실질적인 생계유지가 가능토록), 수혜자의 권리는 명백히 규정되어야 한다는 점 등이다.

제공되어야 한다. 사회보험급여는 개인적 형평성보다는 사회적 적합성(충분성)을 중시해야 한다는 것이다. 사회적 적합성은 모든 기여자에게 일정한 생활수준을 확보할 수 있도록 급여해야 한다는 것이고, 개인적 형평성은 기여자가 자기의 기여액과 직접적으로 관련된 급여를 받는 것을 의미한다(김영모 편, 2001). 사회적 적합성의 원리는 모든 사람에게 소득의 최저수준을 제공함으로써 소득재분배의 효과를 가지도록 한다는 목적을 가진다. 모든 사람에게 소득의 최저수준을 제공한다는 것은 위험분산의 효과를 담보하는 부분이기도 하다.

③ 사회보험의 급여수준은 기여의 정도에 단순비례하지 않아야 하며, 저소득 가입자에게 유리하도록 설계되어야 한다. 즉, 고소득자의 고부담, 저소득자의 저부담, 고소득자의 저급여, 저소득자의 고급여 방식의 구조를 채택하여야 한다. 그럼으로써 소득재분배효과를 확보할 수 있다.

④ 기여의 형평성이 보장되어야 한다. 소득수준별 기여의 형평성, 즉 고소득자의 고부담과 저소득자의 저부담이 유지되어야 하고, 직업집단별, 계층 간 부담의 차이가 갖추어져야 한다는 것이다.

제 4 절 우리나라 사회보험의 현황

우리나라의 사회보험은 1964년 산업재해보상보험, 1977년 건강보험, 1988년 국민연금, 1995년 고용보험, 2008년 노인장기요양보험의 실시로 사회보장제도서의 기본 틀을 갖추게 되었다.

1. 국민연금

1) 국민연금의 의의

국민연금제도는 국가가 가입자인 국민이 노령 · 폐질, 영구불구 또는 사망으로 인하여 소득을 상실하였거나 소득이 감소한 경우, 본인이나 그 유족에게 일정액의 금전급여를 하여 안정된 생활을 영위할 수 있도록 하는 장기적인 소득보장제도이다. 국민연금제도는 국가가 사회보장을 구현하기 위하여 보험의 원리와 방식을 도입하여 고안 · 시행되는 사회보험이다. 보험료의 강제 갹출과 정형화된 보험금의 지급이 특징이다. 따라서 강제가입, 정형화된 보험금, 정부 주관 등의 특성이 국민연금과 사보험을 구분되게 하나 국민연금과 사보험은 상호 보완적인 기능을 수행한다.

2) 국민연금제도의 필요성

① 생활수준의 향상과 의료기술의 발전 등으로 국민의 평균수명이 크게 늘어났다. 따라서 부양을 필요로 하는 고령노인의 수가 급격히 증가하였다. 우리나라의 경우 다른 선진국보다 2~3배 정도 빠른 고령화 속도를 보이고 있기에 국민연금의 필요성이 크게 대두되었다.

② 우리의 전통적 가족제도인 대가족제도가 산업화와 더불어 핵가족화로 급격히 진행되어 왔다. 전반적인 생활수준의 향상, 낮은 출산율로 인한 핵가족화 및 서구문물의 성급한 도입 등은 많은 전통문화의 파괴와 함께 우리 사회에 개인주의 및 물질만능주의의 팽배라는 급격한 가족구조를 변화시켰다.

③ 산업화, 도시화, 환경파괴는 각종 사고나 재해 등으로 인한 사망, 장해, 노년기 만성질환 및 이로 인한 장애를 증가시키는 사회적 위험이 증가하였다.

따라서 이러한 각종 예기치 못한 위험에 대비하여 본인 및 부양가족의 생계안정대책을 미리 준비해야 한다.

3) 국민연금의 가입대상

(1) 가입대상

국내에 거주하는 18세 이상 60세 미만의 국민이 그 가입대상이다. 단, 공무원연금법, 군인연금법, 사립학교교직원연금법의 적용을 받는 공무원, 군인, 사립학교교직원은 제외된다.

〈표 5-4〉 **국민연금 가입자의 종류별 가입요건**

사업장 가입자	당연적용사업장 가입자	상시근로자 1인 이상 사업장에 종사하는 18세 이상 60세 미만인 근로자와 사용자(의무가입), 1개월 이상 고용되는 임시·일용직 근로자 및 월 80시간 이상 근무하는 시간제 근로자
	특례적용 사업장 가입자	국민연금 가입 사업장에 종사하는 18세 미만의 근로자로서 사용자의 동의를 얻어 가입한 자
	외국인 사업장 가입자	18세 이상 60세 미만으로서 국민연금 적용 사업장에 종사하는 외국인 또는 외국에 거주하는 국민(해외교포 등)으로 체류하면서 국민연금 적용 사업장에 종사하는 자
지역 가입자	당연적용 지역가입자	18세 이상 60세 미만으로서 사업장 가입자가 아닌 자
	특례적용 지역가입자	지역가입자의 요건을 갖춘 자로서 1999년 4월 1일 현재 60세 이상 65세 미만인 자
	외국인 지역가입자	18세 이상 60세 미만으로서 국내에 거주하는 외국인(국내체류 교포 등 포함)
임의 가입자	–	사업장가입자와 지역가입자 이외의 18세 이상 60세 미만으로서 본인이 희망할 경우
임의계속 가입자	사업장 임의계속가입자	사업장가입자로 가입 중 60세 이상이 되었는데, 계속 사업장에 종사하면서 임의계속가입자로 보험료 납부를 희망할 경우 사업장에 종사하는 60세 이상 65세 미만의 자로 연장 가입 신청한 자

	지역 임의계속가입자	지역가입자로 가입 중 60세 이상이 되어 임의계속가입자가 된 경우, 계속해서 지역가입자의 기준에 해당하는 소득이 있을 경우 60세에 달한 지역가입자로서 65세 미만까지 연장 가입 신청한 자
	기타 임의계속가입자	임의로 가입 중 60세 이상이 되어 임의계속가입자가 된 경우 60세에 달한 임의가입자로서 65세 미만까지 연장 가입 신청한 자

출처 : 국민연금공단(www.npc.or.kr.)

(2) 국민연금의 수급요건 및 급여수준

① 노령연금은 가입기간이 최소한 10년 이상 또는 특례노령연금은 5년 이상이 되어야 한다.

② 장애연금은 가입 중의 질병, 부상으로 인하여 그 완치 후에도 신체 또는 정신장애가 있는 자에 대하여 그 장애가 존속하는 동안 장애연금을 지급한다. 종전의 장해연금에서 장애연금으로 개정하여 그 수급대상 범위를 넓히고 있다.

③ 유족연금은 가입자가 사망했을 당시 노령연금수급권자, 가입기간이 10년 이상이었던 자, 가입자, 장애등급 2급 이상에 해당하는 장애연금수급권자의 유족에게 지급된다.

〈표 5-5〉 **연금의 종류별 수급요건 및 급여수준**

연금구분		수급요건	급여수준
노령연금	완전 노령 연금	가입기간 20년 이상, 60세에 달한 자(65세 이전까지는 소득이 없을 경우)	가입기간이 20년인 경우 • 기본연금액 100%+부양가족연금액 • 가입기간이 1년 증가 시 지급률 5%씩 증가액
	감액 노령 연금	가입기간 10년 이상 20년 미만인 자로 60세에 달한 자(65세 이전까지는 소득이 없을 경우)	가입기간이 10년인 경우 • 기본연금액 50%+부양가족연금액 • 가입기간이 1년 증가 시 지급률 5%씩 증가
	조기 노령	가입기간 10년 이상, 55세 이상인 자가 소득이 있는 업무에 종사하지 아니하고, 60세	가입기간이 10년, 55세인 경우 • 기본연금액 50% × 70%+부양가족연금액

연금구분		수급요건	급여수준
	연금	도달 전에 연금수급을 청구한 경우(65세 이전에 소득 있는 업무 종사 시 소득활동 종사기간 동안 지급정지)	• 가입기간 1년 증가 시 지급률 5%씩 증가, 수급개시연령 1세 증가 시 연령별 지급률 6%씩 증가
	재직자 노령 연금	가입기간이 10년 이상, 60세 이상, 65세 미만인 자로 소득이 있는 업무에 종사하는 경우(소득 있는 업무에 비종사하게 되면 가입기간에 따라 완전노령이나 감액노령으로 변경하여 지급)	가입기간이 10년, 60세인 경우 • 기본연금액 47.5% × 50% • 가입기간 1년 증가 시 지급률 5%씩 증가, 연령 1세 증가 시 연령별 지급률 10%씩 증가, 가입기간이 20년인 경우 수급연령에 따라 기본연금액의 50~90% 가급연금액은 지급되지 않음
	특례 노령 연금	가입기간 5년 이상 10년 미만으로 60세에 달한 자(소득 유무에 관계없이 지급)	• 가입기간 5년, 60세인 경우 – 기본연금액 25%+가급연금액 • 가입기간 1년 증가 시 지급률 5%씩 증가
	분할 연금	가입기간 중 혼인기간이 5년 이상인 노령연금 수급권자의 배우자가 60세 이상이 되었을 때	배우자이었던 자의 노령연금액(가급연금액 제외) 중 혼인기간에 해당하는 연금액의 1/2
장해 연금		• 가입 중에 발생한 질병 또는 부상으로 완치 후에도 장애(노동능력의 손실 또는 감소가 의학적으로 인정)가 있는 자 • 초진일로부터 1년 6개월이 경과 후 장애가 완치되지 아니한 경우에는 그 1년 6개월이 경과한 날을 기준으로 장애정도 결정, 다만 1년 6개월 경과일에 장애등급에 해당하지 아니한 자가 60세 전에 악화된 경우 청구일을 기준으로 장애정도 결정	– 1급 : 기본 100%+부양가족연금액 – 2급 : 기본 80%+부양가족연금액 – 3급 : 기본 60%+부양가족연금액 – 4급 : 기본 225%(일시보상금)
유족 연금		노령연금수급권자 가입자, 다만 가입기간 1년 미만인 자의 경우 가입 중에 발생한 질병이나 부상으로 사망 – 가입기간 10년 이상인 가입자이었던 자 – 장애등급 2급 이상의 장애연금수급권자 – 가입기간 10년 미만인 가입자이었던 자로서 가입 중에 발생한 질병이나 부상으로 가입 중 초진일 또는 가입자 자격상실 후 1년 이내의 초진일로부터 2년 이내에 사망한 때	• 가입기간 – 10년 미만 : 기본 40%+부양가족연금액 – 10~20년 미만 : 기본 50%+부양가족연금액 – 20년 이상 : 기본 60%+부양가족연금액

연금구분	수급요건	급여수준
사망일시금	가입자 또는 가입자이었던 자가 사망하여 유족연금 또는 반환일시금 수급권이 발생하였으나 법 제73조의 규정에 의한 유족이 없는 경우 그 배우자, 자녀, 부모, 손자녀, 조부모, 형제자매 및 4촌 이내의 방계혈족으로서 가입자 또는 가입자이었던 자에 의하여 생계를 유지하고 있던 자	반환일시금 상당액
반환일시금	- 가입기간 10년 미만인 자로서 60세에 달한 때 - 가입자 또는 가입자이었던 자가 사망하였으나 유족연금에 해당되지 않는 경우 단, 가입자 또는 가입기간이 10년 이상인 가입자이었던 자가 사망한 때는 사망 당시 보험료율 2/3 이상 납부하지 아니하여 유족연금이 지급되지 않은 경우에 한함 - 국적상실 또는 국외이주한 때 - 공무원, 군인, 사립학교교직원, 별정우체국 직원 등 타 공적연금 가입자가 된 때	- 납부보험료 + 이자(3년 만기 정기예금이자율) *1999. 3. 31 이전 - 기여금(퇴직금전환금 포함) 3년 만기 정기예금이자율 - 부담금 : 1년 만기 정기예금이자율

출처 : 권육상 외(2010).

2. 국민건강보험

1) 국민건강보험의 의의

우리나라의 국민건강보험법 제1조에서는 "국민의 질병 · 부상에 대한 예방 · 진단 · 치료 · 재활과 출산 · 사망 및 건강증진에 대하여 보험급여를 실시함으로써 국민보건을 향상시키고 사회보장을 증진함을 목적으로 한다"고 명시하고 있다. 질병은 인간의 육체적 · 정신적 기능을 침범한다. 국민건강보험은 질병 또는 부상의 위험 발생과 분만이나 사망 등으로 인해 개별 가계가 일시적으로 과다한 의료비를 지출함에 따라 겪게 되는 경제적 어려움을 덜어주고 국민건강을 향상시키기 위한 사회보장제도라

할 수 있다.

국민건강보험은 국민연금이 장기보험인 데 반해 단기보험으로 일년 단위의 회계연도를 기준으로 수입과 지출을 예정하여 보험료를 계산하며, 지급조건과 지급액도 보험료 납입기간과는 상관없이 지급된다.

우리나라의 국민건강보험은 1963년 의료보험법이 제정되면서 시작되었으나, 당시는 임의 적용방식으로 유명무실했다. 1970년에는 근로자, 공무원, 군인 등을 대상으로 의료보험법이 제정되었으나, 강제적용의 문제점 등 제반 여건의 어려움으로 시행령조차 마련하지 못하였다. 그 후 단계적 확대가 이루어지면서 1988년에는 농어촌지역주민이, 1989년 7월에는 도시지역주민을 위한 의료보험이 실시되면서 전 국민 의료보험 시대가 되었다. 1999년 2월 의료보험 통합 시행을 골자로 국민건강보험법이 통과되어 2000년 7월부터 시행되었다. 재정통합은 2002년 1월 직장 및 지역건강보험 재정이 통합되고 2003년 7월에 실질적인 통합을 이루었다.

2) 국민건강보험의 특징

(1) 법률에 의한 강제가입방식

일정한 법적 요건이 충족되면 본인의 의사에 관계없이 강제적용시키고 있으며, 이러한 강제적용방식을 채택한 이유는 다음과 같다.

① 보험가입을 기피할 경우 국민 상호 간 위험분담을 통하여 의료비를 공동으로 해결하고자 하는 국민건강보험제도의 목적 실현이 어렵다.

② 질병위험이 큰 사람만이 가입할 경우 보험재정이 파탄되어 원활한 국민건강보험제도 운영이 불가능하다.

(2) 소득수준 등 부담능력에 따른 보험료 차등부담

국민건강보험에서는 사회적인 연대를 기초로 의료비 문제를 해결하는 것이 목적이므로 보험료 부담능력에 따라 차등부담제를 채택하고 있는 사회보험방식이다. 이로써 소득재분배 효과를 거둘 수 있다.

(3) 보험급여의 균등한 수혜

사회보험에서는 보험료 부담수준에 관계없이 관계법령에 의하여 균등하게 보험급여를 받을 수 있다.

(4) 보험료 징수의 강제성

강제적 가입하에서 국민건강보험제도의 실효성을 확보하기 위하여 보험료 징수에 강제성이 부여된다.

3) 국민건강보험의 급여대상

강제가입을 원칙으로 하는 국민건강보험의 적용대상은 의료급여법에 따라 의료급여를 받는 자(수급권자)와 독립유공자 예우에 관한 법률 및 국가유공자 등 예우 및 지원에 관한 법률에 의한 의료보호 대상자(유공자 등 의료보호 대상자 : 본인이 건강보험적용을 신청한 자는 예외)를 제외한 모든 국민이 건강보험의 적용대상이 된다.

국민건강보험의 적용대상자는 피용자, 자영업자, 공직자(공무원, 교직원, 군인 등) 등 일정한 소득원을 가진 경제활동인구와 그 부양가족으로서 보험료를 부담하고 욕구가 발생(질병, 출산, 사망 등)하면 급여를 받는다. 보험료를 부담하는 사람을 피보험자라 하고 피보험자의 부양가족을 피부양자라 하며, 피보험자와 피부양자를 합해서 피보험 대상자라고 한다. 피부양자는 직장가입자의 배우자, 직장가입자의 직계존속, 직장가입자의 직계비속 및 그 배우자, 직장가입자의 형제와 자매 중 직장가입자에 의하여 주로 생계를 유지하는 자로서 보수 또는 소득이 없는 자를 말한다. 외국인의 경우 직장가입자 적용 사업장에 근무하면 외국인 및 재외국인도 직장가입자가 될 수 있다.

4) 국민건강보험의 급여수준

(1) 요양급여

요양급여란 피보험자 또는 피부양자가 질병에 걸리거나 부상을 입었을 때 보험자가 요양기관을 통하여 의료서비스를 제공하는 것을 말한다. 요양급여의 범위는 진찰(현물급여), 약제 또는 치료재료의 지급(현물급여), 처치 · 수술 기타의 치료(현물급여), 의료시설에의 수요(현물급여), 간호(현금급여), 이송(현금급여) 등이다.

(2) 분만급여

피보험자 또는 피부양자가 요양기관에서 분만하는 경우에 요양기관이 제공하는 서비스를 말한다.

(3) 요양비

보험자는 피보험자나 피부양자가 긴급하거나 기타 부득이한 사유로 인하여 규정에 의한 요양기관 외의 의료기관이나 약국 등에서 요양을 받은 경우에는 요양급여에 상당하는 금액을 요양비로 지급한다.

(4) 분만비

보험자는 피보험자 또는 피부양자가 규정에 의한 요양기관 외의 장소에서 분만한 때에는 보건복지부장관이 정하는 분만비를 지급한다.

(5) 건강진단

보험자는 대통령령이 정하는 피보험자에 대하여 질병의 조기 발견과 그에 따른 요양급여를 하기 위하여 건강진단을 실시한다.

(6) 부가급여

기본급여와는 달리 보험자의 재정 상태에 따라서 재량적으로 지급할 수 있는 보험급여이며, 장제비, 분만수당 및 본인부담보상금이 있다.

(7) 보건예방사업

건강한 생활습관의 유지·관리를 통한 자기관리의식을 고취시키고 질병의 조기발견 및 조기치료로 국민건강수준의 향상을 도모함으로써 질병의 사전예방으로 국민의료비용을 줄이는 데 그 목적이 있다.

3. 고용보험

1) 고용보험의 의의

고용보험이란 비자발적 단기실업의 경우에 그 실업기간 동안 수입의 일부분을 보상해 주려는 제도로, 현대의 산업화된 수많은 국가가 일반적으로 당면하고 있는 실업문제를 헌법이 보장하는 인간다운 생활을 할 권리보장 측면에서, 즉 국가의 사회보장 차원에서 풀어보려는 시도이다.

고용보험은 실직근로자에게 실업급여를 제공하는 전통적 의미의 실업보험사업 외에 산업구조조정의 촉진 및 실업예방, 고용촉진 등을 위한 고용안정사업, 근로자의 생애직업능력 개발을 위한 직업능력개발사업을 상호 연계하여 실시하는 사회보장제도임과 동시에 노동시장정책으로 정의될 수 있다. 따라서 실업보험이 실직자의 생계를 지원하는 사후적 · 소극적 사회보장제도인 반면, 고용보험은 실직자에 대한 생계지원은 물론 재취업을 촉진하고 더 나아가 실업의 예방, 노동시장의 구조 개편, 직업훈련 등의 강화를 위한 사전적 · 적극적 차원의 종합적인 인력정책 수단이라고 할 수 있다. 우리나라는 1993년 12월에 고용보험법을 제정하고 1995년 7월부터 상시근로자 30인 이상의 사업장에 적용하면서 사회보험제도의 기틀을 구축하게 되었다. 그 후 1998년 10월부터는 제도 시행 후 3년만에 근로자 1인 이상을 고용하는 모든 사업장에 확대 적용하여 모든 사업주는 의무적으로 가입하게 되었다(강용규 외, 2011).

2) 고용보험의 목적

(1) 실업 시 생활안정

고용보험의 가장 중요한 목적은 실직자에게 실업급여를 지급하여 실직자 및 그 부양가족의 생활안정을 보장하는 것이다.

(2) 새 직장을 찾을 시간 제공

실업급여를 제공함으로써 실직자가 자신의 기술수준과 경력에 맞는 직장을 다시 구할 수 있는 시간을 제공하는 것이다.

(3) 불경기 시 경제의 안정

실업급여는 불경기 시 경기악화를 막아주는 효과가 있다.

(4) 실업의 사회적 비용 절감

실업이 반드시 근로자의 책임으로 일어나는 것이 아닌 만큼 고용주 또한 이 부분에 대한 책임을 져야 할 것이다.

(5) 효율적인 노동력 활용

고용보험은 노동력의 효율적 활용에 도움을 준다.

(6) 고용주의 고용안정화 노력유도

경험요율(experience rate)을 도입함으로써, 고용보험은 고용주가 고용안정을 유지하도록 유도할 수 있다. 경험요율이란 실업을 많이 발생시키는 고용주 또는 근로자에게 높은 보험요율을 부과함으로써 실업의 발생을 억제하고자 하는 제도이다. 또한 고용안정을 달성한 기업에는 실업보험료 납부에 세금혜택 등을 줌으로써 고용안정을 유도할 수 있다.

(7) 숙련공의 고용유지

고용주 입장에서는 일시 해고된 숙련 근로자가 실업급여로 생활을 유지하고 구직을 미룰 경우, 이들을 다시 고용할 수 있는 기회를 가질 수 있다.

3) 고용보험의 가입대상

고용보험의 보험가입자는 사업주 및 근로자 모두이다. 고용보험법상의 사업주는 법인체인 경우에 법인 그 자체, 개인업체인 경우에 손익의 귀속주체가 되는 자연인인 대표자를 말한다. 고용보험에서 보험가입자로서 피보험자가 되는 근로자는 근로기준법 제14조에 규정된 근로자의 범위보다 넓은 개념으로 고용보험법 제8조 및 령 제3조의 규정에 의한 적용제외근로자 이외에 사업주(법인의 경우에는 대표이사)의 지휘 감독 하에서 상시근로를 제공하고 그 대가로 임금형태의 금품을 지급받는 자를 말한다. 현재 근로자 1인 이상을 고용하는 모든 사업주는 의무적으로 가입하도록 되어 있으며, 모든 근로자에게 적용되나 사립학교 교직원, 연금법 적용자, 1개월 미만의 기간 동안 고용된 자(실업급여만 제외), 1개월간 소정 근로시간이 80시간 미만인 근로자(주당 18시간 미만인 자 포함), 60세 이후에 새로 고용된 자, 65세 이상인 자 등에 대하여는 적용을 제외하고 있다.

4) 고용보험의 내용

(1) 고용안정사업

근로자가 자신의 적성과 능력에 맞는 직업을 올바로 선택하여 원하는 직장에 취업할 수 있도록 고용정보를 제공하고 직업훈련을 실시하며, 직업지도와 취업알선을 시행함은 물론 근로자가 실직했을 경우 실업에 대한 실업급여를 지급한다. 뿐만 아니라 경기변동, 산업구조변화 등에 대처하여 실업의 예방, 재취업의 촉진, 고용기회의 확대 등을 도모하여 적극적인 고용정책의 차원에서의 고용안정사업을 시행하는 것이다.

(2) 직업능력개발사업

근로자의 능력개발 및 향상을 촉진한다. 이에 고용정책기본법 제19조 및 제20조에서 정부는 직업능력개발을 충실하게 하기 위한 필요한 시책을 수립 · 시행해야 하고, 또한 근로자와 사업주에게 직업능력개발에 관한 정보의 제공과 상담, 기타 필요한 지원을 하도록 규정하고 있다.

(3) 실업급여

실업급여는 실직자의 생계보장을 위한 구직급여와 조속한 재취업을 장려하기 위한 취직촉진수당으로 구분하고 있다. 취직촉진수당의 종류는 조기재취직수당, 직업능력개발수당, 광역구직활동비 및 이주비로 구분된다.

실업급여를 받을 권리(수급권)는 양도 또는 압류하거나 담보로 제공할 수 없으며, 일용근로자에 대한 실업급여 및 실업급여의 보험료에 관한 사항에 대하여는 따로 법률로 정한다.

〈표 5-6〉 **고용보험의 내용**

고용안정사업	고용조정 지원	고용유지지원금
		채용장려금
	지역고용의 촉진	지역고용촉진지원금
	고령자 등의 고용촉진	고령자고용촉진장려금
		여성고용촉진장려금
	건설근로자의 고용안정 지원	
	고용촉진시설에 대한 지원	
	고용정보 제공 및 직업지도	
직업능력개발사업	사업주에 대한 지원	직업능력개발훈련 지원
		시설직원
	근로자에 대한 지원	직업능력개발 지원
		고령자 등 수강장려금 지원
	건설근로자 등의 직업능력개발 지원	
실업급여	구직급여	
	취업촉진수당	조기재취업수당, 직업능력개발수당, 광역구직활동비, 이주비

출처: 강용규 외(2011).

4. 산업재해보상보험

1) 산업재해보상보험의 의의

산업재해(industrial injury)에 대한 보상을 확실하고 신속·공정하게 처리하기 위하여 일정한 규모 이상의 기업에 대하여 사업주의 보험가입 의사에 상관없이 강제적으로 산업재해보상보험에 가입시키고 보험료를 전액 부담토록 하여 그 기업에서 산업재해가 발생하면 보상문제를 국가가 직접적으로 관장하여 사회보험방식으로 실시하는 제도가 산업재해보상보험제도이다.

산재보험제도는 근로자가 사업장에서 업무상 부상, 질병, 신체장애가 발생, 또는 사망한 경우 이를 신속하고 공정하게 보상해 줌으로써 재해근로자와 그 가족의 생활안정을 도모하고 재해근로자의 재활 및 사회복귀를 촉진하기 위해 필요한 보호시설을 설치·운영하고 재해예방 및 근로자 복지증진을 위한 서비스를 제공하며, 이를 통해 사업주의 정상적인 기업활동을 보장하기 위한 사회보장제도로 실시되었다는 점에 그 의의가 있다. 우리나라의 산재보험은 1964년 사회보험 중 가장 먼저 도입(법 제정은 1963년)되었으며, 정부(고용노동부)의 위탁을 받아 근로복지공단에서 수행하고 있다.

2) 산업재해보상보험의 특징

산재보험은 사회보험의 한 종류로서 여타의 사회보험과 유사한 특징들을 가지고 있지만, 산재보험만이 갖는 고유한 특성을 살펴보면 다음과 같다(김기원, 2009).

① 무과실책임주의 채택

② 보험급여의 정형화, 정액화

③ 보험료의 부담

④ 이중적 성격

⑤ 사업장 중심 관리

⑥ 자진 신고 및 자진 납부 원칙

⑦ 업무 담당자의 재량에 의한 판단과 처리

③ 적기에 확실한 보장

3) 산업재해보상보험의 적용대상

우리나라 산업재해보상보험의 도입 당시인 1964년에는 500인 이상을 상시 고용하는 광업 및 제조업부문 사업체만을 그 가입대상으로 하였으나 2000년 7월부터는 1인 이상을 고용한 모든 사업장의 강제가입을 원칙으로 하고 있다. 사업주가 보험가입자이지만, 보험급여의 수급자는 업무상의 사유에 의한 부상, 질병, 신체장애 또는 사망 등 업무상 재해를 당한 근로자(그의 유족을 포함)이며, 산업재해와 무관한 자영업자는 제외한다. 또한 원칙적으로 사업주도 산재보험의 적용대상에서 제외된다.

산재보험의 적용관계는 사업주의 가입 의사와 관계없이 적용되는 당연적용사업(정부투자, 출연기관, 종교 및 정치단체, 비영리법인 등)과 사업주의 가입 의사에 따라 가입할 수 있는 임의적용사업으로 분류된다.

4) 산업재해보상보험의 급여

산업재해보상보험급여를 받기 위해서는 업무수행성과 업무기인성을 동시에 충족시켜야 한다. 업무수행성은 업무과정 중에 재해가 발생해야 한다는 것이고, 업무기인성은 업무로 인해 입은 재해여야 한다는 것이다.

산업재해보상보험급여의 종류는 〈표 5-7〉과 같다(권육상 외, 2010).

제36조(보험급여의 종류와 산정 기준 등) ① 보험급여의 종류는 다음 각 호와 같다. 다만, 진폐에 따른 보험급여의 종류는 제1호의 요양급여, 제4호의 간병급여, 제7호의

장례비, 제8호의 직업재활급여

1. 요양급여
2. 휴업급여
3. 장해급여
4. 간병급여
5. 유족급여
6. 상병(傷病)보상연금
7. 장례비
8. 직업재활급여

〈표 5-7〉 **산업재해보상보험의 급여종류**

구분	내용
요양급여	• 산업재해보상보험에서 지급하는 가장 기본적인 급여 • 근로자가 업무상의 사유로 부상, 질병에 걸린 경우, 산재보험 의료기관에서 요양 ①진찰 · 검사, ②약제 또는 치료재료 지급 ③ 처치 · 수술 및 그밖의 치료 ④예방 · 재활 ⑤ 입원 ⑥ 간호 ⑦ 이송등
휴업급여	• 업무상의 사유로 부상, 질병에 걸린 근로자 1일당 평균 임금의 100분의 70에 상당하는 금액을 취업하지 못한 기간에 대해 지급 • 3일 이내는 휴업급여를 지급하지 않음
장해급여	• 근로자가 업무상의 부상, 질병 잘병에 걸려 치유된 후 신체 등에 장해가 있는 경우 지급 • 장해등급에 따라 장해보상연금 또는 장해보상 일시금으로 함
간병급여	• 요양급여를 받은 자 중 치유 후 의학적으로 상시 또는 수시로 간병이 필요해 실제로 간병을 받는 자에게 지급
유족급여	• 근로자가 사망한 경우 유족에게 지급
상병보상연금	• 요양급여를 받는자가 요양을 시작하고 2년이 지난 날 이후, 아래의 요건에 상태가 계속되면 휴업급여 대신 상병보상연금 지급 1. 보상, 질병이 치유되지 않은 상태 2. 중증요양상태등급이 1급에서 3급인 상태 3. 요양으로 인해 취업하지 못한 상태
장례비	• 사망한 경우 지급, 평균임금의 120일분에 상당하는 금액을 그 장제를 지낸 유족 지급

구분	내용
직업재활급여	• 장해급여를 받은 자에 대해 지급함. • 훈련수당, 직장복귀지원금, 재활운동비 등

출처 : 권육상 외(2010).

5. 노인장기요양보험

1) 노인장기요양보험의 의의

노인장기요양보험이란 노인성 질환 등으로 인하여 6개월 이상 동안 혼자서 일상생활을 수행하기 어려운 노인들에게 신체활동 또는 가사지원 등의 장기요양급여를 사회적 연대원리에 의해 제공하는 사회보험제도로서, 수급자에게 배설, 목욕, 식사, 취사, 조리, 세탁, 청소, 간호, 진료의 보조 또는 요양상의 상담 등 다양한 방식으로 장기요양급여를 제공하게 된다.

노인장기요양보험법은 2007년 4월에 제정되었고, 2008년 7월부터 실시되고 있는 우리나라 5대 사회보험 가운데 가장 늦게 만들어진 사회보험제도이다.

2) 노인장기요양보험의 목적

노인장기요양보험제도를 통하여 노후의 건강증진 및 생활안정을 도모하고 그 가족의 부담을 경감시켜 줌으로써 국민의 삶의 질을 향상하도록 한다.

(1) 국가와 사회의 분담

그동안 가족의 영역에 맡겨져 왔던 치매, 중풍 등 노인에 대한 장기간에 걸친 간병, 장기요양 문제를 사회연대원리에 따라 국가와 사회가 분담한다.

(2) 전문적인 서비스의 제공

노인들은 계획적이고 전문적인 장기요양서비스를 제공받음으로써 보다 안락하고 쾌적한 노후생활을 영위할 수 있다.

(3) 가족의 부양부담 완화

노인의 장기요양을 직접 담당하던 가족들은 정신적 · 육체적 · 경제적 부담에서 벗어나 사회 · 경제활동에 전념할 수 있으며, 주부양자의 자녀들도 장기요양부담이 해소된 가정에서 더 나은 교육과 보살핌을 받을 수 있다.

3) 노인장기요양보험의 적용대상

노인장기요양보험의 대상자는 65세 이상 노인 또는 65세 미만 노인성질환자(치매, 중풍 등)로서 거동이 현저히 불편하여 장기요양이 필요한 자이다. 대상자 여부는 등급판정위원회에서 판정하는데, 등급판정위원회는 6개월 이상의 기간 동안 일상생활을 혼자서 수행하기 어렵다고 인정되는 경우 장기요양을 받을 수 있는 자(수급자)로 결정하고 심신상태 및 요양이 필요한 정도에 따라 등급을 판정한다.

4) 노인장기요양보험의 급여

(1) 재가급여

① 단기보호 : 부득이한 사유로 일시적으로 가족의 보호를 받을 수 없는 수급자에게 일정기간 동안 단기보호시설에 보호하여 신체활동 지원과 심신기능의 유지 · 향상을 위한 교육 · 훈련 등을 제공하는 급여

② 기타 재가급여 : 수급자의 일상생활 · 신체활동 지원에 필요한 용구를 제공하거

나 가정을 방문하여 재활에 관한 지원 등을 제공하는 급여

〈표 5-8〉 **재가급여의 종류**

구분	내용
방문요양	장기요양보험요원이 수급자의 집을 방문해서 목욕, 배설, 화장실 이용, 옷 갈아입기, 머리 감기, 취사, 생필품 구매, 청소, 주변 정돈 등을 도와주는 급여
방문목욕	장기요양보험요원이 목욕설비를 갖춘 차량을 이용하여 수급자의 가정을 방문하여 목욕을 제공하는 급여
방문간호	장기요양보험요원인 간호사는 의사, 한의사 또는 치과의사의 지시에 따라 가정 등을 방문하여 간호, 진료의 보조, 요양에 관한 상담 또는 구강위생을 제공하는 급여
주 · 야간보호	수급자를 하루 중 일정한 시간 동안 장기요양기관에 보호하여 신체활동 지원 및 심신기능의 유지 · 향상을 위한 교육 · 훈련 등을 제공하는 급여

출처 : 강용규 외(2011).

(2) 시설급여

노인의료복지시설(노인전문병원 제외)에 장기간 동안 입소하여 신체활동지원, 심신기능의 유지 · 향상을 위한 교육 · 훈련 등을 제공하는 요양급여이다.

(3) 특별현금급여

① 가족요양비 : 장기요양기관이 현저하게 부족한 지역(도서 · 벽지)에 거주하는 자, 천재지변 등으로 장기요양기관이 실시하는 장기요양급여를 이용하기 어렵다고 인정된 자, 신체 · 정신 · 성격 등의 사유로 가족 등이 장기요양을 받아야 하는 자에게 지급

② 특례요양비 : 수급자가 장기요양기관으로 지정되지 않은 장기요양시설 등의 기관과 재가 또는 시설급여에 상당한 장기요양급여를 받은 경우 장기요양급여 비용의 일부를 지급

참고문헌

강용규 외(2011). 『사회복지개론』. 공동체.

권육상 외(2010). 『사회복지개론』. 공동체.

김기원(2009). 『사회복지법제론』. 나눔의 집.

김영모 편(2001). 『현대사회보장론』. 한국복지정책연구소출판부.

김태성 외(2013). 『사회보장론』(제2판). 청목출판사.

도광조(2011). 『사회복지개론』. 양서원.

박종삼 외(2003). 『사회복지학개론』. 학지사.

보건복지부(2010). 『2010 보건복지통계연보』.

조흥식 외(2013). 『사회복지학개론』. 창지사.

Rejda, G. E.(1999). *Social Insurance and Economic Security*(6th ed.). N.J. : Prentice- Hall.

국민건강보험공단 http://www.nhic.or.kr

국민연금공단 http://www.npc.or.kr

노인장기요양보험 http://www.longtermcare.or.kr

Chapter 06

공공부조

제 1 절 공공부조의 이해

빈곤은 오랜 인류 역사에서 사회복지의 주된 관심사였다. 일반적으로 빈곤(poverty)이란 기본적 욕구를 충족시킬 수 있는 능력이 부족한 상태로 정의한다. 빈곤 해결을 위해 대부분의 현대 국가는 국민의 최저한의 삶을 보장하는 공공부조를 실시하고 있다(박석돈 외, 2016).

우리나라에서는 그동안 '공적부조'라는 용어를 사용하였으나 1995년 사회보장기본법이 제정되면서 '공공부조(public Assistance)'라는 법적 용어로 사용되고 있다.

우리나라의 사회보장기본법 제3조에 의하면, "공공부조라 함은 국가 및 지방자치단체의 책임 하에 생활유지 능력이 없거나 생활이 어려운 국민의 최저생활을 보장하고 자립을 지원하는 제도를 의미한다"라고 정의하고 있으며, 현재 공공부조와 관련해서는 '국민기초생활보장제도'가 실시되고 있다. 우리나라 사회보장기본법에 의하면 사회보장의 방법은 사회보험, 공공부조, 사회서비스로 구성되어 있다. 사회의 1차적 안정망은 사회보험이고, 2차적 안정망은 공공부조로 생활이 어려운 자의 최후의 보루로서 최저생활을 보장하는 데 목적이 있다.

디니토와 다이(Dinito & Dye, 1987)는 "공공부조 프로그램은 가난한 사람, 노인, 장애인, 한부모가정 등 취약계층의 사람들이 절실히 도움이 필요한 상황과 혹은 각자의 상황이 개선될 것 같지 않고 그리고 다른 원조수단을 이용할 수 없을 때 그들에게 도움을 주기 위해 제공되는 공공 프로그램"이라고 정의한다.

UN은 "공공부조란 일정한 최저기준선으로 볼 때 보호를 요함과 동시에 개인적 자력이 부족한 경우 갹출을 하지 않고 공비에서 지급하는 제도로 급여의 산정 기초는 최저생활기준에 있으며, 자격심사를 위하여 자산조사가 실시된다"라고 정의하고 있다.

위와 같은 정의들을 다시 종합해보면, 공공부조는 경제적 빈곤 상태에 있는 자들에게 최소한도의 삶을 유지할 수 있도록 국가에서 재원을 활용하여 무기여 보충적으로 원조하며, 소득재분배를 통해 자본주의의 모순을 극복하기 위한 경제불안에 대한 보완책이다.

또한 사회적 기본권 존중사상에서, 모든 국민이 인간다운 삶을 영위하기 위해 빈곤에서 벗어나게 하여 국가 및 지방자치단체의 책임과 보호 아래 최저생활을 보장받고 자활을 지원함으로써 사회복지에 기여함을 목적으로 한다(권육상 외, 2010).

제 2 절 공공부조의 특징 및 원리

1. 공공부조의 특징

공공부조제도는 인류의 역사와 함께해 왔다고 볼 수 있다. 이러한 공공부조는 사회보장체계의 일환으로 공적인 최저생활보장의 경제적 부조제도로 소득재분배를 통하여 자본주의의 모순을 극복하기 위한 보완책이라 할 수 있다. 공공부조의 일반적 특징을 살펴보면 다음과 같다(김기원, 2000).

첫째, 수행주체가 국가 및 지방자치단체 또는 관련 공공기관이다. 모든 국민의 건강 및 문화적인 최저생활을 보장하기 위하여 현금급여, 현물급여 또는 이용증서를 제공해 주는 제도이다. 국가는 사회보장법에 규정한 바와 같이 국민의 최종적인 경제적 보호를 목적으로 수립한 사회보장 주체로서 재정적·행정적 책임성을 가져야 한다.

둘째, 규정된 최저소득 이하의 자들에게만 적용된다. 그렇지만 공공부조는 대상자 본인의 의사에 반(反)하여 강제적으로 제공될 수 없다.

셋째, 공공부조는 공공세입(조세)으로부터 대부분의 재원을 조달한다. 그러므로 소득재분배 효과가 상대적으로 크다.

넷째, 공공부조는 법적 기반에 입각한 권리로 소득보장정책의 일환이다.

다섯째, 공공부조는 사회보험제도의 보완제도이며, 대상자 선정을 위한 자산조사(means test)가 이루어진다(박종삼 외, 2002).

여섯째, 공공부조는 보충적인 제도이다. 수혜대상자가 자신의 자산과 근로능력을 최대한 활용하고, 부양의무자의 부양을 우선적으로 받도록 하고, 다른 법에 의한 보호를 받은 후에도 생활상 곤란을 겪는 경우에 비로소 행해지는 보충적인 제도이다. 이러한 특징 때문에 공공부조는 종종 자본주의사회의 최후 안전벽이라고 칭하기도 한다.

일곱째, 공공부조는 구분 처우를 행한다. 공공부조는 획일적이라기보다는 자산조사와 상태조사의 결과에 따라 유자격 대상자를 구분해 서로 다른 혜택을 제공한다.

공공부조는 생활을 유지할 능력이 없거나 어려움에 처한 사람들의 최저생활을 보장한다. 공공부조의 형태에서 보면 사회적 위험에 처한 사회보장체계의 사회보험과 공공브조를 비교해 살펴볼 수 있다. 다음 〈표 6-1〉과 같이 차이가 나타나고 있다.

〈표 6-1〉 공공부조와 사회보험의 차이점

구분	공공부조	사회보험
기원	빈민법	공제조합에 기원
목적	빈곤의 완화	빈곤의 예방과 경제적 비보장의 경감
재정 예측성	곤란	용이
자산조사	반드시 필요	불필요
재정충당	정부 일반 세입	가입자의 보험료
대상자 수	소수	다수
낙인	발생	미발생
사회보장에서의 위치	사회보험의 보완 장치	사회보장의 책임

출처 : 원석조(2013).

2. 공공부조의 원리

공공부조의 원리는 다음과 같다(도광조, 2011).

1) 생존권 보장의 원리

국민이 있어야 국가도 있으므로, 국가는 국민들의 최소한의 생존권을 보장해야 한다. 따라서 사회적 약자들이든 어려움에 처한 일반 국민들이든 생존을 위태롭게 하는 경우는 국가에 대해 보호를 청구할 권리를 가진다.

2) 평등보장의 원리

국가가 어려움에 처한 시민들을 원조하는 데는 수급권자의 인정범위(성별, 인종, 종교,

사회적 신분차별 없이)나 수급의 내용면에서 차별 없이 평등하게 보장해야 하며, 시민들 또한 평등보장을 요구할 권리를 가진다. 공공부조 수급의 적격성을 만족시킬 수 있는 모든 신청자들에게 확대되어야 한다.

3) 최저생활보장의 원리

공공부조가 보장해야 하는 정도를 말하는 것으로 수급자에게 적정수준의 소득을 보장함으로써 최저생활한도의 인간다운 생활을 보장할 수 있어야 한다.

4) 자립자활조성의 원리

급부를 받는 수급자의 내재된 잠재력을 끌어내어 육성함으로써 부조 없이도 자립생활을 할 수 있도록 하는 것이다. 사회복지의 궁극적 목적은 스스로 자활할 수 있도록 원조하는 것이므로, 공공부조에서 수급자가 충분히 자활할 수 있는 방향과 방법을 포함해야 한다.

제 3 절 공공부조사업의 쟁점

국민기초생활 보장법은 기존의 생활보호법(의료보호법 포함)이 가진 공공부조로서의 전근대성을 버리고 전 국민에게 생존권과 의료보장권을 보장하는 것이다. 공공부조제도로서 국민기초생활보장제도 및 의료급여제도는 고려되어야 할 사업의 기본 쟁점들이 있다(강용규 외, 2011).

첫째, 대상자 선정기준이다. 공공부조정책의 정책은 소득기준을 어떻게 정할 것인

가이다. 이는 1999년 처음 공표된 공식적인 빈곤선은 전물량 방식에 의한 최저생계비였다.

쟁점에서 보면 가구규모별 차등을 두고 있어서 이전의 생활보호자 대상자 선정기준에 비하면 나아졌지만, 앞으로도 매번 전물량 방식으로 빈곤선을 정할 것인지, 도시와 농촌 간의 실제적인 최저생계비의 차이를 무시할 것인지, 노인, 장애인과 같은 가구원 특성별 추가비용이라든가, 물가의 변동, 전반적인 생활수준의 변동은 어떻게 반영할 것인지 등이 있다.

둘째, 공공부조정책의 근로유인 문제이다. 국민기초생활 보장법이 보장하는 근로능력자의 생존권은 자활노력 조건부라는 점이다. 쟁점에서 보면 근로능력이 있는 빈곤계층을 위하여, 자활지원을 얼마나 충실히 할 것인가 중요하다.

셋째, 국민기초생활보장제도를 법 취지에 맞춰 정착시키기 위해서는 후속적인 정비와 개발이 요구되는 법률과 제도들이 있다.

쟁점에서 보면 관련 법규정이 있다 할지라도 법에서 보장하고 있는 보장의 수준이 현실적인 수준에 크게 미치지 못하고 있기 때문에 법의 목적을 달성하지 못함과 더불어 법의 사각지대를 생성시키는 결과가 되고 있다.

넷째, 공공부조정책은 국민의 생존권 보장을 위한 국가정책으로서 공공부조의 우선순위(priority)문제이다.

쟁점에서 보면 현재로서 국민기초생활 보장법은 현대적인 요소들을 갖추고 있다. 그러나 이를 구체적으로 시행 · 정착시켜 가는 과정에서 반드시 고려해야 할 것은 사회보장 내지 재분배정책에서의 우선순위 문제라 할 수 있다.

제 4 절 공공부조 유형

1. 국민기초생활보장사업

1) 의의

국민기초생활보장제도는 헌법에 보장된 인간다운 생활을 할 권리, 생존권, 사회권, 복지권 내지 사회보장수급권 및 공공부조수급권을 구체적으로 보장하기 위한 제도이다(김기원, 2000).

가난하고 어려운 환경 가운데 취약계층, 즉, 65세 이상인 자 또는 18세 미만의 아동, 임산부, 노인, 불구, 폐질, 상병 등에 대한 기타 기관이 법에 의하여 보호가 필요하다는 인식하에 공적 대응으로 우리나라의 근대적인 공공부조제도는 1961년 생활보호법이 제정되면서 시작되었다고 할 수 있다. 생활보호법은 대상기준을 특정 인구집단에 한정하여 제한적 규정으로 사회안전망의 빈곤층을 보호한 시혜적 성격을 지녔다. 실업이나 빈곤에 대한 일부 국한된 특정 계층의 문제가 아니라 모든 국민들이 최저생활을 누릴 수 있도록 새로운 제도 도입의 필요성이 제기되어 국민의 권리이면서 국가의 의무라는 새로운 개념 도입의 필요성에 따라 1999년 9월 국민기초생활 보장법이 제정되었고 2000년 10월부터 시행되었다. 국민기초생활 보장법은 전혀 새로운 것이 아니고 이전 생활보호법이 전면개정된 것이었다.

〈표 6-2〉 생활보호법과 국민기초생활 보장법의 비교

구분	생활보호법	국민기초생활 보장법
법적 용어	• 국가에 의한 보호적 성격 – 보호 대상자, 보호기관	• 저소득층의 권리적 성격 – 수급권자, 보장기관, 생계급여
대상자 구분	• 인구학적 기준에 의한 구분 – 거택보호 대상자 : 18세 미만 아동, 65세	• 대상자 구분 폐지 – 근로능력이 있는 자는 구분

구분	생활보호법	국민기초생활 보장법
	이상 노인 등 – 자활보호 대상자 : 인구학적으로 경제활동이 가능한 근로능력자	(18세 이상 64세 이하)
대상자 선정기준	• 보건복지부장관이 정하는 소득과 재산이 기준 이하인 자	• 소득인정액이 최저생계비 이하인 자(2003년부터 실시) • 소득인정액 : 개별가구의 소득평가액과 재산의 소득환산액을 합산한 금액
급여수준	• 생계보호 – 거택보호자에게만 지급 • 의료보호 – 거택보호 : 의료비 전액 지원 – 자활보호 : 의료비 80% • 교육보호 – 중 · 고생자녀 학비 전액 지원 • 해산보호 • 자활보호 • 장제보호	• 생계급여 – 모든 대상자에게 지급하되, 근로능력자는 자활 관련 사업에 연계하는 조건부로 지급 • 주거급여(신설) – 임대료, 유지수선비 등 주거안정을 위한 수급품 긴급급여(신설) – 긴급필요 시에 우선 급여를 실시 의료, 교육, 해산, 장제보호 등은 과거와 동일
자활지원 계획		• 근로능력자 가구별 자활지원계획의 수립을 통해 체계적 자활 지원 – 근로능력, 가구특성, 자활욕구 등을 토대로 자활 방향, 자활에 필요한 서비스, 생계급여의 조건 등을 계획 – 자활에 필요한 서비스를 체계적으로 제공하여 수급권자의 궁극적인 자활 촉진

출처 : 박옥희(2012).

2) 제정목적

국민기초생활 보장법은 헌법 제34조에 근거하여 "국가와 지방자치단체가 생활이 어려운 자에게 빈곤의 정도에 따라 필요한 급여를 행하여 법으로 정한 최저생계비 수준 이상의 생활을 보장하고 자활을 조성하는 것을 목적으로 한다." 빈곤층에 대한 최저생활보장과 근로능력 가능자에게 자활을 돕도록 되어 있고, 수례자의 기여와는 무관하게 급여를 지급한다.

3) 주요 내용

(1) 급여의 기본 원칙[1)]

① 최저생활보장의 원칙 : 모든 국민은 인간다운 생활을 보장받을 권리를 가지며, 국가는 이를 보장할 책임을 진다는 원리로, 최저생활이란 생활이 어려운 자에게 생계, 주거, 의료, 교육, 자활 등 필요한 급여를 행하여 이들의 최저생활을 보장한다.

② 보충급여의 원칙 : 급여수준을 생계, 주거, 의료, 교육, 급여액과 수급권자의 소득인정액을 포함한 총금액이 최저생계비 이상이 되도록 지원 즉, 가구별 최저생계비와 소득인정액의 차액을 급여로 한다.

③ 자립지원의 원칙 : 보장기관은 근로능력이 있는 수급권자에게 자활사업에 참여할 것을 조건으로 생계급여를 지급한다.

④ 개별성의 원칙 : 급여수준을 정함에 있어서 수급권자의 개별적 특수 상황을 최대한 반영한다.

⑤ 가족부양 우선의 원칙 : 급여신청자가 부양의무자에 의하여 부양될 수 있는 경우에는 기초생활 보장급여에 우선하여 부양의무자에 의한 보호가 먼저 행해져야 한다.

⑥ 타 급여 우선의 원칙 : 급여 신청자가 다른 법령에 의하여 보호를 받을 수 있는 경우에는 기초생활 보장급여에 우선하여 다른 법령에 의한 보호가 먼저 행해져야 한다.

⑦ 보편성의 원칙 : 국민기초생활 보장법에 규정된 요건을 충족시키는 국민에 대하

1) 보건복지부(2016). 2016년도 국민기초생활보장 사업 안내.

여는 성별 · 직업 · 연령 · 교육수준 · 소득원, 기타의 이유로 수급권을 박탈 하지 않는다는 원칙이다.

(2) 적용 대상

국민기초생활보장제도의 적용 대상자는 '부양의무자가 없거나 부양의무자가 있어도 부양능력이 없거나 또는 부양을 받을 수 없는 자로서 소득인정액이 최저생계비 이하인 자'이다. 소득이 최저생계비 이하인 자는 누구나 대상자가 되며 이를 수급권자로 선정한다. 수급권자 선정기준은 소득평가액 기준, 재산 기준, 부양의무자 기준에서 소득인정액 기준, 부양의무자 기준의 두 가지로 통합하여 보건복지부장관이 정하는 자이다.

소득인정액[2]은 소득평가액[3] 기준과 더불어 주택, 토지, 승용차 등 재산 기준에 적용되었으나, 2003년부터는 시가로 환산한 재산의 소득환산액[4] 기준이 적용되고 있다. 매년 중앙생활보장위원회가 고시하는 가구별 최저생계비에 의해 정해짐에 따라 국민기초생활보장제도의 수급권자가 된다.

또한 부양의무자 기준은 부양의무자 유 · 무 상태와 부양능력 및 부양 여부와 소득 및 재산 상태에 따라 수급권자가 되기 위한 조건을 충족시켜야 한다. 부양의무자의 범위는 1촌 직계혈족(부모, 아들, 딸 등) 및 1촌 이내 직계혈족의 배우자(며느리, 사위 등)이다.

부양능력이 있는 부양의무자가 있어도 부양능력을 받을 수 없는 경우를 두 가지로 살펴보면, 첫째, 부양능력 미약자에 대한 부양비 산정에 따라 부양의무자 소득이 가구 최저생계비 130% 미만이거나 재산의 소득환산액이 수급권자 및 당해 부양의무자 각각의 최저생계비 합의 42% 미만인 자에 해당된다(예외인 경우 부양의무자가 출가한 딸이거나 출가한 딸에 대한 친정부모의 경우 소득기준의 상한선이 없으며 부양의무자 가구의 실제 소득이 130%를 넘을 경우와

2) 소득인정액=소득평가액+재산의 소득환산액

3) 소득평가액=실제소득−가구특성별지출비용−근로소득공제

4) 재산의 소득환산액=(재산−기초공제액−부채)×소득환산율

재산의 경우 2억 원 이상인 경우는 부양능력 있음으로 인정). 둘째, 부양의무자가 병역법에 의해 징집·소집되거나 해외이주, 교도소, 구치소, 보호감호시설 등에 수용 또는 행방불명에 해당되는 경우에 인정된다(권육상 외, 2010).

(3) 급여내용 및 종류

수급권자로 선정된 가구 또는 개인에 대하여 국민기초생활보장제도의 급여의 종류는 생계급여, 주거급여, 교육급여, 해산급여, 장제급여, 의료급여, 자활급여의 7종류가 있다. 생계급여와 주거급여는 현금으로 지급되며, 기타 급여는 현물로 지급된다. 급여 종류를 정리하면 다음과 같다.

〈표 6-3〉 **국민기초생활보장급여의 종류 및 수준**

<table>
<tr><th>급여종류</th><th colspan="2">급여내용</th><th>급여수준</th><th>기타</th></tr>
<tr><td rowspan="4">생계급여</td><td rowspan="2">일반생계</td><td>현금</td><td>가구별 기준급여</td><td rowspan="4"></td></tr>
<tr><td>현물</td><td>의복, 식료품</td></tr>
<tr><td>긴급생계</td><td>현물</td><td>식료품비(37.7%, 2011년 기준)에 해당되는 금액</td></tr>
<tr><td>시설생계</td><td>현금+현물</td><td></td></tr>
<tr><td>의료급여</td><td colspan="2">의료급여법에 근거</td><td>진료비</td><td></td></tr>
<tr><td>교육급여</td><td colspan="2">현금</td><td>중학생(부교재비, 학용품비), 고등학생 자녀 입학금, 수업료 및 교과서대 지급</td><td></td></tr>
<tr><td>주거급여</td><td colspan="2">현금, 현물</td><td>임차료, 유지수선비</td><td></td></tr>
<tr><td>해산급여</td><td colspan="2">현금</td><td>해산급여 1인당 70만원
쌍둥이 출산 시 140만원</td><td>추가 출생 영아
1인당 70만원 지급</td></tr>
<tr><td>장제급여</td><td colspan="2">현금</td><td>사망 시 80만원</td><td></td></tr>
<tr><td>자활급여</td><td colspan="2">현금</td><td>자활 프로그램</td><td></td></tr>
</table>

〈표 6-4〉 2023년 기준 중위소득표

구분	1인 가구	2인 가구	3인 가구	4인 가구	5인 가구
기준 중위소득	2,077,892	3,456,155	4,434,816	5,400,964	6,330,688
생계급여(30%)	623,368	1,036,847	1,330,445	1,620,289	1,899,206
의료급여(40%)	831,157	1,382,462	1,773,926	2,160,386	2,532,275
주거급여(47%)	976,609	1,624,393	2,084,364	2,538,453	2,975,423
교육급여(50%)	1,038,946	1,728,078	2,217,408	2,700,482	3,165,344

4) 과제

국민기초생활보장제도는 우리나라 빈곤정책의 중심을 차지하는 제도임에는 틀림없지만, 잔여적 성격과 열등처우원칙이 적용되는 경우가 많다. 전 국민의 3% 정도만이 적용을 받고 있어 보편성에서도 다소의 문제를 가지고 있다. 이러한 국민기초생활보장제도는 해결과제들이 많이 있다.

다음은 몇 가지 중요한 문제점이다(도광조, 2011).

첫째, 빈곤층 선정과정에서 부정수급의 가능성이 존재한다는 점이다.

둘째, 공식적인 빈곤선이자 수급자 선정기준인 최저생계비의 현실성이다.

셋째, 노동 동기의 약화(근로윤리 손상)를 우려하는 목소리가 높다.

넷째, 공공근로형 자활지원 프로그램의 문제이다.

다섯째, 자활사업 전달체계의 전문성 및 효율성 부족을 들 수 있다.

2. 의료급여

의료급여는 개인·가족이 병이 들었을 때 진료비가 없거나 기타 무능력으로 치료받을 수 없는 처지에 있는 사람들을 위해 국가가 그 진료비를 부담하는 것으로써 그들의 건강 유지와 회복을 위한 균등한 진료를 받을 기회를 갖게 하기 위한 사회보장의 목적 중의 하나이다.

의료급여사업의 배경을 보면 1961년 제정된 생활보호법에 근거를 둔 무료 진료의 제공이었다. 이는 사회의 공통된 강렬한 요구에 의하여 충분하지 못한 정부재정이지만 최소한 소요기금을 마련하여 공적부조에 의한 영세민 의료대책을 수립하고, 민간병원에 더 이상 희생을 강조하지 않고 최소한의 실비만이라도 정부가 보상하는 제도가 마련된 것이라 할 수 있다. 이는 생활보호법에 따라 구호사업의 확대 강화를 위하여 1977년 1월 1일 의료보호법이 제정되면서 생활보호 대상자를 중심으로 시작된 의료보호는 2001년 의료급여법으로 전면개정되면서 생활유지능력이 없거나 생활이 어려운 기초생활보장수급자 및 저소득층의 의료욕구부터 국내 입양아동에 대한 의료급여에 이르기까지 의료의 사각지대를 해소하고 저소득층의 의료비 부담을 완화하고자 하는 사회보장적 제도이다(강용규 외, 2011).

1) 의료급여의 범위

의료급여의 의료수급권자는 질병 · 부상 · 출산 등에 대한 진찰 · 검사 · 약제 · 치과재료의 지급, 처치 · 수술과 그 밖의 치료, 예방 · 재활, 입원, 간호, 이송과 그 밖의 의료목적의 달성을 위한 조치 등의 의료급여를 받도록 하고 있다.

의료급여수급권자의 진료비 부담은 1종 의료급여수급권자의 경우 외래 · 입원진료 구분 없이 전액을 정부에서 부담하며,[5] 2종 급여수급권자의 경우 입원 10%, 외래의 경우 1차 의료급여기관 및 만성질환자의 2차 의료급여기관에서의 외래진료 1,000원, 2 · 3차 의료급여기관 15%, 약국 처방전당 500원씩 본인이 부담해야 한다.

5) 입원식대비용 1식 680원 부담, 단 정신과 정액수가 적용환자 및 행려환자 제외.

〈표 6-5〉 **수급권자 유형별 선정기준**

유형	선정기준
1종	• 국민기초생활 보장법에 의한 수급자(근로무능력세대) – 이재민, 의사상자, 무형문화재보유자, 북한이탈주민, 광주민주화보상자, 입양아동(18세 미만), 행려환자
2종	• 국민기초생활보장 수급권자 중 의료급여 1종 수급권자 기준에 해당되지 않는 자 (근로능력세대)

2) 진료체계

의료급여환자는 의료급여법 규정에 의해 시·도지사가 의료급여 수급권자 수, 의료기관의 분포 상황, 교통편의 등을 고려하여 정한 진료지구 내 1차 진료기관(보건기관, 의원급, 시장·군수·구청장이 지정)과 2차 진료기관(병원, 종합병원급, 시·도지사 지정)에서 단계적으로 진료를 받고, 2차 진료기관에서 치료를 할 수 없는 특수질환은 보건복지부장관이 지정한 3차 진료기관(대학병원 등)에서 진료를 받도록 하고 있다.

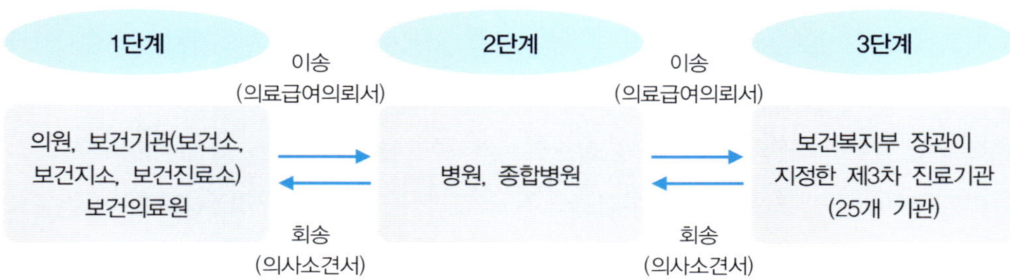

[그림 6-1] **의료급여절차**

3) 의료급여수가

의료급여사업은 국가재정으로 시행하는 사업이며, 1990년부터는 국민건강보험 수

가기준과 동일하게 운영(행위별 수가)하고 있으나, 정신질환자, 사회복지법인 의료 기관은 일당 정액제로 운영하고 있다.

4) 의료급여의 현황

의료급여는 국민기초생활보장수급자 및 그 외 (국가유공자 등) 저소득층이 자력으로 의료문제를 해결할 수 없는 경우에 국가재정으로 의료비를 지원하는 공공부조제도이다. '04년 이후 사회안전망이 확충되면서 정부의 지원을 받는 저소득층의 급증으로 의료급여 수급권자 수 증가하고 있다.

〈표 6-6〉 **의료급여 수급현황** (단위 : 만 명, %)

	2019	2020	2021
의료급여 수급자수	148	153	152
수급률	2.9	3.0	3.0

출처 : 국민건강보험공단 「의료급여통계」.
주석) 수급률 : 총인구 대비 의료급여 수급자수(총인구 : 통계청 인구추계)
수급자수: 의료급여법에 따라 의료급여를 받을 수 있는 자격을 가진자로 연도말기준이며 국민건강보험공단 전산관리 잠정수치임(매년 10월 확정자료 공표)

5) 의료급여의 문제 및 개선

(1) 의료급여수급자 선정상의 문제

현재 의료급여수급자는 대부분 국민기초생활보장 수급자이고, 국민기초생활보장수급자 선정기준인 최저생계비와 실제적인 생계비와는 현실적인 차이가 있어 다수의 저소득층이 의료급여수급자로 선정되지 못한 채 의료사각지대에 놓여 있다. 그러나 정부의 방침은 불필요한 지출을 줄여 의료급여 재정의 안정을 계획하고 있다.

(2) 접근성의 저하문제

의료급여기관 분포의 지역적 불균형은 의료급여수급자들의 접근성을 떨어뜨리는 기본요인이 되고 있다.

(3) 진료과정에서의 차별문제

진료비 체불로 인하여 의료공급자들인 의료급여기관들이 의료급여수급자들을 외면하고 있다.

(4) 관리조직상의 문제

일선 의료급여서비스 담당 행정공무원들의 비전문성, 잦은 이동과 행정업무의 경직성 등으로 인하여 업무가 비효율적으로 운영되고 있다.

(5) 기금조성 운용상의 문제

재정자립도가 취약한 지역의 경우 의료급여수급자의 확대를 의도적으로 제한하는 경향이 있다.

(6) 의료급여의 개선

첫째, 실질적인 빈곤층 모두가 의료급여의 혜택을 받을 수 있도록 충분히 재정 확보 방안을 마련하여 의료보장체계를 구축한다.

둘째, 의료급여수급자의 차별을 조장할 수 있는 행·재정적 모든 요소들을 제거해야 한다.

셋째, 의료급여수급자의 보호수준과 내용을 현실화해야 한다.

넷째, 전문적인 전달체계를 구축하여 효율성을 높이고 사회보장정책의 각종 제도와의 상호 호환성과 보완성을 높여야 한다.

3. 긴급지원제도

1) 의의

긴급지원제도란 기존의 사회복지제도로는 대처하기 어려웠던 일시적인 위기 상황으로 긴급한 지원이 필요한 저소득층을 조기에 발견하여 신속하게 지원하는 제도이다. 이 제도는 IMF로 인한 국민들의 경제적인 어려움에 대처하기 위하여 시작된 것으로서, 2005년 12월 긴급복지지원법을 제정 · 공포하였고, 2006년 3월부터 시행되었다.

2) 주요 내용

(1) 긴급지원제도의 기본원칙

긴급지원제도는 기본적인 원칙에 의하여 실시되고 있다. 그 내용을 살펴보면 다음과 같다.

첫째, 선 지원 후 심사의 원칙을 갖는다.

둘째, 단기 지원의 원칙을 갖는다.

셋째, 타 법률 지원 우선의 원칙을 갖는다.

넷째, 현물 지원 우선의 원칙을 갖는다.

다섯째, 가구단위 지원의 원칙을 갖는다.

(2) 적용대상

긴급지원제도의 대상자는 위기 사유로 인하여 생계유지 등이 어렵게 된 자로서, 주 소득자가 사망, 가출, 행방불명, 구금시설 수용 등으로 소득원이 없을 때, 주 소득자와 이혼한 모자가정으로 소득이 없는 경우, 중한 질병 또는 부상을 당했을 경우, 가구구성원으로부터 방임 · 유기되거나 학대 등을 당한 경우, 가정폭력 또는 가구구성원으로부터 성폭력을 당한 경우, 화재 등으로 주택 · 건물에서 생활하기 곤란하게 된 경우, 휴 · 폐업 영세 자영업자로 생계 유지가 곤란한 가구 등이 해당되며, 1개월 이상 전기요금 체납세대도 이 제도의 대상자에 해당된다.

이에 해당되는 대상자는 구비서류를 준비하여 '희망의 전화 129'에 문의하거나, 대상자 거주지역의 구 주민생활지원과에서 신청이 가능하다. 구비서류로는 소득 관련 서류(최근 3개월 월급명세서, 소득확인서 등)와 재산 관련 서류(집계약서, 자동차보험 가입증명서 등), 기타(진단서, 가출확인서, 휴 · 폐업 사실증명원, 소득금액증명원 등) 서류이다.

참고문헌

강용규 외(2011). 『사회복지개론』. 공동체.
권육상 외(2010). 『사회복지개론』. 공동체.
김기원(2000). 『공공부조론』. 학지사.
도광조(2011). 『사회복지개론』. 양서원.
박석돈 외(2016). 『사회복지개론』. 양서원.
박옥희(2012). 『사회복지의 이해』. 학지사.
박종삼 외(2002). 『사회복지학개론』. 학지사.
보건복지부(2010). 의료급여사업 안내.
보건복지부(2016). 2016년도 국민기초생활보장사업안내.
원석조(2022). 『사회복지개론』. 양서원.
DiNitto, D. & Dye, T.(1987). *Social Welfare : Politics and Policy*. NJ : Prentice-Hall.

Chapter 07

사회복지실천

제 1 절 사회복지실천의 이해

1. 사회복지실천의 정의

사회복지실천이란 다양한 사회복지실천현장에서 사회복지사가 어떤 활동을 어떻게 해야 할 것인가에 대한 내용, 즉 사회복지실천에 관해 구체적으로 살펴보는 분야이다. 전통적인 사회복지실천으로 개별사회사업, 집단사회사업, 지역사회조직과 같은 3대 방법으로 사용되어 왔다. 즉, 개별사회사업은 개인 또는 가족을 대상으로, 집단사회사업은 소집단을 대상으로, 지역사회조직은 지역사회를 대상으로 삼아왔다(장인협 외, 2007).

〈표 7-1〉 전통적인 사회복지실천방법

방법	개별지도	집단지도	지역사회조직
대상	개인, 가족	소집단	지역사회

출처: 강용규 외(2011).

그러나 오늘날은 인간의 다양한 욕구와 사회문제 발생으로 특정한 하나의 사회사업 방법만으로는 효과적으로 실천하기 어렵다. 따라서 사회복지실천의 대상, 방법, 범위에 따라 개별사회사업, 집단사회사업, 지역사회조직의 3대 방법론을 모두 포함한 통합적 실천방법을, 실제 사회복지실천현장에서는 개별, 집단, 지역사회 중 어느 한 방법을 개별적으로 다루기보다는 이 세 가지의 방법들을 서로 보완하고 중복 또는 복합적으로 변해가고 있다.

미국사회사업가협회(NASW, 1995)에서는 "사회복지실천을 개인, 집단 또는 지역사회가 사회기능을 향상시킬 수 있는 자신들의 능력을 회복하거나 증가시키고 자신들의 목표달성을 위한 사회조건을 창조하도록 돕는 전문적인 활동"이라고 정의하고 있다.

리치몬드(Richmond, 1992)는 "사회복지실천은 개인 대 개인 그리고 인간과 그의 사회환경 사이에서 의식적인 조정을 통해 개개인의 인격발달을 도모하는 여러 가지 과정이다"라고 하였다.

핀커스와 미나한(Pincus & Minahan, 1973)은 "사회복지실천은 사람과 자원체계 간의 연결과 상호 관계이다"라고 하였다.

양옥경 등(2010)은 "사회복지실천은 사람의 삶의 질 향상을 위해 개인, 소집단, 가족 또는 지역사회의 문제와 요구에 권한부여적인 문화해결방법을 사용하는 종합적인 전문활동"이라고 하였다.

김기태 등(2009)은 "사회복지실천은 모든 사람들이 개인적인 능력의 신장이나 환경과의 보다 나은 상호작용을 통하여 만족을 경험할 수 있도록 개인, 가족, 집단, 지역사회를 도와주는 전문적인 활동이나 서비스"로 정의하였다.

따라서 사회복지실천의 정의를 말하는 주요 학자들을 살펴보면, 사회복지실천이란 전문가의 체계적 · 조직적인 활동을 통하여 사회복지 대상자의 욕구충족과 문제해결을 지원하는 전문적 활동이라고 말할 수 있다.

2. 사회복지실천의 목적

사회복지실천의 목적을 보다 상세하게 기술함으로써 사회복지의 개념을 더욱 분명하게 제시할 수 있다. 사회복지실천의 목적은 다음과 같다.

재스트로우(Zastrow, 2000)는 "개인의 문제해결 능력의 향상, 개인의 사회적 자원, 서비스, 기회들과의 연계, 인간서비스 체계의 효율성 증진, 사회정책을 발전과 향상"시키는 것이라고 하였다.

또한, 미나한(Minahan, 1973)은 "사람들의 문제해결 기술과 적응능력 향상, 자원활용 원조, 사람들의 욕구충족, 개인과 환경과의 상호작용 향상, 조직과 기관 간의 상호작용에 영향력 행사, 사회와 환경정책에 영향력을 행사하는 것"이라고 하였다.

미국사회복지교육협의회(zastrow,2000)에서는 사회복지실천의 목적을 다음과 같이 밝히고 있다.

첫째, 개인, 가족, 집단, 조직 그리고 지역사회가 목적을 달성하고 고통을 완화시키며 자원을 활용할 수 있도록 도와줌으로써 이들의 사회기능을 촉진, 회복, 유지, 강화시키는 것이다.

둘째, 인간의 기본 욕구를 충족시키고 인간이 갖고 있는 잠재력 및 가능성을 개발하는 것을 돕기 위해 필요한 사회정책, 서비스, 자원, 프로그램을 계획, 공식화, 시행하는 것이다.

셋째, 어려움에 처한 집단에게 힘을 실어주고, 사회적 · 경제적 정의를 실현하기 위해 조직적 · 행정적 옹호 그리고 사회적 · 정치적 운동을 통해 정책, 서비스, 자원, 프로그램을 추구하는 것이다.

넷째, 이러한 목적과 관련된 모든 전문지식과 기술을 개발하고 시험하는 것이다.

요약하면 사회복지실천의 목적은 개인, 가족, 그룹, 조직, 지역사회의 기능을 촉진, 회복, 유지, 확대시키고, 인간의 기본 욕구 충족에 필요한 사회복지정책,

서비스, 자원, 프로그램의 개선과 발전을 위해 노력하며 여기에 필요한 전문적 지식과 기술의 발전을 기하는 데 있다(원석조, 2022).

제 2 절 사회복지실천 가치와 윤리

1. 사회복지실천 가치

사회복지실천의 가치란 사회복지사가 추구해야 할 가치를 말한다. 사회복지의 기본가치는 개인의 가치와 존엄성, 개인에 대한 존경, 개인의 변화가능성에 대한 가치, 대상자의 자기결정권, 비밀보장과 사생활보장, 적절한 자원과 서비스 제공, 대상자에게 권한 부여, 동등한 기회보장, 비차별성, 다양성의 존중 등이다(NASW, 1995).

펌프리(Pumphrey, 1959)는 사회복지실천 가치를 다음과 같이 구분하였다.

첫째, 사회복지가치와 문화 안에서 작용하는 사회정의, 사회변혁 및 인간욕구 등에 관한 가치이다.

둘째, 사회복지실천 전문직 안에서 작용하는 가치를 해석 · 실행하는 방식이나 윤리적 행동을 장려하는 방법 등에 관한 가치이다.

셋째, 클라이언트의 가치체계에 반응하고 이해하려는 사회복지사의 노력과 관련된 가치이다.

레비(Levy, 1973)는 사회복지실천 가치를 다음과 같이 구분하였다.

첫째, 인간에 대한 개념적 가치로, 개인의 고유한 가치와 존엄, 건설적인 변화를 향한 능력과 욕구, 상호 책임감, 소속되고자 하는 욕구, 독특함 그리고 일반적인 인간의 욕구에 관한 신념 등을 포함한다.

둘째, 인간을 위한 결과적 가치로, 개인의 성장과 발전을 위한 기회를 제공해야 한다. 또한, 기아, 부적절한 교육과 주거, 질병, 차별과 같은 문제를 피하고 사람들의 욕구를 충족시키는 것을 돕는 서비스를 제공해야 한다. 그리고 사회형성에 참여하는 동등한 기회를 제공해야 하는 사회의 책임에 관한 신념 등을 포함한다.

셋째, 인간을 다루는 수단적 가치로, 인간은 가치와 존엄성을 가진 존재로 다루어져야 하며, 자기결정권이 있고, 사회변혁에 참여하도록 장려되며 고유한 개인으로 인정받아야 한다는 신념 등을 포함한다.

2. 사회복지실천 윤리

사회복지실천에서의 윤리는 도덕적 원칙들의 체계이고, 옳고 올바르지 못한 것에 관한 지각이며, 개인, 집단, 직업, 문화에 따라 실천되는 행동철학이다(Barker, 2003).

미국사회복지사협회(NASW)는 클라이언트에 대한 윤리적 책임, 동료에 대한 윤리적 책임, 기관에 대한 윤리적 책임, 전문직으로서의 윤리적 책임, 사회복지사 전문직에 대한 윤리적 책임, 사회에 대한 윤리적 책임의 6개 차원으로 규정하고 있다(Kirst-Ashman, 2003 ; 원석조, 2013).

1) 클라이언트에 대한 윤리적 책임

- 자기결정권(self-determination) : 클라이언트의 자기결정권을 존중해야 한다. ① 유효한 자원에 관한 정보를 제공, ② 클라이언트가 대안에 대해 잘 선택하도록 돕고, ③ 선택한 결과를 잘 평가하도록 도울 의무가 있다.
- 사생활과 비밀보장(privacy and confidentiality) : 클라이언트와의 접촉, 상담 등 관계를

통해 얻은 클라이언트의 사생활에 관한 정보나 자료를 누설하지 않아야 한다.

- 성관계(sexual relationship) : 클라이언트나 그 주변 사람들과 성관계를 맺으면 안 된다. 현재는 물론 과거도 허용되지 않는다.

2) 동료에 대한 윤리적 책임

- 존중(respect) : 동료를 존중, 협력하면서 지내야 한다. 또한 근거없이 비난하면 안 된다.
- 서비스의 의뢰(referral for services) : 클라이언트를 도와주는 데 있어서 필요한 지식과 기술을 갖춘 전문직에게 의뢰하는 것을 주저해서는 안 된다.

3) 기관에 대한 윤리적 책임

- 사회복지사는 슈퍼바이저의 위치에서 슈퍼비전 능력을 갖춰야 하고 공정하게 감독해야 한다.
- 기록하는 정보와 자료는 정확성을 나타내어야 한다.
- 기관의 공동모금에 협조한다.
- 기관의 고용정책에서 발생할 수 있는 차별 방지를 위해서 노력한다.
- 기관의 고용주가 비윤리적 처사를 분명히 인지하도록 노력한다.

4) 전문직으로서의 윤리적 책임

- 자신의 직무 자질과 능력을 갖추어야 한다. 만약 그렇지 못할 경우 다른 일을 찾거나, 직무수행에 필요한 교육을 더 받아야 한다.
- 인종, 국적, 피부색, 성, 성 취향, 연령, 결혼 여부, 정치적 신념, 종교, 정신 · 신체

장애 등을 이유로 차별해서는 안 된다.

- 정직성, 뇌물을 수수해서는 안 되며, 자신의 문제가 자신의 일에 영향을 주도록 해서도 안 된다.
- 사회복지사로서의 자격에 허위가 있어서는 안 되고, 타인의 공을 가로채서도 안 된다.

5) 사회복지사 전문직에 대한 윤리적 책임

- 성실성(integrity) : 높은 수준의 실천기준을 향상시키기 위해 노력해야 한다. 전문적 지식, 가치, 윤리를 유지 · 확대시키기 위해 노력한다. 그리고 교육, 연구, 자문, 서비스, 법적 증언, 지역사회 대표, 사회복지사 전문직 단체에의 참여 등 전문성 향상을 위해서 활동에 적극적 참여한다.
- 평가와 연구(evaluation and research) : 사회복지실천의 효과를 평가 · 연구하는 데 노력을 경주해야 하고, 사회복지실천 관련 정책과 개입을 모니터해야 하며, 평가방법에 관한 지식을 쌓아야 한다. 연구는 윤리적 · 정직성으로 수행해야 한다.

6) 사회에 대한 윤리적 책임

- 사람의 일반 복지(general welfare)의 향상을 위해 노력해야 한다.
- 공공정책의 형성에 적극 참여, 긴급 재난(홍수, 태풍, 지진 등)이 발생하면 사람을 돕는 데 앞장서야 한다.
- 자원과 기회에 대한 접근성이 공정, 평등하도록 만드는 것을 목적으로 하는 사회적 · 정치적 행동에 나서야 한다.
- 인간의 조건을 향상시키고, 사회정의를 진작시키는 정책을 적극 지지한다.
- 취약계층, 차별받는 계층, 억압받는 계층, 착취받는 계층의 기회를 확대한다.

- 문화적 다양성을 존중하는 조건과 정책 형성에 노력한다.
- 사회적 약자를 차별하는 조건과 정책 제거에 노력한다.

3. 사회복지실천의 윤리적 딜레마

사회복지사가 지켜야 할 기본적인 가치와 일반 사회의 가치가 서로 충돌할 경우(낙태, 서비스에 대한 대가, 자기결정권 등) 어느 행동이 더 윤리적인지를 결정해야 하는 상황을 맞게 된다. 즉, 윤리적 상황에 직면한다. 이를 '윤리적 딜레마'라 한다(원석조, 2013). 예를 들어, 학대나 자살의 위험이 닥치는 경우, 비밀보장의 원칙을 어기는 것이 허용될 수 있다. 다음으로 클라이언트의 권리가 서비스기관의 권리보다 우선하기에 클라이언트의 동의를 얻는 것이 중요하다(Ragg, 2001).

리머(Reamer, 1989)는 윤리적 딜레마 상황에서 결정을 내리는 데 도움이 될 만한 일반적 가이드라인을 제시해 주었는데, 그 내용은 다음과 같다.

첫째, 삶, 보건, 행복, 그리고 생활필수품에 대한 권리는 부, 교육, 여가와 같은 부수적인 재화에 대한 기회와 비밀보장에 대한 권리에 우선한다.

둘째, 개인이 기본적 행복을 누릴 권리는 다른 사람의 사생활, 자유 또는 다른 사람의 자기결정권에 대한 권리에 우선한다.

셋째, 자기결정에 대한 권리는 그들의 기본 행복권에 우선한다.

넷째, 개인의 행복에 대한 권리가 조직의 정책이나 법에 우선할 수도 있다.

다섯째, 개인과 협회나 단체 양자 간에 갈등이 발생할 경우 단체의 규칙이나 정책보다는 개인의 행복권에 우선한다.

제 3 절 사회복지실천기술

사회복지실천기술이란 사회복지사가 클라이언트와 전문적 관계를 형성하여 사회복지서비스를 제공할 때 필요한 기술이다. 가장 구체적인 기술 중에는 면접, 기록, 사정, 평가 등이 포함된다(박차상 외, 2010).

1. 면접

면접(interview)은 최소한 두 사람 이상이 특정한 목적을 가지고 함께 나누는 이야기를 의미한다. 사회복지사와 클라이언트의 관계형성은 면접을 통해서 이루어지며, 어원적으로 '상호 간(inter)'과 '바라봄(view)'의 합성어로서 '서로 대등한 입장에서 바라봄'이라는 의미를 나타낸다(박용순, 2009).

면접은 클라이언트와 교감하며 나아가 그들의 욕구나 문제를 파악하고 해결해 나아갈 수 있는 목표지향적 활동이다.

견접에서의 유형을 보면 조사면접과 상담면접으로 구분할 수 있는데, 조사면접은 클라이언트의 욕구, 문제 파악에 제 정보를 수집하는 데 중점을 두고, 상담면접을 클라이언트의 문제해결을 위한 심리적 서비스에 중점을 둔다.

특히 상담면접은 다음과 같이 요약할 수 있다(Hudson, 1983).

첫째, 상담면접은 논의가 아니다.

둘째, 상담면접은 언론의 측면에서 이루어지는 것이 아니다.

셋째, 상담면접은 심문이 아니다.

넷째, 상담면접은 면접자에 의한 강연이 아니다

다섯째, 상담면접은 고백이 아니다.

여섯째, 상담면접은 진단을 위한 조사가 아니다.

사회복지사에게 가장 필요한 실천의 기술은 클라이언트와 올바른 의사소통을 할 수 있는 면접기술이다. 즉, 경청, 비언어적 의사소통, 말하고 질문하기 등을 포함한다.

사회복지사의 경청(active listening)에서는 클라이언트의 애매모호한 메시지를 명확화하고, 메시지 내용과 메시지에 담겨있는 정서를 재진술하고, 메시지를 요약하는 기술이 필요하다. 또한 클라이언트가 말하는 것을 듣고, 말하지 않는 것도 들을 수 있어야 하며, 몸짓으로 표현하는 것을 보고 몸짓 속의 숨은 뜻을 알아야 한다.

좋은 면접의 결과란 사회복지사의 적절한 문제해결 능력에 의해서 결정된다. 다양한 가설을 설정하고 재구성할 수 있는 개방된 마음을 가지고 있어야 하며, 진정한 신뢰(rapport)관계가 구축된 이후에 실시되는 것을 통하여 클라이언트가 가지고 있는 문제의 근원을 파악할 수 있다.

2. 기록

기록(recording)은 사회복지실천에서 그 사용 용도가 다양할 뿐 아니라 매우 중요한 위치를 차지하고 있다. 즉, 기록자의 편견 배제와 일정한 양식에 의해 활동내용을 문서로 남김으로써 여러 용도로 사용하기 때문에 기록은 소중한 가치를 가지고 있다.

기록은 클라이언트의 욕구 확인, 사례의 지속성 유지, 기관의 실시 서비스의 정당성 입증, 전문가 간 의사소통의 원활화, 클라이언트와 정보 공유, 사례 지도감독 자료, 교육훈련 자료, 행정적 과업자료 제공, 조사자료 제공 등에 목적이 있다(장인협, 2007).

사회복지실천기록은 클라이언트에 따라서 달라질 수 있지만, 이 기록은 사회복지사와 클라이언트 그리고 기관이 상호 밀접한 관계를 가질 뿐 아니라 매우 유용한 문서이므로 다음과 같은 원칙을 지켜야 한다(양점도 외, 2010).

첫째, 비밀보장이다.

둘째, 객관성 유지이다.

셋째, 논리성 유지이다.

넷째, 근면성 유지이다.

사회복지실천기록의 중요성을 공감하는 사회복지사도 그 기록을 보관하고 다른 기록과 연계시켜서 서비스를 발전시키는 데는 소홀히 하는 경우가 많이 나타나고 있다. 예를 들면, 복잡한 가족문제를 호소하는 클라이언트의 사례에 대한 기록은 상담기록부에 작성해 두고 있지만, 다양한 가족상담의 사례를 분석하여 가족문제 유형별로 사회복지서비스를 개발하는 것은 경시할 수도 있다. 또한 기관의 인력 변화, 부서의 재편성, 사무실 이전 등의 수많은 기록물은 쓰레기로 폐기 처분되기도 한다. 따라서 사회복지사와 그 기관은 기록의 경우 데이터베이스화할 수 있도록 문서양식을 통일된 기준으로 작성해야 하며, 모든 문서를 컴퓨터로 작성해서 보관하도록 한다.

그리고 기록물에 대외비 등급을 매겨서 일정한 조건을 갖춘 직원이 기록물을 공유하도록 해야 한다(이영철, 2007).

3. 사정

사회복지실천에서 사정(assessment)이란 사회복지사가 구체적인 사례에 개입하기 전에 개입계획을 수립하여 클라이언트와 주변 환경의 문제 혹은 욕구를 파악하는 과정이다.

문제가 무엇인지, 어떤 원인 때문인지 그리고 그 문제를 해결하거나 줄이기 위해 무엇이 변화되어야 하는데 해답을 구하는 사회복지실천과정의 핵심적인 단계로서 개인, 가족, 집단이 가지고 있는 자원, 동기, 장점, 능력들에 초점을 맞추고 있다.

사정은 자료를 수집 · 분석하고 종합하는 과정으로 개정과정 전체의 가장 핵심적인 부분이라고 할 수 있다(양옥경 외, 2010).

사회복지실천의 초기에는 '사정' 대신 '진단'이라는 용어를 사용하였다. 그러나 사정과 진단의 의미는 차이가 있다. 즉, 진단은 리치몬드(Mary Richmond)가 1971년 개별사회사업에서 처음 사용하였으며, 의학적인 색채가 강하였다. 그러나 1970년 바틀렛(Harriett Bartlett)에 의해 사정이라는 용어를 처음 사용하기 시작하였다(NASW, 1995).

사회복지실천에서 이루어지고 있는 사정은 다음과 같은 원칙으로 실시되고 있다.

첫째, 지속성의 원칙

둘째, 객관성의 원칙

셋째, 클라이언트 참여의 원칙

4. 평가

사회복지실천과정의 마지막 단계로서 미리 정해진 틀에 의해 사회복지사가 개입하여 투입한 내용과 결과를 토대로 개입의 효과성과 효율성 그리고 클라이언트의 변화정도를 점검하는 것이다.

평가는 모든 사회복지사의 전문적 의무이며, 사회복지기관들 또한 그들의 임무와 목표에 대한 평가를 반드시 수행해야 한다. 사회복지사와 사회복지기관들은 클라이언트, 자원제공자, 지역사회주민에 대한 책임이 있기 때문에 특히 평가가 필요하다(남기민, 2011).

평가는 사회복지사의 활동에 관한 개입활동 안정화, 관계자 보상, 개입활동 보완이라는 평가의 목적이 있다.

사회복지사의 평가작업은 다음과 같은 원칙이 있다(양점도 외, 2010).

첫째, 개입 초기에 실시한 사정과 사례에 합당한 평가방법과 함께 평가틀을 만들어야 한다.

둘째, 평가는 사회복지사 자신의 욕심을 금하고 여러 사람들이 인정하는 합당한 방법과 자료를 토대로 냉정하게 평가해야 한다.

셋째, 한 가지 사례에 대하여 매회 활동을 평가하고 이 자료를 총괄하여 전체 과정을 평가해야 한다. 그러므로 매회 활동의 평가내용은 종합평가와 일맥상통해야 한다.

넷째, 평가내용은 반드시 감독자, 관련인, 여타 전문가들로부터 피드백을 받아야 한다.

제 4 절 사회복지실천방법

사회복지실천방법에서 최근 사회복지사 개인, 집단, 지역사회를 구분하지 않고 접근하는 통합접근방법이 강조되고 있지만, 사회복지실천방법을 사회복지실천의 개입대상인 클라이언트체계 수준에 따라 개별지도 혹은 개별사회사업(case work), 집단사회사업(social work group), 지역사회복지(community welfare)로 구분하여 살펴보고자 한다.

1. 개별사회사업

1) 개별사회사업의 정의

개별사회사업은 사회복지실천방법 중 가장 먼저 개발된 것이다. 개인을 대상으로 하는 실천형태로서 사회복지실천현장의 토대가 된다고 할 수 있다.

개별사회사업의 개척자인 리치몬드(Richmond, 1922)는 "개별사회사업이란 인간과 그를 둘러싼 사회환경의 개별적이고 의식적인 조정을 통하여 그의 인격을 발달시키는 여러 과정으로 이루어지는 것"이라고 하여 인간의 인격발달 측면을 정의하였다.

펄만(Perlman, 1974)은 개별사회사업이란 사회적 기능 수행 중에 나타나는 개인의 문제를 효과적으로 대처하기 위해 사회복지기관 또는 전문기관에서 활용하는 하나의 과정이라고 하였다. 펄만은 사회복지실천의 구성요소를 문제(problem), 사람(person), 장소(place), 과정(process)의 4P 개념을 들어서 기관의 기능 내에서 클라이언트의 문제해결의 주체성을 강조하였다(박용순, 2009).

재스트로우는 개별사회사업이란 개인의 문제나 사회적 문제를 해결하기 위해 일대일로 개인을 돕는 사회복지실천기술로서 클라이언트가 자신의 환경에 잘 적응하도록 돕거나 클라이언트의 삶에 부정적 압박을 가하는 사회경제적 문제를 변화시키는 데 목적이 있다고 하였다(Zastrow, 2000).

이상 여러 학자들의 정의를 종합하면 개별사회사업의 일반적 특징을 발견할 수 있다(전재일 외, 2010).

첫째, 문제를 해결하려는 사람을 돕는 데 적용하는 지식, 이해 및 숙련된 기술의 기초를 둔 사람을 돕는 하나의 방법이다.

둘째, 개별적으로 취급하며 과학적이지만 그 방법은 예술적 노력을 포함하기도 한다.

셋째, 개인의 외적 환경적인 문제와 개인의 내적인 문제를 가진 사람들을 돕는다.

넷째, 개인의 복지에 초점을 두지만 일반인의 복지를 부정하지는 않는다.

다섯째, 완전히 주관적인 생각을 가진 편견이나 환경적인 조정만이 아니라 심리적 요소와 사회적 요소를 결합하고 있는 심리사회적인 것이다.

개별사회사업의 범위를 보면, 가출청소년에 대한 상담, 실업자의 직업훈련 및 취업에 대한 상담, 자살충동을 가진 사람에 대한 상담, 가정이 없는 아동 입양 및 위탁가정에 보호 상담, 학대아동과 그 가족에 대한 보호서비스 상담, 병원 진료가 필요 없는 뇌졸중 환자에 대한 장기요양서비스 상담, 성 문제에 대한 상담, 알코올 문제에 대한 상담, 죽음을 앞둔 사람을 위한 상담, 보호관찰, 한부모가족을 위한 원조, 재활팀의 일원으로 병원 또는 정신병원활동 등을 들 수 있다(Zastrow, 2000).

2) 개별사회사업의 원칙(7대 원칙)

개별사회사업에서 비에스택(Biestek, 1961)은 사회복지사와 클라이언트가 관계하는 과정에서 지켜야 할 7대 원칙은 다음과 같이 제시하였다(신원식 외, 2011 ; 김형수 외, 2013 ; 권중돈 외, 2011).

(1) 개별화(individualization)

인간은 누구나 독특한 개인으로 취급받아야 하는 권리가 있으므로 사회복지사는 클라이언트의 독특한 자질을 이해하고 그에 맞는 치료원리와 방법을 적용해야 한다. 즉, 인간은 개별적 존재이며 한 사람의 불특정한 인간으로서가 아니라 다른 사람들과 똑같지 않은 그 나름대로의 차이를 지닌 특정한 인간으로서 처우되어야 한다는 것을 중요한 원칙으로 하고 있다.

(2) 의도된 감정표현(purposeful expression of feelings)

자기감정 특히 부정적 감정을 자유로이 표현하려는 클라이언트의 욕구를 사회복지사는 의도적으로 경청하여야 하며, 클라이언트의 감정표현을 낙담시키거나 비난하지 말아야 하고, 치료하는 과정상 필요할 경우에는 자극을 주고 격려해 주어야 한다. 클라이언트가 자기의 감정을 적절히 표현할 수 있도록 적극적으로 격려하고 자극할 필요가 있다.

(3) 통제된 정서적 관여(controlled emotional involvement)

사회복지사는 클라이언트에게 자기감정을 말로써 표명하며, 클라이언트가 표현하는 감정에 사회복지사가 정서적으로 관여하게 되더라도 적절히 통제해야 한다. 특히 사회복지사는 자기성찰을 통해 자신의 욕구와 감정을 자각하고 이를 관리함으로써 클라이언트의 감정을 왜곡되게 이해하지 않도록 주의해야 한다.

(4) 수용(acceptance)

사회복지사가 클라이언트의 강점과 약점, 바람직한 성격과 그렇지 못한 성격, 긍정적 감정과 부정적 감정, 건설적이거나 파괴적인 태도 및 행동 등을 그대로 인정하고 존중해 주는 것을 말한다. 그러나 '수용'한다는 것이 클라이언트의 일탈적 태도나 행동을 '시인'한다는 것을 의미하지 않는다. 그들의 부도덕하고 반사회적 행동을 받아들인다는 의미는 더더욱 아니다.

(5) 비심판적인 태도(non-judgment attitude)

클라이언트의 문제나 욕구에 대해 사회복지사는 심판하면 안 된다. 사회복지사가 비심판적 태도를 가짐으로써 클라이언트는 자신의 문제와 욕구에 대해 자유롭게 상담할 수 있다.

(6) 자기결정(self-determination)

클라이언트는 스스로 선택하고 결정할 수 있는 자유로운 권리와 욕구를 가지고 있다. 그러나 심리사회적 문제를 가지고 있는 클라이언트는 주체성이 약화되기 때문에 스스로 결정내리길 주저한다. 이에 사회복지사가 결정을 대신 내려서는 안 된다. 사회복지사는 클라이언트가 주체성을 회복하도록 도와야 하며, 클라이언트의 문제를 놓고 클라이언트와 사회복지사가 협력하여 문제를 해결하는 동반자적 관계를 유지해야 한다.

(7) 비밀보장(confidentiality)

사회복지사는 클라이언트와의 관계에서 얻어진 정보를 절대로 누설시켜서는 안 된다. 즉, 사회복지사는 자신을 믿고 도움을 요청한 클라이언트의 비밀을 지켜 줄 윤리적 의무가 있다. 그러나 클라이언트의 권리는 절대적인 것만은 아니다. 가끔 클라이언트의 비밀을 사회복지기관 내에서나 다른 기관의 사회복지사에게 밝혀야 할 경우가 있는데, 이 상황에서는 관련된 모든 관계자에게 비밀보장의 의무가 확대 · 적용된다.

3) 개별사회사업의 실천과정

(1) 접수(intake)

클라이언트가 문제를 해결하기 위하여 사회복지기관을 방문했을 때 그의 문제와 욕구를 확인하고 기관에서 서비스를 제공할 수 있는지 판단하는 과정을 '접수(intake)'라고 한다. 이 단계에서 중요한 것은 클라이언트와의 관계 혹은 라포(rapport)형성이다. 사회복지사의 역할은 클라이언트의 욕구파악, 사회복지기관의 서비스에 대한 설명, 다른 기관의 의뢰 등이다. 특히 의뢰 시에는 클라이언트에게 심리적 지지와 정보를 제공하여야 한다.

(2) 자료수집

자료수집은 클라이언트의 문제를 정확하게 이해 · 분석하는 데 필요한 자료와 정보를 수집하는 단계이다. 이렇게 수집된 자료를 바탕으로 클라이언트의 문제를 사정하게 되는데, 실제로 자료수집과 사정은 거의 동시에 반복해서 진행된다.

(3) 사정

사정(assessment)은 주 문제가 무엇인지, 어떤 원인에 의하여 문제가 발생하는지, 그 문제를 해결하기 위하여 우선적으로 무엇을 변화시켜야 하는지에 대한 실천과정의 핵심적 단계이다.

사정단계에서 다루어야 할 주요한 내용은 다음과 같다(전재일 외, 2010).

첫째, 문제의 확인과 진술

둘째, 개인적 · 사회적 상황의 역동성 분석

셋째, 목표와 표적의 설정

넷째, 과제와 전략의 결정

다섯째, 변화노력의 예측

사정은 사회복지사와 클라이언트의 공동 노력으로 이루어져야 한다. 또한 사정은 개인의 차이와 욕구에 기초를 둔 여러 가지 치료적 접근방법을 제공한다.

(4) 계획 및 개입

클라이언트의 변화 목적 및 방향이 제시되면 클라이언트의 사회복지실천의 구체적인 목표가 설정된다. 그 목표에 따른 실천방법의 선택 및 개입의 수준이 결정되고 그 방향에 따라 개인적 접근, 집단적 접근, 지역사회적 접근 등의 방향 설정이 이루어진다. 실천방법의 설정에 따라 세부적으로 각기 어떠한 모델에 입각하여 클라이언트의 목적을 달성할 것인가의 세부 목표도 이 단계에서 설정 · 실행된다고 할 수 있다(장인협 외, 2007).

(5) 평가 및 종결

종결은 사회복지사와 클라이언트 간의 전문적 관계를 단절하는 과정이며, 평가는 실제 개입의 과정과 결과가 얼마나 잘 진행되었는지를 판단하는 단계이다. 일반적으로 클라이언트의 문제를 종결해야 할 시기는 모든 목표가 달성되었을 때, 목표가 달성되지 않았거나 더 이상 진전이 없는 것으로 보일 때, 다른 요인들이 개입되어 관계를 끝내야 할 필요가 있을 때 종결을 해야 한다.

종결이란 클라이언트가 도움을 받기로 동의한 목표들의 달성이다. 사회복지사는 클라이언트의 감정, 반응을 잘 파악하고 클라이언트가 감정들을 표현할 수 있도록 한다.

4) 개별사회사업의 주요 개입모델

(1) 심리사회적 모델

심리사회적 모델은 1960년대 홀리스(Hollis)의 이론을 중심으로 하고 있다. 리치몬드(Richmond)에서 출발하여 1930년대 해밀톤(Hamilton)에 의해 심리사회적 이론으로 불리게 되었다.

심리사회적 모델에서는 인간의 문제를 심리적 · 정서적인 동시에 사회적 문제로 이해하는 '상황 속의 인간'(person-in-situation)을 강조한다. 또한 클라이언트와 사회복지사의 관계를 중요하게 여기고, 관계를 형성하기 위해 클라이언트를 수용하고 개별화하며 '클라이언트가 있는 곳에서 출발하는 등의 실천원칙을 강조한다. 하지만 심리사회적 모델의 주요 이론적 배경은 정신역동이론이며', '상황 속의 인간'의 시각을 강조하지만 개입의 초점은 역시 클라이언트의 심리내적 과정에 치중되어 있다(Woodrow, 1983 ; 김혜란 외, 2006). 즉, 심리사회적 모델에서는 클라이언트가 자신의 행동과 감정에 대해 이해하고 통찰함으로써 자신의 문제를 해결하기 위한 능력을 고취하도록 원조하는 것을 강조한다.

(2) 인지행동모델

인지행동모델의 이론적 기반은 인지이론, 행동주의이론, 학습이론 등이다. 기본가정은 인지활동이 행동에 영향을 미치며, 모니터되고 변경될 수 있으며, 바람직한 행동변화는 인지변화를 통해 영향을 받는다는 것이다. 따라서 이 모델은 비합리적 신념이나 인지적 오류, 자기패배적 사고의 변화를 통해 감정이나 행동변화를 유도하며 자기 자신과 타인, 삶에 대한 정확하고 객관적인 평가를 통해 합리적이고 기능적인 인지 창출을 목적으로 한다(조흥식 외, 2013).

대표적 기법으로 엘리스(Ellis, 1962)의 합리-정서 치료는 인간이 비합리적 신념을 가지기 때문에 부정적인 정서를 경험하는 것, 즉 비합리적 신념을 합리적 신념으로 바꾸도록 원조하는 것을 강조하였다.

또한 벡(Beck, 1967)은 인간의 사고가 개인의 정서와 행동을 변화시킨다는 인지모형(cognitive model)을 강조하였는데, 이 모형은 우울증에 대한 인지치료를 중심으로 시작되었다.

인지치료에서는 정서문제(우울, 불안)를 가지고 있는 사람들은 생활사건에 대해 왜곡된 사고를 하거나 비현실적 인지평가를 함으로써 인지적 오류를 범하는 것을 강조하였다.

사회복지사는 클라이언트가 자신의 왜곡된 자동 사고를 모니터하고 이를 뒷받침하거나 반박하는 근거를 점검해 보며, 왜곡된 인지를 보다 현실지향적인 해석으로 대체하고, 왜곡된 인지유형으로 기울어지게 한 저변의 가정들과 믿음을 규명하고 변경하도록 원조한다(김상균 외, 2011).

(3) 문제해결모델

문제해결의 과정은 클라이언트의 곤경을 해결하기 위해 사람이나 대상 및 환경을 조작하는 것이 아니고 활동적인 사회복지사와 클라이언트와 주변 환경 간에 이루어지는 교류를 일반적으로 증진시켜 나가는 것을 의미한다. 문제해결모델에서는 문제를 느끼고, 문제를 안고 다니며, 문제를 경험하고 있는 자가 바로 도움을 얻고자 하는 클라이언트이다. 즉, 클라이언트가 지니는 문제의 해결은 클라이언트를 통하고 클라이언트와 함께 클라이언트의 힘을 빌려 가능하다는 점을 강조한다(양점도 외, 2010).

(4) 행동수정모델

행동수정모델은 토마스(Thomas)가 주장한 것으로 학습이론에 기초를 두고 있다. 이 이론의 초점은 오직 현재의 조작적 행동과 반응적 행동에 있으며, 이러한 행동이 강화 또는 소멸에 의하여 어떻게 될 수 있는가에 두고 있다. 행동은 학습과 조직화의 법칙을 따르며 조건화의 과정을 통해서 학습 · 수정될 수 있다.

행동수정모델은 특히 개별사회사업에서 조작적 행동을 중심으로 그 효과가 인정되고 있다. 최근에 와서 행동치료자들에 대한 인식이 증가되었고, 클라이언트나 환자와 그들의 관계는 치료에 있어서 중요하고 통합적 부분을 차지하고 행동수정을 수반하는 측면에서 의식적 · 효과적으로 활용되고 있다(전재일 외, 2010).

(5) 4체계모델

1970년대 초 핀커스와 미나한(Pincus & Minhan)이 개발한 것이다. 포괄적이고 전체적인 관점에서 클라이언트체계를 사정할 수 있는 기초를 제공하고, 사회복지사로 하여금 인간과 그의 공식적 · 비공식적 자원체계 간의 연결에 초점을 두고 있다. 이 모델에서 사회복지의 초점은 사람의 문제 혹은 자원체계에 있는 것이 아니라 사람과 자원체계 그리고 자원체계 간의 상호작용에 있다. 사회복지사는 사회복지실천과정에서 대상을 변화매개체계, 클라이언트체계, 표적체계, 행동체계라는 4체계로 살펴보면 다음과 같다(Pincus & Minahan, 1973).

첫째, 변화매개체계(change agent system)는 사회복지사와 사회복지사를 고용하는 기관과 조직을 말한다.

둘째, 클라이언트체계(client system)는 서비스나 도움을 필요로 하는 사람을 말한다.

셋째, 표적체계(target system)는 변화매개자들이 그들의 목표를 달성하기 위해 영향을 주거나 변화시키는 것이 필요한 사람들로서 때로는 클라이언트와 중복되기도 한다.

넷째, 행동체계(action system)는 변화매개자들이 변화노력을 달성하기 위해 서로 상호작용하는 사람을 말하는데 이웃, 가족, 전문가 등이 해당된다.

2. 집단사회사업

1) 집단사회사업의 정의

집단사회사업은 개별사회사업 이후 개발된 것으로 이 당시 빈곤 지역사회의 사회복지관이 청소년을 위해 실시했던 집단활동으로부터 시작되었다.

빈터(Vinter, 1974)는 "집단사회사업은 내담자 사이에서 바람직한 변화를 유도해내기 위하여 소규모의 대면집단 내에서 그리고 이 집단을 통하여 개인에게 서비스를 제공하는 실천방법"이라고 정의했다.

트렉커(Trecker, 1972)는 '집단사회사업'이란 사회복지의 한 방법으로서 사회복지기관 안에 있는 집단에 소속한 개인이 프로그램 활동에 있어서 그들의 상호작용을 지도하는 사회복지사에 의하여 도움을 받고 그들의 욕구와 능력에 따라서 타인과의 관계를 맺도록 성장의 기회를 가진 경험을 주며 개인, 집단 및 지역사회의 성장과 발전을 도모하는 것이라고 하였다.

2) 집단의 유형

(1) 자연집단

자연적인 사건, 개인 간의 친분, 또는 성원들 상호가 지각한 욕구 등에 의하여 자발적 형태로 함께 모인 집단이다.

(2) 치료집단

성원들이 사회정서적 욕구를 충족시키는 집단을 의미한다. 첫째, 교육집단으로 성원들 자신과 그들의 사회에 관하여 학습하는 성원들을 돕는 것이다. 둘째, 성장집단으로 성원과 타인에 대한 사고, 감정, 행동을 인식, 확대, 변화시키려는 것으로 성원들의 능력을 개발한다. 셋째, 교정집단으로 성원들의 행동을 변화시키고, 그들의 개인적 문제를 처리하거나 개선하고, 사회적 · 건강적 충격 이후에 재활을 돕는 것이다. 넷째, 사회화집단으로 성원들의 사회적 기술과 사회적으로 수용되는 형태의 행동을 효과적으로 수행할 수 있도록 학습하는 데 도움을 주는 것이다.

(3) 과업집단

조직이나 기관의 문제에 대한 해결책 모색, 새로운 아이디어 개발, 효과적 원조 전략 수립 등의 과업수행을 목적으로 하는 집단을 말한다.

(4) 자조집단

자조집단은 전문가가 간접적 역할을 수행하기 때문에 사회복지사가 주도적인 역할을 하지는 않는다. 사회복지사는 물질적 지지 제공, 다른 체계와의 연결, 자문, 지지 제공 등의 역할을 한다. 집단을 이끌어 가는 실질적인 역할은 자조집단의 성원이 한다.

3) 집단사회사업의 주요 모형

집단사회사업은 집단이 달성하고자 하는 목표에 따라 세 가지 모형으로 구분할 수 있다. 이를 살펴보면 다음과 같다(양점도 외, 2010).

(1) 과업형

집단성원의 개인 욕구보다 집단의 목표달성에 초점을 둔다. 그러므로 집단성원의 변화와 적응은 그 개인을 위한 것보다 집단이 설정한 목표달성에 있다. 과업형 집단으로 이사회, 운영위원회, 지역사회 대표자 모임이 있다. 여기서 사회복지사는 집단성원의 변화를 위한 매개인의 역할을 담당한다.

(2) 성장형

집단성원이 자신의 상황에 비추어 더욱 유익한 생활인으로 발전하기 위한 참여집단이다. 이 집단은 집단의 목표, 집단성원의 취미와 나이 등으로 특성화할 수 있다. 여기서 사회복지사는 정보제공자, 안내자, 교육자의 역할을 담당한다.

(3) 치료형

치료형은 사회적 기능수행에 뚜렷한 문제가 있거나 문제발생의 위험이 높은 개인에게 원조하는 것을 강조하는 집단을 의미한다. 치료형은 신체적으로나 정신적으로 장애를 가진 사람, 법률상 범죄자, 격리되거나 소외된 사람을 위하여 교정시설, 병원, 그리고 가족서비스기관 등에서 활용된다. 여기서 사회복지사는 치료자, 상담가 역할을 담당한다.

3. 지역사회복지

1) 지역사회복지의 정의

지역을 위해 통합과 생활환경 개선을 목적으로 하는 지역사회복지는 지역사회구성원의 복지를 증진시키기 위하여 개인, 가족, 지역주민, 지역사회, 사회제도 등에 바람직한 변화를 일으키고자 하는 전문적인 사회복지실천의 한 방법이다.

지역사회복지(community welfare)란 이상적인 지역사회를 건설하기 위한, 산업화 이후 지역사회에 나타나는 제반 문제(빈곤의 심화, 도시화 등)를 해결하기 위하여 시작되어, 지역사회의 여러 복지 관련 기관을 운영하는 데 필요한 자금이나 자원을 모집하고 이를 분배하는 사업에까지 이르는 것을 총칭한다. 지역사회에 나타나는 제반 문제를 해결하거나 지역구성원들의 문제해결 능력을 향상시켜 그들의 삶의 질을 증진시키기 위해 전개되는 모든 활동을 지역사회복지라고 할 때, 지역사회복지는 매우 포괄적인 개념이 된다(박상하 외, 2013).

지역사회복지는 매우 포괄적인 개념으로 전문 혹은 비전문 인력이 지역사회 수준에 개입하여 지역사회에 존재하는 각종 제도에 영향을 주고, 지역사회의 문제를 해결하고자 하는 일체의 사회적 노력이다(강용규 외, 2011).

던햄(Dunham, 1970)은 지역사회복지를 '사회적 상호작용의 의식적 과정으로서 몇 가지 목적에 관심을 가지는 사회복지의 한 방법'이라고 정의하였는데, 그 목적은 다음과 같다.

첫째, 지역사회복지는 지역주민의 욕구와 자원 간의 조정을 도모하고 유지함으로써 광범위한 지역문제를 해결한다.

둘째, 지역사회복지는 주민참여, 자기결정, 상호 협조 등의 능력을 발전시키고 강화·유지하도록 도와줌으로써 지역주민 자신의 문제에 효과적으로 대처하도록 한다.

셋째, 지역사회와 기타 집단 간의 관계, 의사결정 능력의 배분 등에 변화를 일으키도록 한다.

이상을 종합하면, 지역사회복지는 어느 특정 분야에 국한하여 지역주민의 복지와 제도를 개선하는 것이 아니라 매우 광범위한 정의로서 공공 또는 민간, 공식적 · 비공식적인 분야 등이 지역사회 차원에서 지역사회가 지니고 있는 문제를 해결하기 위하여 지역사회가 보유한 모든 자원을 동원하여 문제를 예방 · 해결하고자 하는 노력이라고 할 수 있다(강용규 외, 2011).

2) 지역사회복지의 실천모델

(1) 로스만의 모델

로스만(Rothman)은 지역사회복지의 실천모델을 지역사회개발모델, 사회계획모델, 사회행동모델의 세 가지로 나누었다.

① **지역사회개발모델**(Locality Development)

이 모델은 지역사회의 변화를 가장 효과적으로 이룩하기 위해서 목표 설정과 실천행동 등에 지역주민들을 참여시키는 것이다. 이 지역사회개발모델에서는 민주적인 절차, 자발적인 협동, 토착적인 지도자 개발, 자조정신의 촉진 등 민주적인 절차를 포함하는 지역개발을 강조할 뿐만 아니라 지역복지관에 의한 근린지역, 소단위 지역개발을 위한 프로그램, 교육 등도 포함된다.

② **사회계획모델**(Social Planning)

이 모델은 지역사회 내의 비행청소년, 주택, 고용, 정신건강 등과 같은 사회적 문제해결을 위한 전문적인 기술(technical)과정을 강조한다. 이 모델에서 중요한 것은 문제해결을 위한 합리적인 계획 수립과 통제된 변화이다. 이 모델에 의한 구체적인 활동은 문제의 발견과 정의, 의사전달 구조 및 행동체계의 구축, 사회적 목표와 정책의 선택, 결정, 계획의 실제적인 수행, 활동 결과에 대한 평가 등을 포함한다.

③ 사회행동모델(Social Action)

이 모델은 지역사회에 불이익을 당하는 집단(계급, 계층) 또는 주민들이 사회정의와 민주주의에 입각하여 불리한 처우와 환경, 그리고 제도 등을 변화시키는 것이다.

사회행동모델에 있어서 사회행동 차명자들은 가진 자와 그렇지 못한 자들의 두 집단으로 구성되며, 특히 권력을 가진 소수의 자들이 가지지 못한 다수자들의 권익을 침해하는 사회적 착취의 직접적인 결과로서 문제가 발생된다고 할 수 있다.

(2) 웨일과 갬블의 모델

웨일과 갬블(Weil & Gamble)의 지역사회복지 실천모델을 여덟 가지로 나누어 살펴보면 다음과 같다(Well & Gamble, 1995 ; 권육상 외, 2010).

① 근린지역사회조직모델

지역사회 개발을 통한 지역주민의 삶의 질 향상에 목표를 두며, 지역사회조직을 가능하게 하는 구성원들의 능력 개발이다.

② 기능적 지역사회조직모델

공통의 관심사에 근거한 기능적 지역사회조직에 중점을 두어 사회적 이슈나 특정 집단의 권익 보호 및 옹호를 목표로 하고 있으며, 지역사회 내 기존의 태도 및 인식, 행위와 변화에 초점을 두고 옹호를 이끌어낼 수 있는 사회정의를 위한 행동이다.

③ 지역사회개발모델

지역사회의 전반적인 개발을 위해서는 경제적 · 사회적 영역의 개발이 동시에 이루어져야 함을 강조하고, 지역주민 관점에 기초한 개발계획을 변화전략으로 강조하며,

저소득계층을 실천의 우선 수혜자로 본다.

④ 사회계획모델

지역사회 욕구에 부합한 프로그램을 개발하고 여러 서비스를 조정하는 네트워크 제공에 초점을 맞추고 있으며, 사회문제를 충분히 지적하고 그 해결방안을 담고 있는 계획안을 개발하는 것이다.

⑤ 프로그램 개발과 지역사회 연계

특정 집단에 대한 서비스 개발을 주요 변화목표로 삼고 있으며, 기관이 제공하는 서비스의 효과성 및 질(質)의 향상, 새로운 전달체계의 개발 등이다.

⑥ 정치 · 사회행동

지역주민의 정치적 권력 향상이나 기존 제도의 변화가 주요 목표이며, 이에 따른 정치행위나 사회정책 결정에 대한 영향력 행사이다.

⑦ 연합

사회적 이슈와 관련된 옹호를 주요 목표로 하고 있고, 정책변화에 영향력 행사를 위한 여러 기관들의 협력된 권력구축을 주요 전략으로 한다.

⑧ 사회운동

사회정의 실현을 주요 목표로 하며, 추진하고자 하는 행동의 목표나 대의가 전체 지역주민들에게 수용되고 문제의 중요성이 대중에게 인식될 때 확장될 수 있다.

3) 지역사회복지실천과정

지역사회복지실천은 지역사회에서 발생하는 문제 또는 욕구의 해결을 통해 지역사회를 변화시키고자 하는 목적으로, 지역사회 문제해결과정은 사회복지실천에서 적용되는 일반적인 문제해결과정에 기반을 두고 구성한다. 문제해결과정은 사회복지실천 전반에 걸쳐 널리 적용할 수 있는 실천과정의 하나이기 때문에 이에 기반을 둬 지역사회변화를 위한 체계적 과정을 전개시킬 수 있다(최일섭 외, 2015 ; 김은주, 2007).

(1) 문제 발견 및 분석

지역사회문제를 발견하고 분석한다. 문제를 어떻게 개념화하느냐에 따라 정책수립을 위한 구상이 달라지고 그에 따른 구체적인 해결방안과 실천전략이 달라지기 때문에 문제와 관련하여 규정하는 것이 중요하다. 사회문제는 누가 주어진 문제를 '문제'로 보며 누가 그것을 '문제'로 보지 않는가에 대한 분석이다. 또한 사회문제와 관련된 객관적인 자료를 수집 · 분석한다.

(2) 정책 및 프로그램 개발

문제를 파악 · 분석 · 정의하는 관점이 다양한 것처럼 주어진 문제의 정책을 수립, 실현하기 위한 프로그램 개발도 다양할 수 있다. 정책목표를 설정할 때는 정책의 실현가능성(feasibility), 이념(ideology), 합리성(rationality)을 고려한다. 정책이 수립된 후에는 프로그램을 개발한다. 프로그램 개발은 효과성과 효율성이 강조된다.

(3) 프로그램 실천

프로그램 실천이란 정책목표를 달성하기 위해 행하는 일련의 활동이다. 프로그램의 활동은 매우 다양하나 크게 두 가지 범주로 나눌 수 있다. 첫째는 과정중심적인 활동이고, 둘째는 과업중심적인 활동이다.

'과정중심적인 활동'이란 클라이언트집단이 문제를 스스로 해결할 수 있도록 능력을 향상시켜 주는 활동을 말하며, '과업중심적인 활동'이란 클라이언트집단이 필요로 하는 서비스를 직접적으로 제공해 주는 활동을 말한다.

(4) 프로그램 평가

프로그램 평가는 문제해결 과정의 마지막 단계이다. 프로그램 평가는 프로그램의 실천과정에서 수집된 정보를 입수(monitering)해서 실천에 반영(feedback)하여 실천의 궤도를 수정하는 것이다. 또한 지역사회복지실천의 전 과정을 통해 성취하고자 하는 목표가 어느 정도 달성되었는지 프로그램의 효과성(effectiveness)과 영향(impact)을 측정한다.

4) 사회복지사의 역할

각 지역사회나 시대마다, 그리고 해결해야 할 문제마다 그 특성과 해결점이 다르고 다양하게 변화하기 때문에 이에 대처하는 사회복지사의 역할은 매우 중요하다.

첫째, 안내자(guider)의 역할은 지역사회의 문제해결에 따른 올바른 목표를 설정하고, 이것을 해결하는 방도를 강구하도록 도와주는 것이다.

둘째, 조력자(enabler)의 역할은 지역사회복지의 활동과정을 용이하게 하는 것이다.

셋째, 전문가(expert)의 역할은 지역사회복지사가 문제해결과정에서 자신의 전문성을 나타내는 것이다.

넷째, 치료자(therapist)의 역할은 지역사회 내 긴장을 조성하고 지역사회구성원들 간의 분리를 가져오는 원인들을 시정하고 이를 치료하는 것이다.

다섯째, 분석가(analyst)의 역할은 지역사회의 계획된 변화를 이룩하기 위해서 사실적 발견과 분석을 전제조건으로 삼는 것이다.

여섯째, 계획가(planner)의 역할은 지역사회의 문제해결을 위해 누가, 무엇을, 어떻게, 접근할 것인지 구체적인 계획을 수립하는 것이다.

일곱째, 조직가(organizer)의 역할은 지역사회복지의 실천과정에서 지역사회의 행동체계를 적절히 참여시키며, 지역주민들이 실천해야 할 역할을 분명히 해주고, 그러한 역할을 효과적으로 수행할 수 있도록 훈련을 시키는 것이다.

여덟째, 행정가(administrator)의 역할은 지역사회복지의 프로그램을 계획에서 설정한 목표까지 효율적이고 효과적으로 달성하도록 인적 · 물적 · 재정적 측면을 관리하는 것이다.

아홉째, 행동가(activist)의 역할은 지역사회 내 불이익을 당하는 계층의 입장에 서서 그들의 이익을 대변하는 것이다.

참고문헌

강용구 외(2011). 『사회복지개론』. 공동체.

권육상 외(2010). 『사회복지개론』. 공동체.

권중돈 외(2011). 『사회복지개론』. 학지사.

김기태 외(2009). 『사회복지의 이해』. 박영사.

김상균 외(2011). 『사회복지개론』. 나남출판사.

김은주(2007). 지역사회복지 실천가의 경험에 관한 연구－지역사회네트워크 변화와 실천가의 성장을 중심으로. 서울시립대학교 대학원 석사학위논문.

김형수 외(2013). 『사회복지개론』. 정민사.

김혜란 외(2006). 『사회복지실천기술론』. 나남출판사.

남기민(2011). 『사회복지학개론』. 양서원.

박상하 외(2013). 『사회복지개론』. 양서원.

박용순(2009). 『사회복지개론』. 학지사.

박차상 외(2010). 『사회복지개론』. 학현사.

양옥경 외(2010). 『사회복지실천론』. 나남출판사.

양점도 외(2010). 『사회복지개론』. 공동체.

엄명용 외(2011). 『사회복지실천의 이해』. 학지사.

원석조(2013). 『사회복지개론』. 양서원.

이영철 외(2007). 『사회복지학』. 양서원.

장인협 외(2007). 『사회복지개론』. 서울대학교출판부.

전재일 외(2010). 『사회복지개론』. 형설출판사.

조흥식 외(2013). 『사회복지학개론』. 창지사.

최일섭 외(2015). 『지역사회복지론(개정판)』. 서울대학교출판부.

Baker, R.(2003). "Toward Generic Social Work Practice : A Review and Some Innovations". *British Journal of Social Work*, 5(2). 193-215.

Bartlett, H. M.(1970). *The Common Base of Social Work Practice*. Washington DC : NASW.

Beck, A. T.(1967). *Depression : Clinical, Experimental and Theoretical Aspects*. New York : Harper & Row.

Biestek, F. P.(1961). *The Casework Relationship*. Chicago : Loyola University Press.

Dunham, A.(1970). *The New Community Organization*. New York : Crowell.

Kirst-Ashman, K. K.(2003). *Introduction to Social Work and Social Welfare : Critical Thinking Perspectives*. C.A. : Thomson.

Levy, C.(1973). "The Value Base of Social Work". *Journal of Education for Social Work*, Jan. 34-42.

Perlman, H. H.(1974). *Social Casework*. Chicago : University of Chicago Press.

Piccard, B. J.(1975). *An Introduction to Social Work*. Homewood : The Dorsey Press.

Pincus, A. & Minahan, A.(1973). *Social Work Practice : Model and Method*. Chicago : F. E. Peacock. Univ. of Chicago Press.

Richmond, M.(1922). *What is Social Casework ?*. New York : Russell Sage Foundation.

Trecker, H. B.(1972). *Social Group Work : Principle and Practice*. New York : Association Press.

Weil, M. & Gamble, D.(1995). *Community practice Models, Encyclopedia of Social Work* (19th ed). New York : National Association of Social Workers.

Woodrow, J. D.(1983). "Casework : A Psychosocial Therapy". In C. H. Mayer(Ed.), *Clinical Social Work in the Eco-systems Perspective*. New York : Columbia University press.

Zastrow, C.(2000). *The Practice of Social Work*(5th ed). Pacific Grove, CA : Brooks/ Cole Publishing Co.

Chapter 08

아동복지

제 1 절 아동복지의 정의

아동복지(child welfare)란 아동의 전반적인 안녕을 보장하기 위한 국가, 사회 그리고 지역 민간단체의 모든 노력들, 즉 법, 정책, 행정을 비롯해서 전문가에 의한 구체적인 서비스를 포함하여 총칭하는 말이다.

아동복지를 어원적인 측면에서 보면 아동이 편안히 잘 지내는 상태를 뜻한다고 볼 수 있다(곽형식 외, 2013).

아동복지를 협의적 · 광의적 정의로 살펴보면 다음과 같다. 먼저 협의적 의미의 아동복지는 "부모가 아동 양육 책임을 이행할 수 없거나 지역사회가 아동 및 가족이 요구하는 자원과 보호를 제공하지 못할 때 기능을 강화 · 보완 · 대리하는 것"이라는 치료적인 측면을 강조된다. 또한 광의적 의미의 아동복지는 "일반 아동을 포함한 모든 아동들의 행복을 위해서 그들의 신체적 · 사회적 · 심리적 발달을 보호하고 촉진하기 위한 방법"으로 예방적인 측면을 강조한다.

카두신(Kadushin, 1980)은 아동복지를 "넓은 의미에서는 모든 아동들의 행복과 사회적응을 위해 심리적 · 신체적 잠재력을 개발시켜 주기 위한 각종의 방법을 말하며, 좁은 의미에서는 특수한 문제를 가진 아동과 그 가정을 대상으로 전문적인 기관에서 행하는 서비스"라고 정의하였다.

박용순(2009)은 아동복지를 "사회복지의 한 분야로 특수한 장애를 가진 아동은 물론 모든 아동이 가족과 사회의 일원으로 건전하게 성장하고 발달할 수 있도록 지역사회나 사회복지기관들이 협력하여 실천에 옮기는 조직적인 활동"이라고 정의하고 있다.

보건복지부의 아동복지사업 지침에서 아동복지는 "사회의 특별한 보호가 필요한 요보호아동을 포함한 모든 아동들이 가족 및 사회의 일원으로서 육체적 · 정신적으로 건강하게 성장 · 발달할 수 있도록 보호 · 지원하여 그들의 건전 육성을 도모하는 것"으로 정의하였다.

이상 아동복지의 정의를 종합해 보면, 아동복지는 특수한 환경과 장애를 가진 아동은 물론 일반아동들과 그 가족들이 건전하게 성장하고 발달할 수 있도록 여러 분야에 걸쳐 국가와 사회단체 및 민간단체에 의해 이루어지는 계획적 · 조직적 필요성을 가진 활동이라고 할 수 있다(권육상, 2010).

오늘날 아동복지는 아동을 보호하고 아동의 욕구를 해결하는 것을 넘어 가족의 기능을 강화하고 가족을 위한 건강한 환경을 조성하는 것을 강조하고 있다. 우리 주변의 아동이 성장하는 환경으로서 가족의 중요성이 인식되고 있다. 아동복지를 위한 가족복지 또는 아동복지와 가족복지의 통합이 모색되었다(Kirst-Ashman, 2003).

제 2 절 아동복지 대상의 변화 및 아동문제

1. 아동복지 대상의 변화

우리나라 아동복지 관계법에서는 나이에 의해 아동을 규정하고 있다.

아동복지법에서는 아동을 18세 미만, 민법에서는 20세 미만, 소년법에서는 19세 미만인 자, 근로기준법에서는 15세 미만인 자로 보고 있다.

아동복지 대상도 요보호아동과 일반아동으로 구분하고 있지만, 아동의 건강한 발달과 성장을 위해서는 보호·양육의 역할을 담당하는 보호자가 필요하다.

1961년에 제정된 아동복리법을 보면 '아동이 그 보호자로부터 유실, 유기 또는 이탈되었을 경우, 그 보호자가 아동을 육성하기 부적당하거나 양육할 수 없는 경우 또는 기타의 경우에 아동이 건전하고 행복하게 육성되도록 그 복리를 보장함을 목적으로 한다'고 밝히고 있어, 그 대상을 '요보호아동'으로 규정하였고, 선별적인 아동복지의 특성을 보였다. 그 후 아동복지법이 전면개정된 1981년 아동복지는 '모든 아동'을 대상으로 하고 보편적인 아동복지를 추구하는 방향을 변화하고 있다.

1) 요보호아동

① 양육환경상의 보호가 필요한 아동 : 빈곤가정 아동, 결손가정 아동 등

② 신체적·정신적·심리적으로 문제나 장애를 지닌 아동 : 신체장애 아동, 정서 장애 아동, 행동장애 아동, 정신장애 아동

③ 사회적·법적 보호가 필요한 아동 : 가출아동, 비행아동 등

④ 특별보호를 요하는 아동 : 학대·유기된 아동, 미혼모 아동 등

2) 일반아동 : 모든 전체아동이 대상

아동복지관계법의 용어정의 및 연령규정에서 살펴보면, 관련 관계법의 목적에 따라 연령규정과 호칭이 상이하다.

〈표 8-1〉 국내법에서 규정하는 아동의 정의

아동 관련 법률	용어	연령구분
아동복지법	아동	18세 미만의 자
영유아보육법	영유아	6세 미만의 취학 전 아동
유아교육법	유아	만 3세부터 초등학교 취학 전 유아
청소년기본법	청소년	9세 이상 24세 이하의 자
청소년보호법	청소년	만 19세 미만의 자(단, 만 19세에 도달하는 해의 1월 1일을 맞이한 자는 제외)
청소년복지지원법	청소년	9세 이상 24세 이하의 자
소년법	소년	19세 미만의 자
모자보건법	영유아	출생 후 6세 미만의 자
한부모가족지원법	아동	18세 미만의 자 (단, 취학 중인 경우에는 22세 미만)
입양특례법	아동	18세 미만의 자
근로기준법	연소자	15세 미만의 자(단, 초·중등교육법에 따른 중학교에 재학 중인 18세 미만의 자 포함)
민법	미성년자	20세 미만의 자
형법	형사미성년자	14세 미만의 자
도로교통법	어린이	13세 미만의 자
	유아	6세 미만의 자
실종아동 등의 보호 및 지원에 관한 법률	실종아동	실종 당시 18세 미만

출처 : 이순자 외(2013).

2. 아동문제

아동을 생물학적으로 규정한다면 '미성숙된 성인'으로 볼 수 있다. 아동은 태아기에서부터 18세까지 심신이 함께 성장 · 발달하며 사회적 보호가 필요할 뿐만 아니라 미래의 사회적 역할까지 기대되는 대상이다. 그러나 현대사회에서 전통적인 가족제도가 가지고 있는 아동에 대한 양육기능이 약화되면서, 이로 인해 일부 아동들은 가족과 구성원으로부터 위험에 노출되어 있다.

우리 사회가 안고 있는 아동문제의 대책으로 가족문제, 사회환경 문제, 부적응 문제, 지원체계 부족, 경제적 문제 등을 중심으로 문제영역을 살펴보고자 한다.

1) 가족문제

아동문제에서 유발되는 가족문제를 지칭함에 있어서 흔히 '문제아동의 이면에는 문제가족이나 문제부모가 있다'는 말이 있다.

실업이나 빈곤에 의한 가족의 경제적 불안정, 가족구조상의 결함, 부모양육상의 결함 등은 아동문제를 유발하게 된다.

부모의 사회 · 경제적 지위가 우대받는 사회에서 부모의 실업과 빈곤은 아동에게 매우 부정적인 영향을 미칠 수 있으며, 특히 빈곤으로 인한 영양실조, 불결한 주거환경 등은 아동의 건전한 성장 · 발달에 장애요인이 되고 있다. 또한 부모의 이혼 또는 사망 등으로 인하여 가족이 해체되거나 결손가족이 될 경우에도 아동에게 심각한 정서적 상처를 주게 된다. 최근 IMF 이후 경제적 위기로 부모의 이혼율이 급증하므로, 사회복지적 측면에서의 대안이 시급한 실정이다.

2) 사회환경의 문제

전통사회가 해체된 이후 도시화 · 산업화 · 정보화된 현대사회는 아동의 성장에 부적합한 주변 환경을 제공하고 있다. 즉, 환경오염, 공해문제, 교통문제, 슬럼지역, 위험지역, 퇴폐향락문화의 확산, 님비(NIMBY) 현상 등은 아동에게 부정적인 영향을 미친다. 특히 상업적 매스컴의 영향, 무절제된 성인들의 형태는 물론, 아동학대나 성폭행 등이 심각한 사회문제로 대두되고 있다. 이에 따라 사회환경적인 측면에서 아동의 건전한 성장과 발달을 위한 개입이 절실히 요구된다.

3) 부적응의 문제

장애아동의 경우 이에 적절한 특수한 사회복지서비스가 제공되어야 한다. 대개 장애아동들은 심리적으로 자기학대, 자살, 학업포기 등의 문제행동을 일으킬 소지가 있기 때문에 특별한 보호가 요구되고 있다. 이러한 욕구를 지닌 장애아동 문제는 자신의 문제 이외에 가족이나 사회환경의 무관심과 방치에 기인되는 경우도 있으므로 이에 적합한 서비스 개입이 필요하다.

4) 지원체계의 부족

핵가족화의 일반화, 맞벌이가족의 증가, 한부모가족 등으로 인하여 아동문제가 확산되고 있다. 저소득층의 가정일수록 이러한 현상은 더욱 현저하게 나타나고 있으며, 사회적 지원체계의 부재로 아동이 가정에 홀로 방치됨으로써 다양한 아동문제를 발생시키고 있다. 이와 같은 아동문제를 해결하기 위해서는 지역사회 차원의 사회적 지원체계가 절실히 요구된다.

5) 경제적 문제

가정의 경제적 불안정은 아동들의 최소한의 욕구가 충족되지 않은 상태로서 건전한 성장과 발달의 장애요인이 되고 있다. 즉, 경제적 문제로 이들의 건강을 해칠 뿐만 아니라 교육의 기회마저 박탈함으로써 지능이나 정서에 커다란 상처를 주게 된다. 따라서 아동에게 의·식·주의 문제는 심신의 발달에 필수적인 요소가 되므로 공적·사적 프로그램을 통해서 경제적 혜택과 안정이 보장되어야 한다.

제 3 절 아동복지의 기능 및 원칙

1. 아동복지의 기능

아동복지기능은 가정에 대한 아동복지서비스의 기능, 아동을 보호하는 방어선의 위치, 아동복지서비스가 제공되는 장소에 따라 기능상의 차이를 나타낸다. 아동이 가정에서 양육될 수 있도록 부모역할을 지지해 주는 서비스냐, 부적절하거나 부족한 부모역할을 보충해 주는 서비스냐, 아동의 필요에 따라 양육을 일시적 혹은 영구적으로 대행·대리하여 보호해 주는 서비스냐에 따라 지지적 서비스, 보충적 서비스, 대리적 서비스로 분류하고 있다(Kadushin & Martin, 1988).

카두신(Kadushin)의 분류에서는 아동 양육기능의 1차적 책임은 부모에게 있으며 부모가 아동 양육의 책임을 다하지 못할 때 그 정도에 따라 국가나 사회가 부모의 양육을 보완하거나 대리할 수 있다는 시각을 반영한 것으로, 잔여적 관점에서 문제가 있는 가족에게 복지서비스를 제공하는 것이다. 아동복지서비스 기능에 의한 분류는 아동복지서비스를 최소 제한으로부터 최대 제한에 이르는 연속선상에 있는 것으로, 아동을 위한 최선의 조치가 무엇인가에 대한 관점으로 설명할 수 있다(한미현 외, 2016).

1) 지지적 서비스

지지적 서비스(supportive services)는 부모와 아동이 그들의 역할을 다할 수 있도록 그들의 능력을 지지하고 강화시키는 서비스로 장소를 옮기지 않고 자기 집에 살고 있는 아동에게 제공되며, 가장 예방적인 서비스이다. 가족과 부모-아동관계 체계가 구조적으로 손상되지는 않았지만, 스트레스 상황에 처해 가족 내에 갈등이 초래되면 결국 이혼, 별거, 유기, 확대 등 가족 결함이 진행될 수 있다.

지지적 서비스는 가정이 스트레스 상황에서 아동의 기본적 욕구를 충족시킬 수 없는 위험에 처했을 경우 긴장을 완화시키고, 가족기능을 회복 · 유지 · 강화시켜 준다. 지지적 서비스는 아동복지의 제1차 방어선으로 부모와 아동이 그들 각자의 책임을 효율적으로 수행할 수 있도록 그들의 능력을 지원하고 강화시켜 주는 서비스로 이때 서비스를 제공하는 아동복지기관은 부모나 아동의 역할수행을 전적으로 대행하기보다는 외부에서 부분적으로 역할기능이 제대로 수행되도록 원조하는 역할을 한다.

2) 보충적 서비스

보충적 서비스(supplemental services)는 부모역할의 부족한 부분을 보조하는 서비스이다. 즉, 부모의 보호, 양육환경 개선 및 양육에 적절하거나 많은 제약 가운데 처해 있을 때 이를 보충할 수 있도록 제공되는 서비스이다. 여러 가지 여건에 의하여 부모나 가족의 힘만으로는 아동을 양육하기 어려운 경우, 가정 및 가족의 형태를 그대로 유지하면서 부적절하고 부족한 부모의 자녀양육 역할을 대행하거나 도와주는 것이다. 즉, 부모의 사망, 유기, 이혼, 별거 등으로 인해 부모의 역할이 영구적으로 수행하기 어려울 때, 혹은 교도소 수감, 질병, 직업상의 이유, 기타 등으로 일시적으로 부모역할의 수행이 어렵거나 힘들 때 제공될 수 있다.

보충적 서비스란 아동복지의 제2차 방어선으로, 가족의 사회적 체계 안에서 제공된다는 점에서 앞의 지지적 서비스와 차별된다.

보충적 서비스 방법으로는 경제적 지원을 위한 사회보험과 공적부조, 가사조력서비스, 보육사업 등을 들 수 있다.

소득보충 프로그램은 부모의 소득창출 역할을 보충하여 아동양육기능을 향상시킨다는 점에서 중요하다.

가사조력서비스는 어머니의 부재로 어머니 역할기능이 불충분할 경우, 또는 어머니의 직무과다로 역할이 부적절하게 수행될 때 어머니의 역할을 일정 기간 제공함으로써 가정생활의 정상적인 보호와 유지가 가능하도록 하는 서비스 활동을 말한다. 가사조력서비스를 수행하는 가정봉사원은 단순히 가사를 보조하는 가사도우미의 역할뿐 아니라 아동을 양육하는 역할, 가정을 관리하고 아동을 돌보는 것과 관련하여 모범적인 모델의 역할을 수행한다.

보육서비스는 보호자가 근로, 질병 및 기타 사정으로 아동을 보육하기 어려운 경우 보호자의 위탁을 받아 하루 중 일정 시간 동안 신체적 · 심리적 · 교육적 발달을 가져올 수 있도록 아동을 보호하고 교육해 주는 서비스를 말한다.

이러한 것에서 보충적 서비스의 성격은 치료적이며 예방적이라고 할 수 있다(성영혜, 2001 ; 장인협 외, 2004 ; Kadushin, 1988).

3) 대리적 서비스

대리적 서비스(substitutive services)는 아동의 부모가 그들의 역할을 전적으로 수행할 수 없어서 부모역할의 전부를 제3자가 대신하여 맡는 경우를 말한다.

부모가 당면한 문제를 잘 해결할 수 없어 양육기능을 일시적 · 영구적으로 포기하고 아동은 자신의 가정을 떠나서 다른 가정이나 시설에서 생활하게 된다(Kadushin, 1988).

대리적 서비스는 가정위탁서비스, 입양서비스, 시설보호서비스 등이 포함되는데,

이 대리적 서비스는 아동을 양육하기 위한 마지막 대책서비스이다.

가정위탁서비스(foster care)란 자신의 가정에서 도저히 아동의 양육이 어렵거나, 시설보호가 불가능하거나 바람직스럽지 못할 때, 일정 기간 동안 타인의 가정에서 제공하는 대리보호를 의미한다. 따라서 계획된 기간 동안 위탁사유가 되었던 상황이 해소되면 다시 친부모가정으로 돌아갈 수 있다.

입양서비스는 법적 · 사회적 관계에 의해 영원한 친자관계를 맺는 것이다. 이에 친부모가 가지고 있던 아동의 현재와 미래에 대한 모든 권리와 의무가 소멸되고 행정적 · 법적 권한에 의해 혈연관계가 없는 타인에게 양육의 권리와 의무가 이양되는 것이다(공계순 외, 2013).

가정위탁서비스나 입양서비스와 같이 대리가정을 통해 아동에 대한 보호 · 양육서비스를 제공할 수 없을 경우, 아동복지사업의 제3차 방어선인 시설에 수용하여 집단적 보호서비스를 제공하게 된다.

시설보호서비스는 소규모의 아동으로 구성된 그룹홈에서 대규모 아동양육시설에 이르기까지 그 규모나 형태가 다양하다(Kadushin & Martin, 1988).

〈표 8-2〉 **아동복지서비스기능에 따른 분류**

구분	정의	기능
지지적 서비스	아동의 욕구를 충족시키기 위한 부모의 능력을 지원, 강화하기 위한 서비스	• 부모역할을 잘 수행할 수 있도록 부모들을 지지하고 가족기능을 강화함. • 아동의 원가정 구조를 침해하지 않고, 가정 외부에서 가족 내부의 역할기능이 제대로 수행될 수 있도록 서비스를 제공함.
보충적 서비스	아동이 받는 보호를 보충해 주거나 부모의 보호가 부적절하고 제한되었을 때 이를 보상하기 위해 부모역할의 일부를 대행하거나 돕는 서비스	• 부모역할이 영구적 혹은 일시적으로 충분히 충족되지 못할 경우 부모역할의 일부를 보충함으로써 부모가 다른 역할을 보다 충실하게 수행할 수 있음. • 가정의 형태는 그대로 있으나 가정 외부에서 지원함.

구분	정의	기능
대리적 서비스	아동 개개인의 문제에 따라 제3자가 부모역할의 일부 또는 전부를 대신하는 서비스	• 아동의 원가정이 해체되어 아동에게 보호와 양육기능을 수행할 수 없게 되었을 때 아동을 다른 가정이나 시설에서 보호함. • 아동이 원가정을 완전히 떠나 제3자에 의해 일시적 또는 영구적으로 보호를 받음.

출처 : 한미현 외(2016).

2. 아동복지의 원칙

아동은 건강하게 출생하여 행복하고 안전하게 자라나도록 그 복지가 보장되어야 한다(아동복지법 제1조). 이러한 목적은 아동에 대한 무차별, 안정된 가정환경, 아동의 이익을 최우선 고려하는 기본 이념에도 반영된다(동법 제2조).

현대사회에서 아동문제를 해결하기 위한 아동복지의 원칙으로는 '권리와 책임의 원칙', '보편성과 선별성의 원칙', '개발적 기능의 원칙', '포괄성의 원칙', '전문성의 원칙'의 다섯 가지를 제시하고 있다(장인협 외, 2004).

1) 권리와 책임의 원칙

아동을 위한 건전한 육성대책은 아동, 부모 및 사회가 각각의 권리와 책임의 확립에 기반을 두고 있어야 한다는 것이 원칙적인 방향이다. 각 부분은 계속적인 균형 유지와 아울러 적절한 상호작용 관계를 유지해야 할 것이다.

아동은 부모와는 상관없이 한 인간으로서 독자적인 권리를 지닌다. 아동은 생존하고 발달하기 위해서 의식주를 제공받고, 건강하고 위생적인 삶을 누리며, 교육적이고 문화적인 생활을 할 권리를 가진다. 반면, 부모는 아동 양육의 일차적인 권리와 책임을 가지고 있다. 부모는 아동이 생활하는 제반 환경을 마련하고 일상적인 상호작용을 통해서 아동의 발달에 영향을 미친다.

한편, 사회와 국가는 아동복지의 증진을 위한 권리와 책임을 가진다. 국가는 아동복지정책 개발을 위한 입법 권한과 실제적인 대책을 수행할 권리와 책임을 가진다.

2) 보편성과 선별성의 원칙

보편성은 전체 아동을 대상으로 급여나 서비스를 제공하는 원칙이다. 반면, 선별성의 원칙은 빈곤가정의 자녀, 질병이나 장애, 학대, 위협 등과 같은 범주화에 기초하여 보호가 필요한 아동에게 우선적으로 복지서비스를 제공한다(장인협 외, 2004). 우리나라의 아동복지서비스는 2000년대 이후 요보호아동 대책 외에 아동의 인권과 안전 관련 정책이 강화되어 보편적 복지를 지향하고 있으나, 선별주의에 의한 사후대책적인 성격을 탈피하지 못하고 있는 상황이다.

3) 개발적 기능의 원칙

아동복지에서 사후대책적인 기능이 주가 되는 과거의 복지지향적인 것이 아니라, 적극적이고 예방적이며 의도적 변화를 가져올 수 있는 개발지향적 아동복지체계를 형성한다. 사회복지의 개발적 기능이란 '목적에서 적극성을 띠고 접근방법에서 포괄성을 가지며 대상인구의 각 부문에 관여해야 하며, 치료적 혹은 미시적 수준에서 거시적 수준까지 제 복지 기능이 관여하는 것'이다.

4) 포괄성의 원칙

아동복지를 달성하기 위해서 경제, 교육, 보건, 주택, 노동 등 여러 분야의 포괄적인 대책이 아동 관련 정책과 서비스에 수반되어야 함을 말한다. 아동의 신체, 정서, 인지,

사회발달은 각각 분리된 것이 아니라 상호 관련되어 역동적으로 발달하므로 아동의 욕구에 대해 통합적으로 다룰 필요가 있는 것이다(공계순 외, 2013).

5) 전문성의 원칙

아동의 건전한 성장과 발달을 위해서는 아동을 위한 전문기구와 전문인력이 필요하다. 아동은 성인과 다른 사고방식과 의사소통방법을 가지고 있으며, 끊임없이 변화·성장하는 과정에 있다. 또한 오늘날 아동의 문제는 점점 복잡해가고 다루기 어려워지고 있다. 그러므로 아동에 대한 전문지식과 기술 없이는 아동을 제대로 이해하지 못하며, 아동이 겪고 있는 문제를 완화하거나 해결하는 데 도움이 되지 못한다.

아동복지의 원칙과 지향점, 관점, 사회와의 관계, 원칙이 지향하는 목표는 〈표 8-3〉과 같다.

〈표 8-3〉 **아동복지의 원칙과 범위**

원칙	지향점	관점	사회와의 관계	목표
권리와 책임	아동, 부모, 사회의 상호 권리와 책임성	아동	사회책임성	아동의 복리
브편성과 선별성	전체 아동의 기회균등과 특수아동의 보충적 서비스 제공	아동	사회기여	서비스 대상의 확대
개발성	사회개발에 참여할 수 있도록 기회 제공	사회	사회의 일원	능동적 참여
포괄성	가정, 경제, 교육, 건강, 보호 등 포괄적이고 통합적 서비스 제공	사회	사회통합	전인적 인격 양성
전문성	아동복지 전문인력의 양성과 활용	아동	사회통합	전문적 서비스 제공

출처 : 윤철수 외(2011).

제 4 절 아동복지 프로그램과 과제

1. 소득 및 의료보장

아동에 대한 소득보장은 아동이 있는 가정의 소득을 유지시켜 주기 위해 국가가 직접적인 소득이전 프로그램을 통해 소득을 보완해 주는 것으로서 아동수당, 사회보험, 공공부조의 형태로 실시된다. 아동수당은 소득보장의 대표적인 프로그램으로서 그 중요성이 인정되고 있다. 그러나 우리나라에는 아직 아동수당제도가 없으며, 다만 연말정산 시에 아동이 있을 경우 부양가족으로 등록하여 세금 면제를 받는 제도가 있다. 사회보험에 의한 아동의 소득 지원은 가정의 소득을 지원함으로써 간접적으로 이루어진다고 할 수 있다.

그리고 공공부조는 국민기초생활보장제도에 의해 이루어진다. 국민기초생활보장제도의 핵심적 대상이 되는 아동은 시설에 입소 · 보호되어 있는 아동과 소년소녀가장세대이며, 이 외에 빈곤 모 · 부자가정의 아동들도 소득지원서비스를 받고 있다(박병현, 2003). 또한 대부분의 아동은 국민건강보험에 의한 의료서비스를 받고 있다. 국민건강보험에 의해 의료보장을 받을 수 없는 빈곤층은 의료급여제도에 의해 의료서비스를 받을 수 있다(유공순 외, 2007).

2. 아동상담사업

우리나라 아동상담사업은 서울아동상담소(1959)의 설립을 계기로 시작되었으나 일반 아동을 포함한 모든 아동 및 청소년을 위한 종합적이고 포괄적인 상담사업을 본격적으로 실시하고자 노력하기 시작한 것은 1990년대에 들어와 문화관광부에 의해 청소년 상담실이 설립되면서부터라고 해도 과언이 아니다.

아동상담사업은 요보호아동의 발생을 예방하고 이미 발생된 경우의 사후지도를 강화하며 지역사회의 자원활용 및 알선으로 아동의 복지를 증진시키려는 목표를 가지고 있다. 이를 위해 각 시 · 도에 아동상담소와 일시보호소가 설치되어 있고 시 · 도 및 시 · 군 · 구에 아동복지지도원이 배치되어 있으며, 읍 · 면 · 동 단위에는 아동위원이 위촉되어 있다.

아동상담의 주요 대상은 가출, 부랑아, 문제아동, 결손가정아동, 저소득가정의 아동, 기 · 미아, 심신장애아동 등이다. 그러나 장기적 · 적극적인 상담이나 치료서비스의 제공보다 소극적 차원의 선도, 보호자에게 인계하는 수준의 상담서비스에 그치고 있는 한계점을 가지고 있다.

3. 보육사업

영유아보육사업이란 영유아보육법 제1조의 목적을 달성하기 위하여 6세 미만의 취학 전 아동을 국가나 사회에서 대신 보호 · 교육하는 서비스를 말한다. 기혼여성의 취업 확대 및 여성의 사회참여 증가로 급증하는 보육 수요에 능동적으로 대처하기 위해 보육사업을 실시하고 있다.

우리나라에서 보육사업이 법적으로 실시된 것은 1961년 아동복리법이 제정되면서 보육시설을 아동복지시설 중의 하나로 규정하면서부터이다.

1991년 영유아보육법이 제정 · 시행되면서 보육사업의 주관부처를 보건복지부로 일원화하고 종전의 단순 탁아 개념에서 탈피하여 보다 질높은 아동보호와 유아교육 기능의 보육사업으로 육성하여 발전적으로 전환하였다.

우리나라 영유아 보육서비스는 국공립어린이집, 법인어린이집, 직장어린이집, 가정어린이집, 부모협동어린이집, 민간어린이집을 통해 이루어지고 있는데, 민간어린이집 및 가정어린이집이 대부분을 차지하고 있어 보육사업의 책임을 민간이 주로 떠맡고 있음을 알 수 있다(남기민, 2011).

4. 가정보호사업

가정보호사업은 입양사업, 가정위탁보호사업, 공동생활가정 보호사업 등으로 구분하여 살펴보면 다음과 같다(임춘식 외, 2007).

1) 입양사업

입양(adoption)은 혈연관계가 아닌 일반인들 사이에서 법률적으로 친자관계를 맺는 행위를 일컫는다. 입양은 아동복지 구현에 중요한 부분으로써 입양의 목적은 아동에게 지지적이고 양육적인 가정을 제공하는 것이다.

입양은 관점에 따라 그 유형을 달리하지만, 친족입양, 비친족입양, 독립입양, 기관입양, 국내입양, 국외입양 등으로 구분된다. 입양사업의 기본 방향은 국내입양을 우선으로 하며 국외입양을 차선책으로 추진하고, 입양가정에 대한 사후관리 강화, 국내입양가정에 대한 지원책의 강구를 통한 국내입양 활성화 추진, 입양에 관한 국민의식 제고를 위한 대국민 홍보를 강화하는 데 있다.

〈표 8-4〉 입양아동 수 (단위: 명)

	2012	2013	2014	2015	2016	2017	2018	2019	2020	2021
국내	1,125	686	637	683	546	465	378	387	260	226
국외	755	236	535	374	334	398	303	317	232	189
계	1,880	922	1,172	1,057	880	863	681	704	492	415

출처 : 보건복지부 내부자료.

2021년 입양아동 수는 국내 226명, 국외 189명이다(보건복지부, 2022).

정부에서는 입양대책으로 입양가정에 대한 지원 강화와 함께 국내입양기관을 입양 전문기관으로 육성하고 있다.

2) 가정위탁보호사업

가정위탁보호사업은 보호가 필요한 아동을 보호 및 양육하기를 희망하는 가정에 위탁 및 양육함으로써 가정적인 분위기에서 건전한 사회인으로 자랄 수 있도록 하는 데 목적이 있다. 위탁가정의 선정기준은 친·인척인 경우 위탁받고자 하는 자 및 그 가족에게 범죄, 가정폭력, 아동학대, 알코올 및 약물중독 등이 없어야 한다. 또한 가정위탁에 필요한 교육을 이수하여야 하나 대리양육가정 및 친·인척 위탁가정의 경우에는 가정위탁 후 6개월 이내에 반드시 교육을 이수하여야 한다.

3) 공동생활가정 보호사업

공동생활가정 보호사업은 기존의 시설보호에서 탈피하고 가정보호 형태의 강조 및 지역사회 중심의 아동보호를 위한 새로운 보호형태로써 보호를 필요로 하는 아동에게 가정과 같은 주거여건과 보호를 제공하는 데 목적이 있다. 이 사업은 1997년부터 시범사업을 추진하고 있는데, 단기보호, 장기보호, 치료보호로 나눌 수 있다.

① 단기보호는 경제적 위기 또는 부부의 갈등이나 별거, 수감, 및 아동학대 등으로 인해 보호자 또는 친·인척이 함께 거주할 수 없는 아동을 보호하는 시설이다.

② 장기보호는 기존의 소년소녀가장 또는 시설에서 보호 중인 아동 및 장기보호가 필요한 아동을 보호하는 시설이다.

③ 치료보호는 시설보호에 적응하지 못하거나 약간의 정서적 문제 등으로 인하여 시설보호가 적합하지 않는 아동을 보호하는 시설이다.

4) 시설보호사업

시설보호사업이란 과거에는 주로 기 · 미아를 양육하는 데 1차적 목적이 있었지만 오늘날에는 단순한 수용보호의 차원을 넘어 아동들의 건전한 성장과 인격발달 및 사회적 치료를 목적으로 하여 아동문제를 근본적으로 해결하려는 시도까지를 포함하고 있다. 시설보호의 목적은 아동이 시설을 통해서 기본적인 욕구를 충족받고 사회화 및 교육 등의 생활 전반에 대한 지도를 받아 사회인으로 기능할 수 있도록 하는 것이다(전재일 외, 2010).

아동복지법 제52조에 의하면 아동복지시설의 종류는 다음과 같다(남기민, 2011).

① 아동양육시설 : 보호를 필요로 하는 아동을 입소시켜 보호 · 양육하는 것을 목적으로 하는 시설

② 아동일시보호시설 : 보호를 필요로 하는 아동을 일시보호하고 아동에 대한 향후의 양육대책 수립 및 보호조치를 행하는 것을 목적으로 하는 시설

③ 아동보호치료시설 : 불량행위를 하거나 불량행위를 할 우려가 있는 아동으로서 보호자가 없거나, 친권자나 후견인이 입소를 신청한 아동, 또는 가정법원, 지방법원 소년부 지원에서 보호위탁된 아동을 입소시켜 그들을 선도하여 건전한 사회인으로 육성하는 것을 목적으로 하는 시설

④ 자립지원시설 : 아동복지시설에서 퇴소한 자에게 취업준비기간 또는 취업 후 일정기간 보호함으로써 자립을 지원하는 것을 목적으로 하는 시설

⑤ 아동상담소 : 아동과 그 가족의 문제에 관한 상담, 치료, 예방 및 연구 등을 목적으로 하는 시설

⑥ 아동전용시설 : 어린이공원, 어린이놀이터, 아동회관, 체육, 연극, 영화, 과학 실험전시시설, 아동휴게숙박시설, 야영장 등 아동에게 건전한 놀이, 오락, 기타 각종 편의를 제공하여 심신의 건강유지와 복지증진에 필요한 서비스를 제공하는 것을 목적으로 하는 시설

⑦ 공동생활가정 : 보호를 필요로 하는 아동에게 가정과 같은 주거여건과 보호를 제공하는 것을 목적으로 하는 시설
⑧ 지역아동센터 : 지역사회 아동의 보호 · 교육, 건전한 놀이와 오락의 제공, 보호자와 지역사회의 연계 등 아동의 건전한 육성을 위하여 종합적인 아동복지서비스를 제공하는 시설

위의 아동복지법상 아동복지시설은 각 시설의 고유업무 외에도 다음과 같은 사업을 실시할 수 있도록 하고 있다.

① 아동가정지원사업 : 지역사회 아동의 건전한 발달을 위하여 아동, 가정, 지역주민에게 상담, 조언, 및 정보를 제공해 주는 사업
② 아동주간보호사업 : 부득이한 사유로 가정에서 낮동안 보호를 받을 수 없는 아동을 대상으로 개별적 보호와 교육을 통하여 아동의 건전한 성장을 도모하는 사업
③ 아동전문상담사업 : 학교부적응아동 등을 대상으로 올바른 인격 형성을 위한 상담 · 치료 및 학교폭력 예방을 실시하는 사업
④ 학대아동보호사업 : 학대아동의 발견, 보호, 치료 및 아동학대의 예방 등을 전문적으로 실시하는 사업
⑤ 방과 후 아동지도사업 : 저소득층 아동을 대상으로 방과 후 개별적인 보호와 교육을 통하여 건전한 인격형성을 목적으로 하는 사업
⑥ 공동생활가정사업 : 보호를 필요로 하는 아동에게 가정과 같은 주거 여건과 보호를 제공하는 사업

5. 과제

아동들은 차세대의 주역으로서 국가 발전의 원동력이 되며 국가부강 및 안정의 바탕이 된다. 아동이 건강하게 성장 · 발달하여 성숙한 시민으로 육성되기 위해서는 이들의 부모와 사회 및 국가가 함께 책임져야 한다. 그러나 지금껏 우리나라 아동복지사업은 주로 불우한 아동들을 수용 · 보호하고 의식주를 제공하는 등 소극적인 보호사업으로 인식되어 왔다. 하지만 아동복지란 불우한 아동, 요보호아동들에 대한 실질적 복지욕구의 충족뿐만 아니라 일반아동들도 포함되는 모든 아동의 복지 향상이라는 보편주의적 새로운 차원에서 인식되어야 한다. 또한, 저출산고령화사회로의 진입, 사회양극화의 증대, 아동문제의 다양화 등 사회구조적으로 많은 변화가 이루어지고 있다. 이러한 변화는 아동복지에 대해서도 보다 적극적인 대처를 요구하고 있다. 이러한 변화와 함께 아동복지의 쟁점과 과제를 다음과 같이 살펴보고자 한다(현외성 외, 2011).

첫째, 저출산고령화사회 및 사회양극화의 변화에 부응하는 아동복지가 필요하다. 우선 저출산 문제해결을 위해서는 출산 및 아동양육에 대한 사회적 책임을 인식하고 가임여성의 사회참여를 보장하는 보육시스템 구축과 보육비 지원, 가족기능강화 프로그램의 확대가 실시되어야 한다. 사회양극화는 빈곤아동의 증가를 초래할 수 있다. 따라서 아동 관련 공공부조의 확충을 통해 아동의 정상적 성장과 교육이 이루어지도록 지원의 수준이 확대되어야 한다.

둘째, 보편주의적 아동복지에 해당하는 아동수당의 도입이 필요하다. 아동수당은 부양할 아동이 있는 가족에 대해 수당을 지급하는 것을 말한다. 아동수당의 또 다른 의미를 살펴보면(김종해, 2006), 첫째, 한 사회의 다음 세대를 담당할 아동들의 건강한 성장에 부모뿐 아니라 사회가 책임을 분담한다는 것이고, 둘째, 소득과 가족의 크기 간에 발생할 수 있는 불균형을 해소하기 위한 수단이다.

아동수당의 도입은 아동문제에 대한 예방적 차원의 아동복지를 구현할 수 있을 것이다. 소득지원사업이 가족해체로 인한 경제적 위기 상황을 미연에 방지하기 위해서 초기에는 아동이 있는 일정소득 이하의 가구에 그리고 궁극적으로는 모든 가구에 양육비용을 보조하는 아동수당을 지급하는 방안이 검토되어야 한다. 이미 대다수 OECD 국가 등에서 가족과 아동의 빈곤 감소 및 건강한 성장환경 조성을 위해 아동수당(혹은 가족수당)이 도입 실시되고 있다(박종삼 외, 2008).

셋째, 요보호아동복지를 우선해야 한다. 현재 아동복지의 대상이 모든 아동으로 확대되고 있는 추세이나, 요보호아동 대상의 선별주의적 복지사업이 더 중요하다. 이는 가족의 보호와 양육에서 벗어난 요보호아동에 대한 지속적인 관심과 대책이 필요하기 때문이다.

넷째, 가족기능이 강화되어야 한다. 아동은 건강하고 건전한 부모와 가족구성의 보호 속에서 건강하고 건전하게 성장할 수 있다. 이를 위해서는 다양한 부모교육 및 훈련 프로그램이 이루어져야 한다. 또한 국가와 사회는 가족기능을 잘 수행할 수 있도록 지원해야 한다.

다섯째, 국내입양과 위탁의 활성화가 제도적으로 이루어져야 한다. 우리나라 요보호아동을 국내에서 보호 · 양육하는 사회적 책임의식을 가져야 한다. 이를 위해 입양가족과 위탁가정에 대한 지원을 강화하고 관련 기관의 서비스를 다양화해야 한다.

여섯째, 학교사회사업이 활성화되어야 한다. 학교사회사업은 학교를 실천장소로 하여 아동 · 가정 · 학교 · 지역사회의 역기능적 상호작용에 의해서 발생하는 아동의 심리 · 사회적 문제를 예방 및 해결하며, 모든 아동이 자신의 잠재력과 능력을 최대로 발휘할 수 있는 교육환경을 제공하여 학교가 교육의 본질적인 목적을 달성할 수 있도록 도와주는 사회복지분야이다.

학교생활로 인해 아동들은 갈등과 고민을 겪기도 하며, 집단따돌림을 당하거나, 또래 그룹에 문제가 생길 수도 있다. 아울러 아동 개인이나 가족의 문제가 학교생활에 영향을 주기도 한다. 이러한 다양한 학교 관련 아동의 욕구를 충족시키기 위한 노력으로 학교사회사업이 활성화되어야 한다.

우리나라의 학교사회사업은 민간사회복지관에서 부분적으로 이루어져 오다가,

2007년 교육부에서는 교육복지투자우선지역 지원사업을 전국 60여 개 지역 320여 초·중·고교에서 실시하고 있고, 이와는 별도로 보건복지부와 공동으로 전국 96개교에서 학교사회복지사를 활용한 시범사업을 실시하고 있다(윤철수, 2008).

학교사회사업은 조속한 시일 내에 이루어져야 할 과제다. 이를 위해 특별히 학교 교사들의 인식 전환이 필요하고, 학교현장에서의 학교사회복지사 등 전문가 배치의 정당성을 확보하고 구체적으로 제도화해 나가야 한다.

참고문헌

공계순 외(2013). 『아동복지론』. 학지사.
곽형식 외(2013). 『아동복지론』. 공동체.
권육상 외(2010). 『사회복지개론』. 공동체.
김종해(2006). "아동수당제 도입의 두 가지 의미". 참여연대 사회복지위원회, 『복지동향』 90호. 나눔의 집.
남기민(2011). 『사회복지학개론』. 양서원.
박병현(2013). 『사회복지정책론』. 학현사.
박용순(2009). 『사회복지개론』. 학지사.
박종삼 외(2008). 『사회복지개론』. 학지사.
보건복지부(2010). 2010 보건복지통계연보.
성영혜(2001). 『사회복지개론』. 형설출판사.
유공순 외(2007). 『사회복지개론』. 양서원.
윤철수 외(2011). 『사회복지개론』. 학지사.
이순자 외(2013). 『사회복지개론』. 정민사.
임춘식 외(2007). 『사회복지학개론』. 공동체.
장인협 외(2004). 『아동 · 청소년복지론』. 서울대학교출판부.
전재일 외(2010). 『사회복지개론』. 형설출판사.
한미현 외(2016). 『아동복지』. 창지사.
현외성 외(2011). 『사회복지학의 이해』. 양서원.
Kadushin, A.(1980). *Child Welfare Services*. New York : Macmillan Publishing Co. Inc.
Kadushin, A. & Martin, J. A.(1988). *Child Welfare Service*(4th ed.). New York : Macmillan.
보건복지부 http://www.mv.go.kr

Chapter 09 청소년복지

제 1 절 청소년복지의 이해

1. 청소년의 정의

'청소년(adolescence)'은 아동과 성인의 중간 단계에 있는 자이다. 청소년과 소년을 총칭하는 말로, 홀(Stanly Hall)이 처음으로 체계화하여 사용하면서부터 일반화되었다.

청소년기를 살펴보면, 생물학적으로는 '성장하는 상태에 있는 일정기간'을 일컫고, 청년심리학에서는 '청소년은 현대 산업사회의 산물이며 단순히 나이의 문제가 아니라 사회적 변화나 기준으로 특징지어지는 독특한 시기'라고 하였다.

연령에 따른 청소년기를 살펴보면, 청소년기본법에 명시되어 있는 청소년은 9세 이상 24세 이하의 자이며, 민법에서는 20세를 성년이라고 규정하고 있다. 또한 청소년보호법에서는 만 19세 미만은 보호의 대상인 청소년으로 규정하고 있다. 그런데 청소년기본법에 따른 나이인 9~24세에서 상한선 나이인 24세 규정은 발달적인 측면이나 사회적 합의, 그리고 제도의 시행효과 측면에서 적절한 기준이라고 볼 수 없다. 따라서 19세가 되는 3월 1일을 기준의 상한선을 정하는 것이 청소년 육성이나 청소년보호법 측면에서 위의 세 가지 조건(발달적 측면, 사회적 합의, 시행효과)을 갖추기에 가장 적절한 연령 기준이라고 결론 내리고 있다(김용균, 2009).

청소년기는 부모의 보호가 절대적으로 필요한 과도기적 시기로 생리적 · 신체적 · 사회적 · 심리적으로 다양한 특성을 나타내는데, 주로 아동과 성인의 이중적 성격을 나타내므로 청소년을 주변인 또는 중간인이라고 부르기도 한다.

이때에는 자기의 특유성이나 참모습을 객관적으로 자각하게 되며 자신의 처지, 능력, 책임을 깨닫게 되는 자아발견의 시기이고 부모의 보호나 감독, 통제로부터 점차적으로 벗어나 독립된 하나의 인격으로 인정받고자 하는 심리적 이유의 시기이며 불안정한 생활에서 안정된 생활로 재구성하여 가는, 즉 독특한 자기세계의 가치관을 형성해가는 시기이다.

한편, 청소년기는 부정기, 제2반항기로 감수성이 예민하고 불쾌감을 자주 느끼며 정신적 자주성을 강하게 부정하는 반면, 비판적인 태도를 나타내어 기성세대의 제도나 관습을 강하게 강요하게 되면 자기가 설정한 세계로 이탈해가는 시기이기도 하다(남일재 외, 2007).

2. 청소년복지의 정의

오늘날 청소년복지는 사회의 주요한 과제로 대두되고 있으며, 청소년문제의 해결없이는 발전적 · 안정적 사회가 존재하기 어렵다는 것을 공감하고 있다.

청소년복지란 청소년들의 인권보장과 청소년들이 가족구성원 및 사회의 일원으로서 바람직한 삶을 누릴 수 있도록 하기 위한 사회복지정책과 서비스 지원을 말한다. 즉, 청소년복지는 이들이 성장 · 발달할 수 있도록 공적 · 사적 복지서비스를 실천에 옮기는 조직적인 활동이라 할 수 있다(박차상 외, 2010).

헌법 제34조 제4항에 따르면 '국가는 청소년의 복지 향상을 위한 정책을 실시할 의무를 진다'고 규정하고 있다. 그리고 청소년기본법 제2조에서는 기본이념으로 '청소년이 사회구성원으로서 정당한 대우와 권익을 보장받음과 아울러 스스로 생각하고 자유롭게 활동할 수 있도록 하며 보다 나은 삶을 누리고, 유해한 환경으로부터 보호될 수 있도록 함'을 규정하고 있다. 이러한 헌법과 청소년기본법에 명시된 권리와 이념에서 청소년복지의 목적과 목표를 도출할 수 있다.

청소년복지의 목적은 헌법에 명시된 청소년의 권리인 인간다운 생활의 영위를 지원하는 동시에 청소년의 복지 향상을 위한 것이다. 이를 위해 청소년복지는 모든 청소년들이 심신의 불완전한 상태를 극복하는 정상화를 지향하며, 다양한 서비스의 제공은 원만한 인격체로 성장할 수 있는 바람직한 환경 조성을 위한 제도적 개선을 지향한다(오영재 외, 2004).

이러한 청소년복지의 목적을 달성하기 위한 목표는 매우 광범위한데, '청소년의 모든 권리를 존중해 주며 육체적 성장과 인격형성 및 올바른 가치관을 정립하는 데 필요한 교육의 실현과 환경을 조성하기 위한 국가와 사회의 적극적인 노력과 제반 활동'이라고 할 수 있다.

이처럼 주변 환경 여건의 제공이 청소년복지를 이루는 기본이라고 할 때, 그에 따른 청소년복지의 구체적 목표를 다음과 같이 살펴볼 수 있다(임춘식 외, 2007).

첫째, 청소년을 둘러싼 부정적 환경을 긍정적으로 변화시켜 주는 사회환경의 개선이다.

둘째, 왜곡된 사회화를 정상적인 것으로 변화시켜 줌으로써 청소년 문제를 미연에 예방하는 것을 목적으로 하는 구체적인 서비스의 제공이다.

셋째, 이미 존재하고 있는 문제를 가진 청소년이나 요보호 청소년에 대한 치료나 교정을 통해서 청소년문제를 해결함으로써 사회적 통합을 이루는 것이다.

제 2 절 청소년기의 특성

청소년기는 부모의 보호가 절대적으로 필요한 아동기에서 성인기로 이행하는 과도기에 해당된다. 이 청소년기는 건전하고 밝은 심성으로 바람직하게 자랄 수 있는 가능성과 잘못 성장할 수 있는 가능성의 양면성을 동시에 지니는 특성을 가지고 있다고 할 수 있다.

이러한 청소년기의 특성을 신체적 · 심리적 · 사회적 특성으로 구분하여 살펴보면 다음과 같다(노혁, 2010 ; 홍봉선 외, 2013).

1. 신체적 특성

청소년기에 나타나는 대표적인 신체증상은 15세에서 17세까지의 고교시기는 신체적 변화가 현저하고, 18세에서 23세까지의 대학시기는 성적기능이 성숙되어 급격한 성적발달에 대해 수치심과 불안감을 느끼기도 한다.

첫째, 호르몬의 변화이다. 그 어떤 시기보다도 호르몬의 분비가 왕성해지는 것이 청소년기이다.

호르몬은 내분비선에 의해 분비되는 물질로서 신체의 특정 세포에 메시지를 전달한다. 호르몬 분비의 피드백 체계는 사춘기가 시작될 때, 먼저, 남자 청소년은 안드로겐(androgen)과 테스토스테론(testosterone)이, 여자 청소년에게는 에스트로겐(estrogen)과 프로게스테론(progesterone)과 같은 호르몬이 분비되기 시작한다. 이러한 호르몬은 청소년의 신체적 · 생리적 발달에 중요한 역할을 하여, 남자는 외부 생식기, 신장의 증가, 목소리의 변화 등을, 여자는 가슴과 자궁의 발달, 뼈대의 변화 등 제2차 성징이 나타나게 되며, 얼굴 피부, 뇌 및 어깨 골격에 영향을 준다.

둘째, 신장과 체중이 증가한다. 청소년기는 유아기 이후 인간의 발달단계에서 가장 왕성한 신체발육이 일어나는 성장급등(growth spurt) 시기로 남녀 모두 신장과 체중이 급격히 증가한다. 개인차가 존재하지만 성장급등 시기는 대체로 소녀는 10~11세이고, 소년은 12~13세로, 소녀가 소년보다 약 2년 정도 앞서서 일어나는 것을 알 수 있다.

청소년기 동안의 체중 증가는 뼈의 증가는 물론, 근육과 지방의 증가 및 각종 신체기관의 크기 증가에 기인한다. 이러한 성장급등 현상은 청소년의 신장과 체중 이외의 다른 부위에서도 현저하게 나타난다.

셋째, 성적 측면에서의 성숙이다. 청소년기에 다다르면 성인과 같은 생식능력을 갖게 될 뿐 아니라 생식과는 직접적인 관련이 없지만 남녀를 구분하는 데 중요한 요인인 이차적 성 특징(secondary sex characteristics)이 발달하게 된다. 일반적으로 이차적 성 특징이 발달하기 시작할 때 사춘기가 시작되었다고 말한다. 그러나 성장은 계속적인 과정이기 때문에 사춘기 이후에도 신장과 체중은 물론 이차적 성 특징의 성장은 계속된다.

2. 심리적 특성

자아정체감의 확립과 독립의 요구에 따른 '심리적 이유'에서 나타나는 현상이다. 청소년기가 되면 타인이나 외계 사물과의 종속적 관계에서 벗어나 점차 감춰졌던 내면세계에 눈을 뜨기 시작하여 자기의 주관적 세계 속에서 자아를 찾고 자기를 발견하여 독립적인 자아형성을 희구한다. 부모로부터 벗어나 독립적인 개인으로 인정받기 원하며 소속감을 바탕으로 가정과 부모에서 동료와 이성 등 그 외의 사회집단으로 변화되어 간다. 청소년기는 심리적으로 불안, 고독, 회의, 허세, 반항적인 마음이 생기는 시기이다.

3. 사회적 특성

청소년들은 자기 자신과 공동체와의 건전한 관계성, 개인과의 상호작용 등에 대한 원리를 인식하는 사회적 특성을 가진다. 자신이라는 존재는 사회적 관계 속에 우리 감정의 공동체적 차원으로 자각하고 사회의 존재는 너와 나의 일부로서 협력체적 구성임을 인식하게 된다. 청소년기는 또래와의 관계 속에서 자신의 정체감을 형성하고 유지하는 데 필요한 심리적 · 사회적 지지를 얻게 되는데, 이 시기에 또래친구들로부터 충분한 지지를 받지 못하면 부정적인 자아상이 생기게 되고 사회적 고립감을 갖게 되기도 한다. 이 시기의 청소년은 타인을 떠난 독립체적 존재가 아니라 공동체적 의식 속에 자기임을 발견하는 존재로 자기 자신을 인식하게 된다.

제 3 절 현대사회에서 청소년기의 복지문제

청소년기는 부모의 보호가 절대적으로 필요한 시기이다. 현대사회에서 발생되는 청소년들의 복지문제들은 어느 한순간에 이루어지는 것이 아니라 상당한 기간에 걸친 과정을 통해서 이루어진다고 할 수 있다. 이러한 시간적인 측면뿐만 아니라 청소년들을 둘러싸고 있는 여러 상황 요인들이 복합적으로 작용하는 과정 속에서 발생하게 된다.

여기서는 청소년기의 복지에서의 문제를 가정문제, 학교문제, 사회환경문제로 나누어 살펴보고자 한다(남일재 외, 2007 ; 박용순, 2009 ; 현외성 외, 2011 ; 박상하 외, 2013).

1. 가정문제

가정은 사회의 최소 단위인 가족사회(family society)의 보금자리인 동시에 개인이 삶을 이루어가는 출발지라 할 수 있다. 가정은 인간이 출생하여 최초로 맺는 인간관계이고 양친과 자녀를 그 구성요건으로 하며, 애정과 존경과 신뢰를 정신적 요소로 상호 협조하여 살아가는 혈연적 집단이다. 따라서 문제발생 원인이 적은 가정일수록 그 속에서 적절한 인간관계와 역할을 배울 수 있게 된다. 청소년은 가정생활에서 올바른 인격을 형성하며, 가정 내 부모의 가치관, 교육적 식견, 부부관계, 자녀의 이해 정도, 교육에 대한 열의, 가정교육의 방침, 양육방식 등에 의해 가장 예민하게 영향을 받는다. 그러나 가정이 불행하다면 성장하는 청소년은 정서적으로 불안정하고 다양한 문제를 지닌 비행청소년이 될 수 있으며 이러한 청소년의 성격은 성인이 되어서도 지속되어 일생 동안 사생활을 지배하게 된다. 많은 연구에서 부모의 별거나 이혼, 배우자 또는 자녀 학대, 알코올 및 약물중독 등의 문제를 가진 부모가 있는 가정이 청소년비행의 발생을 높이는 원인임을 지적하고 있다.

2. 학교문제

학교는 청소년기의 지적 성장과 신체적 발육을 위한 교육의 장으로서 청소년의 잠재능력을 계발 · 지도하여 사회발전에 기여할 수 있는 건전한 인간 양성을 위한 기능을 지니고 있다. 특히 청소년기에서 학교기능은 청소년의 개성에 따라 능력을 배양해 주며 가정과 사회에 잘 적응할 수 있도록 도와주는 데 있다.

학교생활은 청소년기에서 소중한 시기로서 맑고 밝은 분위기 속에 각자의 가치관과 의지력 등을 형성하는 교육과정이어야 한다. 그럼에도 불구하고 현재 학교사회는 입시와 경쟁위주의 학습을 강요하는 등 청소년에게 정신적인 상처를 주거나 원만한 활동에 장애요인이 되고 있어 반사회적이고 반항적인 비행집단화의 문제를 야기시키고 있다. 따라서 사회적으로 청소년기 문제가 심각하게 존재하고 있음을 알아야 한다. 그러므로 학교 주변의 환경적 악화는 물론 경쟁위주의 학습강요 등은 청소년문제와 연관하여 해결해야 할 학교문제로 볼 수 있다.

3. 사회환경 문제

사회의 급격한 변화, 문화의 발전은 산업화, 도시화, 정보화 등의 과정을 그대로 보여주고 있는데, 이것 또한 많은 청소년들로 하여금 갈등을 낳게 하고 있다. 특히,교통과 통신의 발달로 인해 도시사회는 공간적으로 협소해지고 일상생활 또한 획일적이고 시간적 제약을 받을 수밖에 없는 관계로 이기적인 경쟁심리 속에서 생활하게 되었다. 이와 같은 사회 속에서 청소년들은 정서적인 고갈과 메마른 감정을 갖게 되고 개인중심의 고독감에 도취되어 사회구조의 모순에 회의를 느끼며 현실 거부의 현상으로써 비행을 저지르게 된다. 인터넷의 보급을 통한 사이버시대의 도래는 정보의 홍수를 가져오게 되었고, 이를 악용하는 불건전한 사이트나 채팅을 통한 범죄는 심각한 사회문제를 야기하고 있고 이에 대한 강한 대처가 절실히 요구된다. 또한 유흥음식점이나 향락업소, 비디오방, 도박장, 사창가 등도 손쉽게 비행할 수 있는 환경적 요소가 되고 있다. 청소년들이 자기 스스로 문제를 해결하지 못하고 있는 실정이므로 이러한 청소년들에게 의료적 처치와 상담 등 전문적인 서비스를 제공할 필요가 있다.

제 4 절 청소년기의 복지서비스 및 과제

청소년복지서비스에는 일반청소년을 위한 서비스, 비행청소년을 위한 서비스, 청소년 가장을 위한 서비스, 근로청소년을 위한 서비스, 미혼청소년을 위한 서비스, 장애인청소년을 위한 서비스가 다양하게 분포되어 있다(현외성 외, 2011).

1. 청소년을 위한 복지서비스

1) 일반청소년

일반청소년을 위한 서비스는 청소년문제의 종합적인 예방과 대책이 장기적으로 이루어져야 할 것이다. 청소년기의 주요 과업은 자아정체성의 확립인데, 이것은 단기간 내에 형성되는 것이 아니기 때문이다. 따라서 청소년을 건전하게 육성하기 위해서는 자아정체성의 확립, 능력계발에 도움을 줄 수 있는 프로그램들이 다양한 청소년단체와 관련 시설들을 중심으로 제공되어야 한다. 구체적으로 자아개념증진 프로그램, 가치관 확립 프로그램, 수련활동, 진로 시도, 자원봉사, 여가선용 및 공동체 의식 함양 프로그램 등이 있다.

2) 비행청소년

청소년비행의 양상이 다양화되고 있고, 그 빈도 및 강도 또한 나날이 증가하고 있다. 특히 우리나라 청소년비행은 비슷한 문화권인 중국, 일본 등과 비교해서 그 정도가 훨씬 심각한 것으로 보고되고 있다. 이에 대한 예방적 사회대책의 일환으로 청소년보호법이 발효 · 실시되고 있으나 청소년비행은 수그러들지 않고 있다. 비행청소년들은 대개 가출을 시작으로 범죄, 약물남용, 학교폭력 등과 같은 비행에 쉽게 빠지게 된다. 이를 해결하기 위한 방법으로 상담 및 치료 프로그램, 교정 및 교화 프로그램, 주변 환경 정화, 매스컴 등의 홍보 및 교육활동, 학교와 복지기관 및 지역사회의 연계 강화 프로그램들이 이루어지고 있다(남일재 외, 2007).

3) 청소년가장

청소년가장이란, 첫째, 만 20세 미만의 아동으로 한 세대를 구성하고 있는 가정, 둘째, 노동력이 없는 직계혈족을 모시고 있으나 아동이 실질적인 가정을 책임지고 있는 결손 및 빈곤가정, 셋째, 경제적 및 심리적으로 전적인 책임을 지고 있지 않는 방계혈족과 더불어 생활하는 아동으로 정의된다.

부모 대신 자신이 집단의 가장이 된 청소년들은 심리적 고립과 괴리감, 대인관계 장애, 가족문제, 가사문제, 경제적 어려움 등의 문제에 직면한다. 이러한 문제를 해결하기 위해 생활보호서비스와 결연사업, 가사지원서비스 등을 제공하고 있다(김융일 외, 2003 ; 박경일 외, 2011).

청소년복지의 주요 분야와 문제 및 복지적 대책은 〈표 9-1〉과 같다.

〈표 9-1〉 청소년복지의 주요 분야와 문제 및 복지적 대책

분야	주요 문제	복지대책
일반청소년을 위한 복지	자아정체성 확립, 능력계발 자기수양 등	자아개념 증진, 가치관 확립 프로그램, 수련활동, 진료지도, 자원봉사 프로그램
비행청소년을 위한 복지	범죄, 약물남용, 가출, 학교폭력 등	상담 및 치료 프로그램, 교정교화 프로그램, 주변환경 정화, 매스컴 등의 홍보 및 교육활동, 학교와 복지기관 및 지역사회의 연계 강화 등
근로청소년을 위한 복지	임금 및 근로시간 등의 근로환경, 사회정서적 문제, 진로 및 교육기회	근로환경 개선, 주거여건 확충, 여가 · 문화 프로그램, 교육기회 제공, 자기성장 프로그램 등

분야	주요 문제	복지대책
미혼청소년 부모를 위한 복지	신체적 · 정신적 발달 장애, 낙태나 약물남용, 학대나 방임, 기타 사회적 · 경제적 손실 등	상담, 보건의료 대책, 교육 및 취업기회 제공, 입양 및 시설보호, 생활보호, 교육 및 홍보 등
청소년가장을 위한 복지	심리적 고립, 괴리감, 대인관계 장애, 가족문제, 가사문제, 경제적 어려움 등	생활보호, 결연, 상담, 가사지원서비스 등
장애청소년을 위한 복지	지체, 시각, 청각, 언어장애, 정신지체장애로 인한 사회적 차별문제 등	공적부조, 장해연금, 조세감면 및 이용요금 할인, 의료보장, 시설보호, 재가복지서비스, 재활서비스 등

출처 : 박경일 외(2011).

2. 청소년기 과제

청소년복지는 역사적 · 문화적 산물이고 산업화와 밀접한 관계가 있어 왔다.

청소년기본법 제5조에서는 '청소년은 안전하고 쾌적한 환경 속에서 자기발전을 추구할 권리가 있으며, 정신적 · 신체적 건강을 해치거나 해칠 우려가 있는 모든 형태의 환경으로부터 보호되어야 한다'고 청소년의 권리를 규정하고 있다.

1980년대 중반까지 청소년복지는 아동복지의 하나로 다루어졌고, 관심 영역도 청소년의 비행이나 문제를 중심으로 제한되었다. 미래사회의 주역이 될 청소년의 복지증진을 위해서 필요한 구체적인 과제를 살펴보면 다음과 같다(조흥식 외, 2013 ; 김형수 외, 2013).

첫째, 가정의 기능과 역할 강화를 위한 다양한 조치가 필요하다. 가정은 청소년에게 있어서 일차적 보호장소이기 때문에 가정을 통해서 물질적 · 정서적 · 정신적 욕구가 충족되도록 해야 한다. 이를 위해서는 소득보장체계를 확충하고 가정의 기능을 지원 또는 강화하는 서비스 프로그램의 확대가 필요하다.

둘째, 청소년복지의 대상이 단순히 문제청소년이나 요보호청소년에 한정되지 않고 모든 청소년으로 확대되어야 한다. 청소년복지의 대상 선정과 관련하여 연령뿐 아니라 일반청소년을 대상으로 확대할 경우 청소년복지가 가지는 사회복지의 가치를 실현하는 것으로, 비행청소년과 요보호청소년의 위급한 경우가 아닌 일반 청소년을 위한 보편주의적 복지를 실현하는 것이 중요하다.

셋째, 청소년복지는 사회복지의 한 영역으로 청소년의 기본적 욕구를 충족시키고, 신체 · 심리 · 정서적 영역까지 최상의 발달을 도모하기 위해 공식적인 기관과 전달체계를 통해 제공되는 조직적인 서비스이다. 이에 청소년복지의 정체성을 가진 정책과 전달체계의 마련이 필요하다.

넷째, 청소년복지의 주요 수단은 청소년복지서비스, 교육기회 확대사업, 근로조건 개선사업, 청소년활동사업, 청소년행정 등을 들 수 있다. 이러한 수단들은 청소년 개인의 보호 측면과 전체 가족의 유지 측면 간의 균형을 유지하고, 청소년복지의 대상이나 중점 프로그램을 선정하는 관점에서 정책의 모든 대상이 자신의 요구와 관계없이 무차별적으로 주어지는 것으로 보편적인 성격을 지니고 있다. 그러나 '보편주의'와 도움을 요청하는 경우에 한하여 가장 조속한 시일 내에 자립할 수 있게 하는 방향으로 시정적 · 종별적 열등처우의 원칙을 바탕으로 시행하는 '선정주의' 간의 균형을 이루도록 정책적 통합이 필요하다.

다섯째, 지역사회에 기반을 둔 청소년복지체계가 필요하다. 사회양극화 현상, 학교부적응, 가정해체 등으로 위기청소년이 급증하고 청소년의 욕구는 다양한 반면, 위기청소년의 가정 및 사회복귀를 돕는 지역사회 중심의 위기청소년 사회안전망은 아직 취약하다. 따라서 지역사회의 특성에 따른 사업개발과 서비스 계획을 수립할 수 있도록 하여 지역사회가 각기 다른 배경과 특성을 가진 지역의 청소년에 대한 우선순위를 세울 수 있도록 지역사회의 역량을 강화해 나가는 접근이 필요하다.

여섯째, 청소년복지와 청소년에 대한 정책과 서비스는 즉시 그 결과가 나타나기보다는 시간이 어느 정도 흐른 후에 나타나기 때문에 단기 비용과 장기 수익 간의 균형 등의 특성을 고려하여 미래 시민사회 성인으로 키운다는 보다 거시적인 마인드가 필요하다고 할 수 있다.

참고문헌

김용균(2009). 청소년복지 증진을 위한 청소년 수련시설 실태운영 연구－고양시 청소년 수련관을 중심으로. 서강대학교 대학원 석사학위논문.

김융일 외(2003). 『사회복지학개론』. 동인.

김형수 외(2013). 『사회복지개론』. 정민사.

남일재 외(2007). 『사회복지개론』. 학현사.

노혁(2010). 『청소년복지론(개정판)』. 교육과학사.

박경일 외(2011). 『사회복지강의』. 양서원.

박상하 외(2013). 『사회복지개론』. 양서원.

박용순(2009). 『사회복지개론』. 학지사.

박차상 외(2010). 『사회복지학개론』. 학현사.

오영재 외(2004). 『뉴밀레니엄 시대의 청소년복지론』. 대왕사.

임춘식 외(2007). 『사회복지학개론』. 공동체.

조흥식 외(2013). 『사회복지개론』. 창지사.

현외성 외(2011). 『사회복지학의 이해』. 양서원.

홍봉선 외(2013). 『청소년복지론』. 공동체.

Chapter 10

노인복지

제 1 절 노인복지의 이해

1. 노인의 정의

노인(老人)이란 어의상으로는 시대적 · 사회적 환경에 따라 '늙은이', '나이 많은 자'로 표현되지만 그것을 명확히 한다는 것은 실제로 어렵다. 노인에 대한 규정은 사회의 정치적 · 경제적 · 사회적 · 문화적 상황이 고려되어야 하며, 개인의 신체적 · 심리적 · 사회적 요인 등도 고려되어야 한다(이혜원, 2004).

UN 분류에 따르면 전체 인구 중 65세 이상 노인이 7% 이상(7~14% 미만)이면 고령화사회(aging society), 14% 이상(14~20%)이면 고령사회(aged society), 20% 이상이면 초고령사회(super-aged society)라고 한다.

국제노년학회(1951)에서 노인이란 인간의 노화과정에서 나타나는 생리적, 심리적, 환경적 변화 및 행동적 변화가 복합적으로 상호작용하는 과정에 있는 사람이라고 규정하며, 다음의 특성을 지닌 사람을 의미한다고 하였다(양점도 외, 2010).

첫째, 환경변화에 적절히 적응할 수 있는 조직기능이 감퇴되고 있는 사람

둘째, 생체의 자체 통합능력이 감퇴되고 있는 사람
셋째, 인체의 기관, 조직, 기능에 쇠퇴현상이 일어나는 시기에 있는 사람
넷째, 생활상의 적응능력이 결손되어 가고 있는 사람
다섯째, 조직의 예비능력이 감퇴되어 적응이 제대로 되지 않는 사람

브린(Breen, 1960)은 노인이란 생리적, 생물학적, 심리적 및 사회적 노화의 개념이 포함되어야 한다고 주장하면서 노인을 생리적 및 생물학적인 면에서 쇠퇴기에 있는 사람, 심리적인 면에서 정신기능과 성격이 변화되고 있는 사람, 사회적인 면에서 지위와 역할이 상실되어 가는 사람으로 정의하였다.

노인에 대한 정의는 시간의 흐름에 따른 개개인의 다양한 기능적 변화를 고려한다. 그러나 노화는 개인차가 크기 때문에 이러한 기능연령으로는 노인복지정책과 같은 국가정책을 노인 개개인에게 적용하기 어렵다. 그래서 역연령에 의한 기준을 사용하고 있다. 우리나라에서는 만 60세를 환갑이라 하여 노인으로 인식하고 있다. 행정법상 적용되는 노인복지서비스의 대상자는 주로 만 65세 이상을 지칭하고 있고, 법에 따라 적용받는 연령의 범위도 차이가 있어 달리 분류하는 경우도 있다(통계청, 2004). 노인 관련 법규에서는 고용상 연령차별금지 및 고령자고용촉진에 관한 법률에서 노인은 55세 이상을 규정하고, 노인복지법이나 국민기초생활 보장법에서는 노인을 65세 이상인 자로 그 범위를 달리 적용하고 있다.

2. 노인복지의 정의

노인복지의 정의를 구체적으로 좀 더 살펴보면 노인이 복리적인 상태를 유지할 수 있도록 하는 사회적 활동이자 사회복지실천의 한 분야로서, 노인이 인간다운 생활을 영위하면서 자기가 속한 가족과 사회에 적응하고 통합하는 데 필요한 자원과 서비스

의 제공과 관련된 공적 및 사적 차원에서의 조직적 제반 활동이라 할 수 있다(장인협 외, 2004). 즉, 노인복지는 노인문제를 예방하고 해결하기 위한 체계적 · 조직적 노력이라고 정의될 수 있으며, 조금 더 구체적으로 보면, '노인의 심신건강 유지와 생활안정을 위하여 필요한 노인생활의 전면 보장 및 복지서비스'이다. 그러나 일반적으로 노인복지라고 하면 넓은 뜻으로는 노인생활의 전면 보장을 말하기도 하고, 좁은 뜻으로는 최소한의 생활유지를 의미하는 복지서비스를 말하는 경우도 있다(양옥남 외, 2016).

노인복지란 "모든 노인들이 최저수준 이상의 생활을 유지하고, 사회적 욕구충족과 생활상의 문제를 예방 · 해결하며, 노후생활에 대한 적응과 사회통합을 이루는 데 필요한 급여와 서비스를 제공하는 공공과 민간부문의 조직적이고 전문적인 제반 활동"이라고 정의하고 있다(권중돈, 2016).

노인복지의 개념을 통합해 보면, 노인복지는 노인이 인간다운 생활을 영위하면서 소속된 가족 및 지역사회에 적응하고 통합되도록 필요한 자원과 서비스를 제공하는데 관련된 공적 및 사적 차원에서의 조직적 제반 활동으로 정의될 수 있다. 여기서 인간다운 생활이란 그 노인이 속한 국가사회의 발전적 수준에 비추어 의식주의 기본적인 욕구를 충족하고 건강하고 문화적인 삶을 사는 것을 뜻하며, 가족과 사회에 적응하고 통합되는 것은 노인이 그가 속할 수 있는 사회적 조직망에서 사회적 · 심리적으로 소외감을 느끼지 않게 되는 것을 의미한다. 자원과 서비스를 제공하는 것은 이용 가능한 인적 · 물적자원을 찾아 연결시켜 주거나 또는 보충해 주며, 사회적 적응에 있어서의 문제를 해결해 주고, 나아가서 개인의 발전을 위한 욕구충족에 필요한 서비스까지 제공해 주는 것을 의미한다.

노인복지에 관련되는 활동은 공적 차원뿐 아니라 사적 차원에의 활동을 포함하며, 그것을 무계획적으로 이루어지는 것이 아니라 계획에 의해서 조직적으로 이루어지는 활동이어야 한다.

3. 노인복지의 목표 및 원칙

우리나라 노인복지법 제1조에서는 "노인의 질환을 사전예방 또는 조기발견하고 질환상태에 따른 적절한 치료 · 요양으로 심신의 건강을 유지하고, 노후의 생활안정을 위하여 필요한 조치를 강구함으로써 노인의 보건복지증진에 기여함을 목적으로 한다"고 규정하고 있다. 제2조에서도 "건전하고 안정된 생활보장", "적당한 일에 종사", "사회적 활동 참여기회 보장", "심신의 건강유지", "사회발전에 기여하도록 노력"을 규정하고 있다. 이를 종합하면 노인복지의 일반적 목표는 다음과 같다(최성재 외, 2016).

첫째, 국민적 최저수준의 생활유지이다. 노인도 국민의 한 사람으로서 국가의 경제적 · 사회적 여건에 맞는 인간다운 생활을 유지할 수 있도록 최저한의 경제적 보장을 받아야 한다.

둘째, 사회적 통합의 유지이다. 사회적 통합은 개인이 자기가 속한 사회체계인 가족, 이웃, 집단, 조직, 지역사회 및 국가사회 등에 사회 · 심리적으로 유대감을 갖고 적응하고 있는 상태를 말한다.

셋째, 개인의 성장욕구 충족이다. 노년기는 인간 성장발달 단계의 마지막 단계로서, 노년기에 있는 개인은 개인으로서 특수한 발전의 욕구가 있고 또한 성공적인 노년기의 삶을 위한 발달과업이 있다.

이러한 노인복지의 목표를 성공하기 위해서는 다음과 같은 사회복지의 기본가치들을 전반적으로 반영한 노인복지의 원칙들이 준수되어야 한다. 이 원칙은 자립(independence), 참여(participation), 보호(care), 자아실현(self-fulfillment), 존엄(dignity)이 있다.

제 2 절 현대사회의 노인 특성 및 노인문제

1. 노인 특성

노화에 따른 노인의 특성을 다음과 같이 살펴볼 수 있다(박경일 외, 2011).

1) 신체적 특성

신체적 측면으로서는 첫째, 신체기능의 전반적인 쇠퇴를 들 수 있는데 인내력의 감퇴, 활동성의 감퇴, 정력의 감퇴, 청결도의 감소, 흥미의 감소, 자기중심적 경향을 들 수 있다. 둘째, 신체적 외관의 변화인데 노년에 가까울수록 백발이 늘고, 두발이 빠지고, 주름살이 늘며, 허리가 굽어지고, 신체적 장애를 호소하여 타인의 주의를 끌려고 하는 경향이 나타난다. 셋째, 만성질환의 출현으로 암이나 동맥경화, 고혈압, 당뇨병, 심장병, 신장병 등 만성불치의 질환이 나타난다. 이렇게 신체적인 측면의 노화는 대체로 40세를 전후해서 부분적으로 시작되나 개인에 따라 차이가 있어 신체적인 변화의 시점으로 노인을 규정하기는 어렵다.

2) 심리적 특성

노화에 따른 신체적 변화는 정신면에서 변화를 야기하게 되며 그에 따른 심리적 특성이 나타난다. 노인 성격 변화로 우울증이 나타나는데 이는 신체적 질병, 배우자의 죽음, 경제사정 악화, 사회와 가족들로부터 소외와 고립, 일상생활에서 자기통제의 불가능, 지나온 세월에 대한 회환 등이 원인이며 남성노인에 비해 여성노인이 2~3배 발병률이 높다. 또한 사고, 감정에 의해 사물 판단에서 내향성, 수동성이 증가하고 자기에게 익숙해져 있는 습관, 태도 및 방법을 고수하는 경직성이 증가된다.

조심성도 노년기의 일반적 특성으로, 그 원인은 노인 스스로의 의지로써 정확성을 중요시하기 때문이고 시각, 청각 등의 감각능력 감퇴를 비롯한 신체적 · 심리적 기능이 쇠퇴한 결과이며, 따라서 결정에 대한 자신감이 감퇴한 때문인 것으로 추측할 수 있다.

3) 사회적 특성

노년기는 사회적으로 득보다 실이 많은 시기이고, 이러한 노년기의 사회적 손실은 현대 산업사회의 보편적인 현상이다. 노년기에 접어들면 사회체계 내에서의 소외와 고립의 증가, 수입의 감소, 이에 따른 의존성 증가, 사기 저하 등의 사회적 손실을 입게 된다. 이러한 이유로 대부분의 사람들은 노인이 되는 것을 바라지 않고 이러한 점이 노년기로의 지위와 역할의 전환을 어렵게 한다. 일반적으로 노화와 함께 경험하게 되는 직업인으로서 또한 가장으로서의 역할상실과 배우자의 사망으로 인한 남편 또는 아내로서의 역할상실은 노년에의 적응을 어렵게 하는 요인이라고 할 수 있다.

2. 노인문제

1) 노인인구의 증가 및 고령화

현대사회의 급속한 산업화와 도시화에 따라 인구학적 측면에서도 많은 변화가 초래되었다. 즉, 가족계획사업과 보건분야의 개선으로 인구증가율의 둔화와 연령층 구성의 변화가 있어 왔으며, 산업화에 따른 인구분배 현상으로 도시지역에 많은 인구가 집중되는 반면, 농어촌지역에는 감소하고 있다. 이러한 인구변동은 노년인구의 증가 및 구성비의 증가, 사망률의 저하에 따른 평균수명의 연장, 노년인구지수의 증대 등으로 노인문제를 야기하는 기본적인 요인이 되고 있다(김안호 외, 2008).

한국인의 평균 기대수명 평균 73세까지 건강하게 산다. 남녀 6년 차이가 난다. 이와 같은 노인인구의 증가는 경제적 측면에서 비생산인구를 증가시켜 젊은 세대로 하여금 부양책임을 가중시키는 동시에 노동력의 부족을 초래한다. 정치적 측면에서는 노인들의 완고한 심리적 특성으로 인하여 보수적일 때가 많으며, 사회심리적 측면에서 젊은 세더와의 의견대립으로 사회진보의 저해요인이 되기 쉽다(전재일 외, 2010).

또한 현대사회는 고도의 경제성장과 의료기술의 발달로 평균수명이 늘어나고 이로 인한 인구고령화 현상이 급속히 진전되고 있다. 인구고령화의 원인은 평균수명의 연장과 출산율의 저하이다.

UN에서는 65세 이상 노인인구가 전체 인구의 7% 이상을 차지할 때 고령화사회, 14% 이상이면 고령사회, 20% 이상이면 초고령사회로 분류한다.

우리나라는 1960년 65세 이상의 노인인구는 불과 72만 6천 명(전체 인구의 2.9%)이었는데, 2000년에는 339만 명(7.2%)으로 고령화사회에 진입하였다. 앞으로 2022년 901만 명, 2030년 1,306만 명, 2050년 1,900만 명이 넘는 초고령사회가 될 전망이다(통계청, 2009).

우리나라는 노인인구의 증가뿐 아니라 인구고령화 진행속도 또한 세계에서 가장 빠르다. 우리나라가 고령화사회에서 고령사회로 진입하는 데 소요되는 기간은 불과 18년으로, 프랑스(115년), 미국(71년), 독일(40년)은 물론 일본(24년)보다도 더 빠르게 진행될 것으로 보여지고 있다. 인구고령화 현상은 노동생산성 하락으로 인한 경제성장의 둔화, 세대 간 갈등 심화, 국가의 사회복지재정 지출의 증가를 초래하게 된다. 따라서 국가는 인구고령화로 야기되는 사회적 변화와 위험을 파악하여 이를 예방하고 해결할 수 있는 적극적인 대응방안을 제시하여 추진해 나가야 할 것이다.

또한 우리나라의 출산율은 지난 30여 년간 지속적으로 하락하였다. 1970년에 4.5명이던 합계출산율이 1983년에는 2.1명으로 낮아졌고, 통계청에 따르면 2021년도 우리나라 합계출산율은 0.81명이다. 세계에서 두 번째로 낮은 수준을 기록했다. 이처럼 출산율 저하현상은 향후 경제활동인구의 축소로 생산연령인구(15~64세 인구)가 부양해야 할 노년부양비는 1970년에 5.7%였다. 이후 노년부양비는 계속 증가하여 2005년에

12.6%로, 10년 전인 1995년 8.3%에 비해 4.3% 증가하였고, 이후 2000년 기준 노년 부양비는 10.1명이었으나 불과 20년이 경과한 2021년에는 23.1명으로 증가했고 2025년 29.7명 2030년에는 38.6명, 2040년에는 60.5명까지 노년 부양비가 증가해서 생산가능인구인 젊은층의 노인인구 부양부담이 현재 대비 2배 이상 가중될 것으로 전망된다.

2) 노인의 경제문제

우리나라 노인이 직면하는 가장 어려운 문제는 경제적 어려움으로 나타났다. 대부분의 노인들은 자신의 노후대비는 미흡하고 주로 자식들의 교육, 결혼 등으로 많은 비용을 투자하였고, 특히 농촌 노인들은 자식들의 교육, 취업을 위하여 자식을 도시로 진출시키기 위해 더 많은 희생을 치루었다(유성호 외, 2002).

우리나라 노인은 점차 생산수단을 잃게 되었고, 노동능력이 있어도 생산에 참여하기 어렵다. 또한, 국민연금 등 정부의 복지정책은 일반노인에게 거의 영향을 주지 못하기 때문에 노인의 소득수준은 자신의 근로소득과 자녀의 수입에 의존하게 되고, 나이가 들수록 자녀들에게 의존하게 되면서 경제적 뿐만 아니라 심리적인 고통도 갖게 된다.

3) 노인의 건강문제

건강은 노인들에게 가장 큰 관심사이며, 노인들은 고령이 되면서 심신의 기능저하로 다른 연령층에 비해 상병률이 높고 노인병은 대부분 만성질환이거나 합병증이 많다. 따라서 장기적인 요양이나 치료가 필요하게 되고, 의료비 이외에도 수발이나 간병문제가 노후생활의 가장 큰 불안요소로 손꼽히고 있다.

노인 중에서 신체적·정신적 노화로 인하여 허약노인 또는 장애노인의 수가 급증하고 있다. 전체 노인의 86.7%가 만성질환을 지니고 있고, 만성질환에 의하여 일상생활에 지장을 받는 노인은 72.2%이며, 이들 중 약 8%는 와상상태(종일 누워 지내는 상태)에 있으며, 노인치매 유병률도 8.3%로 추정되고 있다.

건강의 악화로 와상노인이나 치매노인이 되었을 때 이를 간호하고 돌보는 문제가 심각한 노인문제가 되고 있다. 우리나라에는 노인전문병원이나 요양시설이 수요에 비하여 너무 부족하여 이용할 수 없기 때문에 노인 자신이 간호보호를 받거나 가족들이 노인을 간호보호하는 데 문제가 되고 있다. 특히 가족 수의 감소, 여성의 취업, 사회활동참여 증가, 가족의 보호기능을 보강하기 위한 서비스 미비 등으로 간호보호에 따르는 많은 어려움이 있다(유공순 외, 2007).

4) 역할상실과 소외문제

현대사회의 급격한 산업화 과정에서 나타나는 산업구조의 변화와 생산기술이 기계화됨으로써 노인들의 경험이나 지식이 불필요하거나 경쟁에 뒤떨어짐으로써 노인들은 젊은 세대에게 취업 및 직업역할 수행에 있어 역할을 상실하게 된다. 직업역할상실에 수반하여 생계유지자로서의 역할도 상실되어 역할상실은 더욱 심각해진다. 오늘날과 같이 많은 노인인구를 가져보지 못했고 이에 대한 준비가 부족했으므로, 퇴직 후의 노령기에 적절한 역할과 규범을 확립하지 못하고 있다. 우리나라 노인세대의 대부분은 뚜렷한 정년퇴직을 거쳐 역할을 상실한 사람들은 아니지만 다른 이유로서도 역할을 상실하고 무엇을 해야 할지 모르는 가운데 방황하고 있다.

대다수의 노인들은 사회심리적 갈등으로 인한 소외문제를 겪고 있으며, 특히 세대 간 교육수준 및 가치관의 차이, 가족 내 노인의 지위저하, 그리고 핵가족화로 인하여 노인은 가족들로부터 심리적 소외감과 고독감을 경험하게 될 뿐만 아니라 노인 유기 및 학대를 경험하기도 한다. 이로 인해 부모와의 동거, 별거문제, 부모부양문제 등에 대한 갈등이 나타난다. 이는 부모와 자녀 간의 사회적 및 심리적 고립과 소외라는 노인문제를 발생시키게 된다는 것이다. 현대 노인은 가장 가까운 사람인 자녀와 떨어져

사는 경우가 많고, 배우자와 사별한 이후에도 상당기간 동안 혼자 살기 때문에 역할상실과 소외감은 깊어진다.

제 3 절 노인복지서비스 및 정책의 이해

1. 노인복지서비스

노인복지서비스는 노인이 가진 심리적·사회적 욕구와 연관된 사회적 서비스(personal social service for the elderly)를 말한다. 즉, 서비스가 제공되는 장소에 따라 가정, 지역사회, 시설 등을 기반으로 노인과 그 가족에게 필요한 자원과 서비스를 제공함으로써 활기차고 건강한 노후를 보낼 수 있도록 지원하는 공적·사적 서비스를 말한다.

노인복지서비스는 주로 노인복지시설을 통해서 이루어져 왔다. 현행 노인복지법 제31조는 노인복지시설의 종류를 노인주거복지시설, 노인의료복지시설, 노인여가복지시설, 재가노인복지시설, 노인보호전문기관으로 구분하고 있다.

〈표 10-1〉 **노인복지시설 현황** (단위: 개소)

		2017	2018	2019	2020	2021
노인주거복지시설	소계	404	390	382	352	337
	양로시설	252	238	232	209	192
	노인공동생활가정	119	117	115	107	107
	노인복지주택	33	35	35	36	38
노인의료복지시설	소계	5,242	5,287	5,529	5,725	5,821
	노인요양시설	3,261	3,390	3,595	3,844	4,057
	노인요양공동생활가정	1,981	1,897	1,934	1,881	1,764

		2017	2018	2019	2020	2021
노인여가복지시설	소계	67,324	68,013	68,413	69,005	68,823
	노인복지관	364	385	391	398	357
	경로당	65,604	66,286	66,737	67,316	67,211
	노인교실	1,356	1,342	1,285	1,291	1,255
재가노인복지시설	소계	3,216	3,494	4,821	7,212	9,984
	방문요양서비스	1,001	1,051	1,513	2,656	4,156
	주야간보호서비스	1,174	1,312	1,816	2,321	2,618
	단기보호서비스	80	73	78	73	69
	방문목욕서비스	609	650	942	1,596	2,415
	방문간호서비스	10	21	60	95	158
	복지용구지원서비스	–	0	0	86	208
	재가지원서비스	342	387	412	385	360
노인보호전문기관	노인보호전문기관	32	33	34	35	37
노인일자리지원기관	노인일자리지원기관	153	160	184	196	206
학대피해노인 전용쉼터	학대피해노인 전용쉼터	–	18	19	19	20
합계		76,371	77,395	79,382	82,544	85,228

출처 : 보건복지부 「노인복지시설 현황」.

주석: 노인복지시설의 명칭이 노인복지법 시행규칙의 개정,시행으로 다음과 같이 변경되었습니다.

* 재가노인지원서비스(재가노인복지시설) 신설('10.2.24)

* 노인전문병원(노인의료복지시설),노인휴양소(노인여가복지시설)삭제('11.12.8)

* 노인일자리지원기관 신설('13.12.5)

* 학대피해노인 전용쉼터 신설('17.19.15.)

* 복지용구지원서비스(재가노인복지시설) 신설('19.12.12)

(시설 종류)

- 노인주거복지시설 : 양로시설, 노인공동생활가정, 노인복지주택
- 노인의료복지시설 : 노인요양시설, 노인요양공동생활가정
- 노인여가복지시설 : 노인복지회관, 경로당, 노인교실
- 재가노인복지시설 : 방문요양서비스, 방문목욕서비스, 방문간호 서비스, 주야간보호서비스, 단기보호서비스, 재가노인지원서비스, 복지용구지원서비스
- 노인보호전문기관 : 노인보호전문기관
- 노인일자리지원기관 : 노인일자리지원기관
- 학대피해노인 전용쉼터

1) 노인주거복지시설

노인주거복지시설은 노인이 생활할 수 있도록 주거를 포함한 일체의 생활이 가능하도록 서비스를 제공하는 시설이다. 아래와 같이 양로시설, 노인공동생활가정, 노인복지주택으로 통합 개편되었다(노인복지법 제32조).

첫째, 양로시설은 노인을 입소시켜 급식 및 기타 일상생활에 필요한 편의를 제공함을 목적으로 하는 시설이다.

둘째, 노인공동생활가정은 노인에게 가정과 같은 주거여건과 급식, 그 밖에 일상생활에 필요한 편의를 제공함을 목적으로 하는 시설이다.

셋째, 노인복지주택은 노인에게 주거시설을 분양 또는 임대하여 주거의 편의 · 생활지도 · 상담 및 안전관리 등 일상생활에 필요한 편의를 제공함을 목적으로 하는 시설이다.

2) 노인의료복지시설

노인의료복지시설은 주거생활은 물론 보건의료적 서비스를 제공하는 시설로서 아래와 같이 노인요양시설, 노인요양공동생활가정으로 통합 · 개편되었다(노인복지법 제34조).

첫째, 노인요양시설은 치매 · 중풍 등 노인성 질환 등으로 심신에 상당한 장애가 발생하여 도움을 필요로 하는 노인을 입소시켜 급식 및 요양, 기타 일상생활에 필요한 편의를 제공함을 목적으로 하는 시설이다.

둘째, 노인요양공동생활가정은 치매 · 중풍 등 노인성 질환 등으로 심신에 상당한 장애가 발생하여 도움을 필요로 하는 노인에게 가정과 같은 주거 여건과 급식 · 요양, 그 밖에 일상생활에 필요한 편의를 제공함을 목적으로 하는 시설이다.

3) 노인여가복지시설

노인여가복지시설은 노인이 건강하고 건전한 여가활동을 할 수 있도록 제반 서비스를 제공하는 시설이다. 아래와 같이 노인복지관, 경로당, 노인교실로 구분된다(노인복지법 제36조).

첫째, 노인복지회관은 무료 또는 저렴한 요금으로 노인에 대하여 각종 상담에 응하고, 건강의 증진 · 교양 · 오락 기타 여가활동을 할 수 있는 장소를 제공함을 목적으로 하는 시설이다. 가형은 3,000m², 나형은 2,000m² 미만, 다형은 1,000m² 이상 면적의 이용시설이다.

둘째, 경로당은 지역 노인이 자율적으로 친목도모, 취미활동, 공동작업장 운영 및 각종 정보교환, 기타 여가활동을 할 수 있는 장소를 제공함을 목적으로 하는 시설이다. 지방자치제도에 따라 각 마을단위로, 없는 마을이 없을 정도로 많은 시설이 경쟁적으로 만들어지고 있으나 프로그램의 개발이 요청되고 있다.

셋째, 노인교실은 노인에게 사회활동, 참여욕구를 충족시키기 위하여 건전한 취미생활, 노인건강 유지, 소득보장, 기타 일상생활과 관련한 학습 프로그램을 제공함을 목적으로 하는 시설이다. 지방자치단체는 물론 종교기관에서도 노인대학이라는 명칭으로 많이 운용되고 있으나 아직도 프로그램을 보면 도시와 농촌에 따라 현저한 격차를 보이고 있다.

4) 재가노인복지시설

재가노인복지시설이란 노인이 자기가 살고 있는 가정에 거주하면서 필요한 서비스를 제공받을 수 있도록 도움을 제공하는 시설이다. 재가노인복지사업은 1987년 한국노인복지회에서 저소득층 노인을 대상으로 시작했으며, 아래와 같이 방문요양서비스, 주 · 야간보호서비스, 단기보호서비스, 방문목욕서비스, 그 밖의 서비스로 구분된다(노인복지법 제38조).

첫째, 방문요양서비스는 신체적 · 정신적 장애로 일상생활을 영위하기 곤란한 노인이 있는 가정에 요양보호사를 파견하여 노인의 신체적 서비스와 일상생활에 필요한 각종 편의를 제공하여 지역사회 안에서 건전하고 안정된 노후생활을 영위하도록 하는 서비스이다.

둘째, 주 · 야간보호서비스는 부득이한 사유로 가족의 보호를 받을 수 없는 심신이 허약한 노인과 장애노인을 주간 또는 야간 동안 보호시설에 입소시켜 필요한 각종 편의를 제공하여 이들의 생활안정과 심신기능의 유지 · 향상을 도모하고, 부양가족의 신체적 · 정신적 부담을 덜어주기 위한 서비스이다.

셋째, 단기보호서비스는 부득이한 사유로 가족의 보호를 받을 수 없어 일시적으로 보호가 필요한 심신이 허약한 노인과 장애노인을 시설에 단기간 입소시켜 보호함으로써 노인 및 부양가족의 복지증진을 도모하기 위한 서비스이다.

넷째, 방문목욕서비스는 신체적 · 정신적 장애로 일상생활을 영위하기 곤란한 노인이 있는 가정을 방문하여 요양보호사가 목욕을 제공하는 서비스이다.

다섯째, 그 밖의 서비스는 그 밖에 재가노인에게 제공하는 서비스로서 보건복지부령이 정하는 서비스이다.

5) 노인보호전문기관

국가 및 지방자치단체는 학대받는 노인을 위한 전문적 상담과 서비스를 제공 · 담당하는 노인보호전문기관을 설치하여야 하는데 2015년 12월 29일 개정된 노인복지법에 의하면, 국가는 지역 간의 연계체계를 구축하고 노인학대를 예방하기 위하여 중앙노인보호전문기관을 설치 · 운영하여야 하며, 학대받는 노인의 발견 · 보호 · 치료 등을 신속히 처리하고 노인학대를 예방하기 위하여 특별시 · 광역시 · 도 · 특별자치도에 지역노인보호전문기관을 설치 · 운영하도록 하고 있다.

먼저 국가가 설치 · 운영하는 중앙노인보호전문기관이 수행하는 업무는 다음과 같다(노인복지법 제39조의 5).

첫째, 노인인권보호 관련 정책제안

둘째, 노인인권보호를 위한 연구 및 프로그램의 개발

셋째, 노인학대 예방의 홍보, 교육자료의 제작 및 보급

넷째, 노인보호전문사업 관련 실적 취합, 관리 및 대외자료 제공

다섯째, 지역노인보호전문기관의 관리 및 업무지원

여섯째, 지역노인보호전문기관 상담원의 심화교육

일곱째, 관련 기관 협력체계의 구축 및 교류

여덟째, 노인학대 분쟁사례 조정을 위한 중앙노인학대사례판정위원회 운영

아홉째, 그 밖에 노인의 보호를 위하여 대통령령으로 정하는 사항

그리고 특별시 · 광역시 · 도 · 특별자치도에 설치 · 운영하는 지역노인보호전문기관이 수행하는 업무는 다음과 같다(노인복지법 제39조의 5).

첫째, 노인학대 신고전화의 운영 및 사례접수

둘째, 노인학대 의심사례에 대한 현장조사

셋째, 피해노인 및 노인학대자에 대한 상담

넷째, 피해노인가족 관련자와 관련 기관에 대한 상담

다섯째, 상담 및 서비스제공에 따른 기록과 보관

여섯째, 일반인을 대상으로 한 노인학대 예방교육

일곱째, 노인학대행위자를 대상으로 한 재발방지 교육

여덟째, 노인학대사례 판정을 위한 지역노인학대사례판정위원회 운영 및 자체사례회의 운영

아홉째, 그 밖에 노인의 보호를 위하여 보건복지부령으로 정하는 사항

2. 노인복지정책

1) 소득보장

노인의 경제적 빈곤을 예방하거나 해결하는 사회적 노력으로서, 소득보장 효과를 가져오는 방법은 일반적으로 사회보험, 공공부조, 사회수당제도 등의 직접적인 방법과 노인들에게 특별히 소득보장을 촉진하기 위한 취업 지원, 세제혜택 등으로 소득보장의 효과를 간접적으로 가져오게 하는 방법이 있다.

여기서는 최근에 실시되고 있는 기초노령연금에 대해서 살펴보기로 하겠다.

기초노령연금제도는 2008년 1월 1일부터 시행되었다. 이 제도는 노인이 후손의 양육과 국가 및 사회의 발전에 이바지하여 온 점을 고려하여 생활이 어려운 노인의 생활안정 지원과 복지증진을 목적으로 하고 있다.

기초노령연금제도는 액수는 적지만 지금까지 노후생활 안정을 위한 어떠한 정책보다도 대상자 수의 규모 면에서 큰 정책으로 노인에게 미치는 노후생활 안정의 파급효과가 매우 클 것으로 예상된다.

〈표 10-2〉 **노인소득보장체계의 구성**

직접보장			간접보장		
구분	프로그램	실시연도	구분	프로그램	실시연도
사회보험	공무원연금 군인연금 사립학교교직원연금	1960 1963 1975	경로우대	공영시설 및 이용료 할인 버스승차권 지급 현금지급으로 개정	1980 1990 1996
공공부조	생활보호(2000, 폐지) 노령수당(1997, 폐지) 노인결연사업 경로연금(2007, 폐지) 국민기초생활보장	1961 1989 1991 1998 2000	취업증진	노인인력은행 노인공동작업장 고령자취업알선센터	1981 1986 1992

직접보장			간접보장		
구분	프로그램	실시연도	구분	프로그램	실시연도
사회수당	기초노령연금	2008	생업지원	매점설치 우선권 전매품 판매우선선정	1989 1989
개인보장	퇴직금제도	1953	세제혜택	상속세 공제 소득공제	1986 1986

출처 : 원석조(2013).

2) 보건의료보장

보건의료보장은 모든 국민의 질병 · 부상 · 분만 · 사망 등 건강상의 문제로 야기될 수 있는 생활상의 불안을 극복하고 신체적 · 정신적으로 건강한 생활을 유지할 수 있도록 국가가 개입하여 보장해 주는 제도이다(한국임상사회사업학회, 2005). 우리나라는 보건의료보장제도에서 사회보험방식을 적용하고 있으며, 보험료의 부담능력이 없거나 또는 사회적 약자에 대해서는 의료보호법, 국민기초생활 보장법 등을 적용하여 평등을 실현하려고 하고 있다. 노인의 건강보장체계는 사회보험인 국민건강보험과 노인장기요양보험제도, 공공부조인 의료급여 이외에 노인건강지원사업이 실시되고 있다. 현재 노인복지법에 의거하여 실시되고 있는 사업은 노인 건강진단, 노인 안과검진 및 개안수술, 치매상담센터 운영 및 치매조기검진사업 등의 치매치료와 관리사업, 결식우려 노인을 대상으로 한 무료급식사업 등이 있다.

제 4 절 노인복지의 발전과제

노인복지는 전문적 지식과 기술을 바탕으로 노인복지 프로그램이 실시되어야 하고, 노인복지가 그 목표를 달성하기 위해서는 전문적인 사회복지조직과 전문적인 훈련을 받은 인적 자원으로 활용되어야 한다. 오늘날 노인인구가 증가하면서 노인문제가 국가 차원의 문제로 대두되고는 있지만, 현실적으로 이에 대응하는 우리나라의 노인복지정책은 아직까지도 미흡한 수준이다. 노인에 대한 복지정책이 지속적으로 확대되어야 하며, 특히 노인의 부양문제, 경제적 문제, 치매 및 건강문제, 외로움과 고독문제, 여가활동문제 등이 현재 산재해 있다. 이러한 노인문제는 이미 개인이나 가족의 범위에서 벗어났으므로 국가는 보다 적극적으로 장기적 추진과업과 노인의 삶의 질을 위한 근본적 정책목표로서 노인의 사회통합을 통한 적극적 복지대책이 강구되어야 할 것이다. 우리나라의 노인복지정책에 대한 과제를 살펴보면 다음과 같다(박경일 외, 2011).

첫째, 노후소득보장체계의 개선이 필요하다. 노후소득보장체계의 개선을 위해서는 사회보장적 조치의 확대, 공공부조의 내실화, 노인의 소득문제와 노동력 부족문제를 해결하기 위해 정년제도와 임금문제의 개선 및 노인인력 운영 등을 위해 노인일자리 창출과 노인자원봉사활동의 활성화를 위한 지원이 이루어져야 한다.

둘째, 후기고령노인의 의료욕구를 해결하기 위해 노인요양보험제도를 시행하였으나, 이 제도는 급여대상자 선정방식, 과도한 본인부담, 서비스 종류, 양 및 질의 문제, 민간부문에 시설 공급을 의존하는 문제, 요양보호사의 무차별적인 양상과 열악한 근로조건 등이 문제점으로 지적되고 있다. 이를 위해서는 급여대상자를 포괄적으로 확대하고, 비급여 항목의 축소 및 본인부담비율을 축소하고, 서비스의 양 및 질을 개선하고, 공공시설의 확충 및 민간부문에 대한 규제 · 감독을 강화하고, 요양보호사 교육기관에 대한 규제 · 감독의 요양보호사 근로조건을 개선해야 한다는 지적들이 제기되고 있다(이미진, 2008).

셋째, 재가노인의 특성에 부합하는 관련 정보의 접근성 제고를 위해 관련 기관 정보

망과 연계체계를 구축할 필요가 있다. 예를 들어 재가노인의 사회참여 확대를 위해서는 지역별로 균형 잡힌 노인복지관의 양적 확대와 노인복지관 및 경로당의 운영혁신 프로그램의 내실화를, 독거노인의 복지서비스를 위해서는 원스톱지원센터 운영, 안전지킴이사업, 독거노인결연사업 등 노인의 욕구에 맞는 서비스가 연계되어야 한다.

넷째, 사회복지 종사자의 전문화를 추진하기 위해 노인복지시설 종사자의 업무환경 등 최소한의 업무여건이 개선되어야 한다(서화정 외, 2006). 보다 현실적이고 적절한 임금체계 유지와 아울러 보수교육 및 재교육이 제공된다면, 노인복지시설 종사자의 전문성도 향상될 수 있고, 미래지향적 프로그램 개발이나 장기적 비전을 제시할 수 있는 노인복지실천의 장이 마련될 수 있을 것이다.

참고문헌

권중돈(2016). 『노인복지론』. 학지사.

김안호 외(2008). 『사회복지학개론』. 청목출판사.

박경일 외(2011). 『사회복지학강의』. 양서원.

보건복지가족부(2008). 2008년도 노인생활실태 및 복지욕구조사.

보건복지부(2009). 2008년 보건복지가족백서.

보건복지부(2009). 2009년 노인복지시설현황.

보건복지부(2009). 2010년 노인복지사업안내.

서화정 외(2006). 『케어복지개론』. 나눔의 집.

양옥남 외(2016). 『노인복지론』. 공동체.

양점도 외(2010). 『사회복지개론』. 공동체.

원석조(2013). 『사회복지개론』. 양서원.

유공순 외(2007). 『사회복지개론』. 양서원.

유성호 외(2002). 『노인복지론』. 아시아미디어리서치.

이미진(2008). "장기요양보험제도의 문제점 및 개선방향." 『복지동향』 11월호. 참여연대 사회복지위원회.

이혜원(2004). 『노인복지론』. 유풍출판사.

장인협 외(2004). 『아동 · 청소년복지론』. 서울대학교출판부.

전재일 외(2010). 『사회복지개론』. 형설출판사.

최성재 외(2016). 『사회복지행정론』. 나남출판사.

통계청(2004). 사회통계조사.

통계청(2006). 장래인구추계.

통계청(2008). 고령자통계.

Breen, L. B.(1960). *The Aging Individual. In Handbook of Social Gerontology*. Chicago : University of Chicago Press.

보건복지부 www.mw.go.kr

Chapter 11

여성복지

제 1 절 여성복지의 이해

1. 여성복지의 정의

일반적으로 여성복지는 여성들의 일상생활상의 불편함을 제거하여 경제적 · 문화적으로 가정 및 사회생활이 충분히 보장되는 것을 궁극적인 목표로 한다. 또한, 여성복지를 사회보장과 사회복지서비스 면에서 보면 여성들이 필요로 하는 제도를 만들고 서비스를 제공함으로써 여성들의 사회기능을 증진시키려는 사회복지의 한 전문 분야이다(김영화 외, 2016). 즉, 여성복지란 요보호여성인 미혼모, 성매매여성, 가출여성, 근로여성, 저소득여성 및 학대받는 여성들은 물론 모든 여성들이 인간다운 삶을 영위할 수 있도록 정부 및 민간이 행하는 모든 조직적인 활동이라 할 수 있다.

여성복지의 실체는 국가와 시대에 따라 다양하게 변화되어 왔으며, 목적과 수단에 대한 견해가 다르게 나타났다. 그러나 과거의 여성복지가 요보호여성을 중심으로 한 잔여적 복지였다면 오늘날은 일반여성을 대상으로 한 보편적 복지이다(최일섭 외, 2015). 한편 여성복지의 정의에 대해서는 한 사회에서 여성을 어떻게 정의할 것인가 하는 문제와 복지의 범위를 어디까지로 볼 것인가 하는 관점에 따라 다양하다.

김인숙 등(2008)은 "여성복지란 여성이 국가나 사회로부터 남성과 동등하게 권리를 보장받을 수 있게 하기 위해, 가부장적 가치에 근거한 각종 차별적 사회복지법과 제도를 개선하고 여성 개인의 능력을 고양시킴으로써 여성의 인간다운 삶을 보장하기 위한 사회복지 차원의 정책적 · 실천적인 모든 조직적 활동"이라고 정의하였다.

한국여성교육개발원(2017)에서는 "여성복지란 여성이 국가와 사회로부터 인간의 존엄성과 인간다운 생활을 할 권리를 동등하게 보장받음으로써 여성의 건강, 재산, 행복의 조건들이 만족스러워지는 상태를 의미하며 동시에 가부장적 가치관과 이에 기초를 둔 법, 기타 사회제도를 개선하는 것 등으로 여성의 인간다운 삶을 실현하기 위한 모든 실천적 노력을 포함하는 개념"으로 정의하고 있다. 이러한 사항을 고려하여 보면, 여성복지는 다양한 여성의 삶의 권리를 보장받게 함으로써 여성의 삶의 조건과 질을 향상시키는 국가와 사회의 모든 노력과 실천적 활동이라고 정의할 수 있다.

2. 여성복지의 필요성

여성의 차별 철폐와 양성평등 속에서 여성의 삶의 질을 향상시키기 위해 사회가 개입하는 여성복지가 필요하게 되었다. 여기서 여성을 둘러싼 사회문제를 중심으로 여성복지가 필요한 보다 구체적인 이유를 살펴보면 다음과 같다(남일재 외, 2007).

첫째, 불평등의식을 들 수 있다. 우리 사회에서 여성은 남성과 차별되어 불리한 상황에 처하는 경우가 있다. 그 대표적인 예가 취업에서의 불평등이다. 여성이 남성과 다른 처우를 받게 되는 것은 산업사회에서 남녀의 역할에 대한 고정관념과 편견에 기인한다. 즉, 남성에 비해 여성은 주관적인 사고를 하기 때문에 합리적 사고나 분석적 사고가 서툰 열등한 존재로 인식되어 여성이 불평등한 위치에 있게 만들었다. 이러한 인식은 취업 등에서 여성에게 불평등한 요소가 되었다.

둘째, 요보호여성의 보호를 위해서 여성복지가 필요하다. 모자가정, 가정폭력 및 성폭력 피해여성, 미혼모, 여성장애인, 여성노인과 같은 사회적 보호가 필요한 여성의 문제를 해결하기 위해 여성복지가 필요하다.

셋째, 일반여성의 삶의 질을 향상시키기 위해서 여성복지가 확대되어야 한다. 전통적인 가부장제사회에서 산업사회로 바뀌면서 여성에 대한 기대와 가치관이 변화하였고, 이에 따라 여성에게 다양한 역할이 요구되고 있다(이영철 외, 2007).

여성의 자아실현 욕구와 다양한 형태의 사회참여 욕구를 충족시켜 줄 수 있는 제도와 서비스가 요구됨에 따라 여성복지의 필요성이 증대되고 있다.

제 2 절 여성복지의 문제 및 접근방법

1. 여성복지의 문제

최근 사회적으로 여성에 대한 인식이 점차 변화되고, 여성들의 적극적 사회활동이 세계적인 추세로 빠르게 나아가고 있다. 이에 현대사회에서 여성문제에 대한 관심이 서구사회뿐만 아니라 우리나라에서도 본격적으로 거론되고 있다는 점에서 여성과 관련된 사회적 지위와 역할, 기타 문제 등이 여성의 문제로 대두되고 있다.

여성문제는 일반 사회문제의 한 측면에 해당하는 것으로 인식되면서 여성에 대한 복지문제도 변화하고 있다. 이러한 경우에서 여성들이 가장 심각하게 직면하는 복잡한 문제들이 속출되고 있는데, 그 중에서 불평등문제, 생활보장문제, 여성생활의 질문제 등으로 제시하면 다음과 같다(박용순, 2009).

1) 불평등문제

현대 산업사회에서 남녀 역할 차이에서의 경향은 남성의 상황은 객관적이고 여성은 주관적인 것이 일반적인 견해이다. 예를 들면, 대부분의 남편이 직접적인 경제활동에 참여하고 있는 반면, 아내는 가정에서 간접적인 경제활동에 머물러 있다.

역사적 흐름에서도 남성이 진정한 형태의 노동을 분담하였다면, 여성은 그 외에 남은 형태의 노동을 분담해 왔다. 그러므로 남성의 역할은 사회 현실을 대변하는 것으로, 여성은 남성의 역할 속에 당연히 포함되는 것으로 간주되어 왔다. 이러한 남녀의 역할분담은 사람들의 인격과 내면적 생활에 불평등을 조장해 왔다.

남성은 유년시절부터 장차 상호 의존적 체계인 기업에서의 역할을 다하도록 성장해 왔기에 '객관적'인 것이 기대되었고, 여성은 태어날 때부터 사회적으로 고립된 출산, 육아, 그 외의 단조로운 가사를 분담하도록 성장해 왔으므로 '주관적'일 수밖에 없었다. 그러므로 여성의 사고에서는 합리적 · 분석적 사고가 서툴다고 인식되어 왔다. 여성은 타인과의 깊은 생산활동에 종사한다고 하더라도 그들은 소비만 한다는 그릇된 사고방식으로 인해 불평등한 처우를 받아왔다.

따라서 여성의 불평등문제는 사회적으로 잠재되어 있는 고정관념과 편견으로 인해 여성은 취업활동에 있어서 불리하고, 남성과의 동일 임금이 보장되지 않으며, 승진기회의 제한, 여성경시풍조 등 여성이 사회에서 당면하는 차별적 상황이 계속되고 있다.

2) 생활보장문제

현대 산업사회의 발전은 일상생활의 기본 단위와 가정의 중심지주, 주변적 생활환경 등을 크게 변화시켜 왔다. 이러한 주된 변화는 기존의 전통적 가족제도와 기능에 커다란 변화가 나타나 확대가족에서 핵가족으로 빠르게 바뀌어 가고 있다. 특히 핵가족 등 가족 중심의 가족에서 생산적 기능을 하는 중심인물인 가장이 사망 또는 기능을 발휘하지 못할 경우에 저소득 계층으로 전락하게 되는 경우가 빈번하다.

더군다나 여성이 실질적인 가구원의 생계를 책임지고 대표해야 하는 저소득 모자가족은 경제적 · 사회적 · 정신적으로 여러 가지 문제에 봉착하게 된다.

따라서 생활보장 여성문제는 열악한 환경 속에서 저임금에 시달리는 여성근로자의 수적 증가, 법적 · 문화적 보호를 받지 못하는 '미혼모'와 '윤락여성' 등의 문제로서 더욱 심각해져 가고 있다. 이러한 가정에 제공하는 사회복지서비스는 대부분 최저수준의 생계를 유지하도록 하는 경제적 지원에 한정되어 있기 때문에 실질적인 생활을 위한 복지욕구에 비해 몹시 미흡한 실정이다.

〈표 11-1〉 남성 대비 여성 임금 현황 (단위: 천 원, %)

		2012	2013	2014	2015	2016	2017	2018	2019	2020	2021
여자	월임금총액	1,815	1,873	1,925	1,944	2,040	2,112	2,259	2,371	2,408	2,476
	남성대비비율	61.0	60.5	59.8	59.5	60.6	61.5	63.3	64.4	64.7	64.6
남자	월임금총액	2,974	3,095	3,218	3,269	3,364	3,433	3,569	3,682	3,722	3,833

출처 : 고용노동부 고용형태별근로실태조사(1인 이상 기준)
주석: 월임금총액 : 정액급여+초과급여+전년도연간특별급여/12개월

3) 여성생활의 질문제

현대 산업사회의 변화는 여성에 대한 기대와 가치관이 점차 바뀌게 되어 여성에게서 변화된 다양한 역할을 요구하고 있다. 민주주의 사상인 남녀평등, 인권존중, 자유 등이 보급되어 여성들이 고등교육의 기회에 참여하고, 권리주장과 여성의 의식화가 이루어짐으로써 여성해방운동이 가능하게 되었다.

현대 여성이 고등교육을 받고 '직장과 가정' 중 어느 한쪽을 선택하면서 가정의 규범, 가사노동의 분담, 가정 내의 설비, 일손의 잉여, 편리성 등이 가정생활을 더욱 복잡다양하게 만들고 있다.

현대 여성은 비교적 짧은 육아기를 갖는 생활주기에서 분만, 육아기를 결혼생활의 전부로 인식하고 있다. 그러므로 남성에게 값비싼 대가를 지불하고 있다는 사고로 오인되어 남성은 여성을 부양하는 입장이고, 여성은 부양받는 입장이라고 하는 사회적 형태를 만들고 있다. 따라서 여성의 대부분은 사회에 참여하기를 원하고 주체적인 자아실현의 욕구충족을 원하므로, 다양한 사회참여의 기회를 제공하여 욕구를 충족시키는 것이 바람직하다.

2. 여성복지의 접근방법

여성복지를 실천하는 방법에 있어 사회복지영역에서의 접근방법과 같이 정책적 접근방법과 서비스적 접근방법을 통하여 이해하고, 이에 근거한 여성복지를 알아보도록 한다(권육상 외, 2010).

1) 정책적 접근방법

여성복지에 대한 정책적 접근방법은 여성을 위한 정책이나 법, 제도 등을 개선하고 만들어가는 조직적 활동을 의미하는 것으로 이러한 접근방법은 직접적으로 여성 개인과 만나면서 이루어지기보다는 간접적으로 여성복지정책 차원에서 이루어진다. 즉, 여성정책은 문제해결 측면보다는 예방적 측면에서 여성문제에 대해 제도적으로 접근하는 것이며, 여성정책은 국가가 여성을 위해 시행하는 모든 활동을 의미한다고 하겠다.

1995년에 제정된 여성발전기본법은 우리나라 여성정책 수립의 기본 바탕이 되고 있다. 2000년부터 여성정책 전반에 대해서 여성부에서 담당하고 있고, 2006년 6월에는 여성가족부로 개편되어 여성정책을 담당하고 있다.

2) 서비스적 접근방법

여성복지서비스에서 서비스적 접근방법은 여성을 주 대상으로 사회적 역기능을 감소시키거나 문제를 해결하기 위해 사회복지기관, 시설에서 제공되는 사회복지서비스 및 프로그램을 말한다.

현재 우리나라에서의 여성복지서비스에 대한 접근방법은 취약계층 여성을 대상으로 한 선별적 접근이 주를 이룬다는 한계를 가지고 있다. 즉, 여성복지의 대상은 모든 여성이어야 함에도 불구하고 서비스적인 접근은 취약계층 위주로 한정되어 있는 상황으로 사회복지실천현장에서의 체계적이고 포괄적인 접근이 요구된다.

제 3 절 여성복지의 정책과 서비스

1. 여성복지의 정책

여성복지에 관한 정책은 독특한 여성문제와 복지욕구를 해결하거나 예방하기 위한 국가적 시책이며, 모든 분야에서 여성의 권익증진을 위한 포괄적인 국가정책까지를 의미한다. 우리나라는 여성의 지위와 역할을 향상시키기 위해 복지주의적 관점에 초점을 두고 있다(조흥식, 2013).

1) 여성발전기본법

여성복지에 관한 기본법인 여성발전기본법은 1995년에 제정되었으며, 모든 여성을 위한 여성정책의 기본 원리를 제시하고 있다. 이 법은 헌법의 남녀평등이념 구현과 정치 · 경제 · 사회 · 문화의 모든 영역에 있어서 여성의 사회참여확대 및 여성의 복지

증진, 성차별 의식의 해소 등을 꾀하여 성차별 없는 평등한 사회를 이루어 보편적 가족복지를 추구하기 위한 국가와 지방자치단체의 책무에 관한 사항을 규정하고 있는 행정법이다.

2) 남녀고용평등과 일 · 가정 양립지원에 관한 법률

남녀고용평등법(1987)에 명시된 평등이념에 따라 고용에 있어서 남녀의 평등한 기회 및 대우를 보장하는 한편, 모성을 보호하고 직장과 가정생활의 양립과 여성의 직업능력개발 및 고용촉진을 지원함으로써 남녀고용평등의 실현을 목적으로 한다. 이 법에서는 직장 내의 성희롱을 금지하고 여성의 고용을 촉진하고 모성을 보호하기 위한 육아휴직 등을 제도화하였다.

여성근로자의 성별, 혼인, 임신 등의 이유로 불이익 금지조항과 근로조건 차별의 금지 및 동일가치 노동에 대한 동일임금 규정 등을 제도화하였다. 그 후 개정에서 모집채용 시 직무수행에 불필요한 조건 제시 금지, 후생 복지 관련 금품 및 자금융자 등의 차별금지, 육아휴직기간 불이익금지 등의 조항을 담았고, 남녀고용평등법의 적용범위를 모든 사업 또는 사업장으로 확대시키고, 유산이나 사산한 여성에게도 보호휴가급여를 지급하도록 하였으며, 배우자 출산휴가와 육아휴직 개선 및 육아기 근로시간 단축제도가 추가로 개정되었다.

3) 모성보호 관련법

여성노동자의 모성과 건강권을 보장하기 위하여 모성보호 관련법이 제정되었다. 일반적으로 모성보호법으로 알려져 있는 이 법은 모성보호와 관련된 남녀고용평등과 일 · 가정 양립지원에 관한 법률, 근로기준법, 고용보험법 등 3개 법률의 개정안이 통합 처리된 것으로 출산휴가 확대 및 출산휴가 급여 제공, 육아휴직급여 제공, 남녀고용평등, 여성의 야간 · 휴일의 근로제한 등에 관한 법이다.

4) 한부모가족지원법

모 · 부자가정이 건강하고 문화적인 생활을 영위할 수 있게 함으로써 모 · 부자가정의 생활안정과 복지증진에 기여함을 목적으로 한 법이다.

5) 가정폭력 방지 및 피해자 보호 등에 관한 법률

가정폭력범죄의 형사처벌 절차에 관한 특례를 정하고 가정폭력범죄를 범한 사람에 대하여 환경의 조정과 성행(性行)의 교정을 위한 보호처분을 함으로써 가정폭력범죄로 파괴된 가정의 평화와 안정을 회복하고 건강한 가정을 가꾸며 피해자와 가족구성원의 인권을 보호함을 목적으로 한다.

6) 성매매 방지 및 피해자 보호 등에 관한 법률

성매매특별법은 '성매매알선 등 행위의 처벌에 관한 법률'(성매매 처벌법)과 '성매매방지 및 피해자 보호 등에 관한 법률'(성매매 방지법)을 말한다. 2004년 9월 23일부터 시행됐다. 성매매특별법 이전에는 1961년에 제정된 '윤락행위등방지법'이 있었지만 성구매자와 판매자 모두를 처벌하지 않아 50여년간 사실상 사문화 상태였다. 하지만 2004년 성매매특별법 제정 이후 경찰이 대대적으로 단속을 벌여 한국사회에 '성매매는 불법'이라는 인식이 자리잡았다. 반면, 성매매 집결지 등 '눈에 보이는 성매매'는 줄었지만 오피스텔 · 원룸 등으로 음성화 된 성매매는 늘어나는 '풍선효과'가 부작용으로 나타났다.

2. 여성복지의 담당인력

1) 여성복지의 담당공무원

여성복지 담당공무원으로 대표적인 인력은 여성가족 과장 및 여성복지 계장이 있다. 이들은 여성복지사업의 기획, 관리, 평가, 행정업무, 인사관리 및 여성복지 업무와 관련된 외부활동을 수행한다.

2) 여성복지의 전문인력

성매매피해 상담원, 모자복지 상담원, 성폭력상담소의 상담소장 및 상담원, 가정폭력피해상담소의 상담원 등이 있다.

3. 여성복지의 서비스

여성을 위한 복지서비스는 대상에 따라 요보호여성을 위한 생활시설과 재가보호, 일반여성을 위한 이용시설로 나누어 살펴볼 수 있다. 가족구조의 변화, 지속되어 온 남존여비사상의 잔재인 성차별문제, 이중적 성윤리 및 성개방문제, 여성의 사회적 참여로 인한 여성의식 및 욕구변화가 가져오는 다양한 문제들로 그 필요성이 점차적으로 증가하고 있는 추세라고 할 수 있다. 특히 요보호여성만을 위한 복지서비스가 아니라 일반 여성들에게 중요한 부분이 되었다.

1) 요보호여성을 위한 복지서비스

(1) 상담사업

① 여성복지상담소

저소득 모자가정, 미혼모, 가출여성, 성매매여성 등의 발생 예방과 사후 선도를 위한 시 · 도 및 시 · 군 · 구에 여성복지상담소 운영 및 상담사업을 전개하고 있다. 여성긴급전화 1366(1998)은 위기 상황에 처한 여성들을 상담하며 여성폭력피해자에게 긴급보호, 의료적 · 법률적 정보 지원 및 사례에 맞는 관련 기관과의 연계서비스를 지원하고 있다. 또한 이주여성의 인권보호 및 가정폭력과 성폭력에 노출된 대상자 상담사업을 하고, 이주여성인권센터가 위탁운영한다. 또한, 중국어, 영어, 몽골어 등의 언어사용이 가능한 이주여성이 상담원으로 활동하며 연중무휴로 24시간 상담을 지원하고 있다.

② 학교 · 여성 폭력 ONE-STOP 센터

학교 및 성폭력, 가정폭력, 성매매 등 폭력피해자에게 상담, 수사, 의료, 법률지원의 ONE-STOP 운영체계를 구축하고 통합지원 기능을 한다. 여성부, 경찰청, 의료기관의 공동협약체결 운영시스템으로 협조 가능한 가용인력과 시설을 활용하고 있다.

③ 성매매피해여성 자활지원센터

성매매피해여성 자활지원센터는 성매매피해여성에 대한 종합적인 자활에 필요한 지원을 한다. 이곳에서는 성매매에서 벗어난 여성들을 위하여 직업재활훈련, 일자리 제공 프로그램 등을 마련해 주고 있다. 구체적으로 자활공동체 등의 운영, 취업 및 기술교육, 취업 및 창업을 위한 정보 제공, 그 밖에 사회적응을 위해 필요한 지원을 한다.

(2) 시설보호사업

① 모자가족서비스

모자가족서비스는 생활보호법, 모 · 부자복지법, 아동복지법에 근거하여 모자가족의 가족해체를 미연에 방지 및 자립기반을 조성하여 건강하고 문화적인 생활을 유지하도록 한다는 목적을 두고 생계보호, 자립기반 조성, 시설보호가 이루어지고 있다.

② 미혼모서비스

미혼여성이 임신을 하였거나 출산 6개월 미만의 미혼모가 심신의 건강을 회복할 때까지 일정 기간 보호함을 목적으로 숙식과 분만, 산전 · 후 검진이 지원되고, 자립지원을 위해 직업교육, 인성교육, 상담지도가 실시된다. 또한 미혼모를 위한 서비스 중에 입양서비스 역시 중요한 사업의 하나라고 할 수 있다.

〈표 11-2〉 **모자가족을 위한 복지시설**

시설명	시설의 목적
모자보호시설	생활이 어려운 모자가정을 일시 또는 일정기간 보호하여 생계를 지원하고 퇴소 후 자립기반을 조성하도록 지원하는 시설
모자자립시설	자립이 어려운 모자가정에 대하여 일정기간 주택편의만을 제공하는 시설
미혼모시설	미혼여성이 임신을 하였거나 출산을 하였을 경우 안전하게 분만하게 하고 심신의 건강을 회복할 때까지 일정기간 보호하는 시설
일시보호시설	배우자(사실혼관계에 있는 자 포함)가 있으나 배우자의 물리적 · 정신적 학대로 인하여 아동의 건전양육 또는 모의 건강에 지장을 초래할 우려가 있는 경우 일시적으로 또는 일정기간 그 모와 아동 또는 모를 보호하는 시설
여성복지관	모자가정 및 미혼여성에 대한 가족상담을 실시하고 생활지도, 생업지도, 탁아 및 직업보도를 행하는 등 모자가정 및 미혼여성의 복지를 위한 편의를 종합적으로 제공하는 시설
모 · 부자가정 상담소	모부자가정에 대한 조사, 지도, 시설입소 등에 관한 상담업무를 수행하는 시설

출처 : 여성가족부(2013).

③ 가정폭력 · 성폭력피해여성 서비스

가정폭력상담소에서는 가정폭력을 신고받거나 이에 관한 상담에 응하는 일, 가정폭력으로 인하여 긴급보호를 필요로 하는 피해자에게 임시보호 및 의료기관 또는 가정폭력피해자의 보호시설로의 인도, 행위자에 대한 고발 등을 위한 관련 기관의 협조와 지원의 요청, 가정폭력 예방 및 방지에 관한 홍보업무를 담당하고 있다.

성폭력피해상담소는 1994년 제정된 성폭력범죄의 처벌 및 피해자보호 등에 관한 법률을 근거로 설치되어 성폭력 상담과 일시보호를 실시하고 있다. 각 상담소에는 전문상담요원이 성폭력피해를 접수받고, 이에 관한 상담에 응하고 있다. 또한 전화상담과 내방상담으로 성폭력피해로 인하여 정상적인 가정 및 사회생활이 어렵거나 기타 사정으로 긴급히 보호를 필요로 하는 사람을 병원 또는 성폭력피해자 보호시설로 인계하고, 가해자에 대한 고소와 피해 청구 등 사법처리 절차에 관하여 관계 기관에 필요한 협조와 지원을 요청하는 일을 하고 있다.

〈표 11-3〉 모자가족복지시설 입퇴소자 현황

(단위: 개소, 명)

		2001	2002	2003	2004	2005	2006	2007	2008	2009	2010	2011	2012	2013	2014	2015	2016	2017	2018	2019	2020	2021
시설수		39	39	40	40	40	41	41	42	41	41	41	41	41	41	41	42	42	42	42	42	42
연중입소자 수(명)		1,252	678	1,049	885	793	810	840	909	805	652	830	768	722	689	615	568	647	569	488	440	379
연중퇴소자 수(명)		1,322	777	953	812	774	909	910	853	858	826	711	855	793	680	740	691	641	679	606	539	413
연도갈입소자 수(명)		2,533	2,434	2,539	2,643	2,654	2,543	2,473	2,432	2,293	2,124	2,232	2,174	2,083	2,078	1,829	1,803	1,835	1,723	1,588	1,397	1,217
입소 사유 (세대)	이혼	305	170	239	230	212	240	237	310	223	179	209	202	202	185	156	148	173	144	133	120	101
	부의 사망	102	51	51	47	26	27	21	40	18	14	27	28	34	19	18	13	15	12	9	6	11
	미혼모	29	19	33	26	33	18	29	35	29	34	76	59	46	55	54	55	65	76	50	51	49
	입소 사유 기타	24	16	43	23	19	21	24	47	32	27	14	12	4	10	16	6	9	2	14	7	13
퇴소 사유 (세대)	생계 독립	353	177	231	229	216	278	188	170	193	171	131	249	258	114	6	13	3	6	4	8	2
	결혼	16	10	17	9	8	11	17	12	12	16	9	11	9	14	26	4	17	21	18	19	7
	퇴소 사유 기타	109	102	103	83	58	46	124	115	112	120	134	66	55	130	266	258	239	237	219	191	188

출처 : 여성가족부(시도별 자료)

※생계독립 수치의 경우 경기불황 등의 영향에 따라 대폭 줄어든 것으로 추정됨.

(3) 재가보호사업

모 · 부자가정 보호는 2005년 6월 23일 보건복지부에서 여성가족부로 이관되었다. 1998년 모자복지법 제정 이후 저소득층 모자가정 지원을 하다가 2002년 법률제명을 모 · 부자복지법령으로 개정하고 저소득층 모 · 부자가정(18세 미만의 자녀)에게 재가보호 형태로 중 · 고교생 자녀학비, 직업훈련비 및 훈련기간 중 생계비, 아동양육비(만 6세 이하) 및 교육비 지원, 생업(창업)자금융자, 영구임대주택 입주지원을 한다.

2) 일반여성을 위한 복지서비스

(1) 여성회관 설립 · 운영사업

사회 · 경제적 변화에 따라 여성의 대처능력 개발과 삶의 질 향상을 위한 다양한 교육사업 등 각 지방자치단체는 여성회관을 직접 혹은 위탁운영하고 있으며, 여성의 복지를 위한 편의를 종합적으로 제공하는 것을 목적으로 하는 시설이다.

(2) 여성단체 지원

저소득여성의 기능교육 및 일반여성의 교양교육 등 여성의 잠재능력을 개발하고 여성의 경제적 · 사회적 지위향상을 도모한다는 목적 하에 정부에서는 여성단체를 지원하고 있다. 각각의 여성단체는 개별단체의 성격에 따라 여성의 자질, 지위향상, 권익보호 등의 각기 다른 목적을 가지고 다양한 활동을 전개하고 있다.

제 4 절 여성복지의 원칙 및 발전과제

1. 여성복지의 원칙

여성복지의 원칙은 다음과 같다(강용규 외, 2011).

1) 양성평등의 원칙

여성복지는 양성평등의 원칙을 기초로 하여 전개되어야 한다. 여성은 여자라는 이유만으로 사회적 불평등과 억압을 당하여서는 안 되며, 가정, 교육, 취업 및 승진의 기회에 있어 남성과 동등한 권리를 보장받아야 한다.

2) 생존권 및 최저생활보장의 원칙

여성복지는 여성의 생존권 및 최저생활의 보장을 위해서 전개되어야 한다. 여성은 인간존엄성과 인간다운 생활의 권리를 보장받아야 하며, 건강과 재산 및 행복을 위한 생활의 보장에 필요한 최소한의 조건이 보장되어야 한다. 뿐만 아니라 여성에 대한 신체적 · 경제적 · 사회적 · 문화적 생활을 보장하기 위한 대책이 마련되어야 한다.

3) 모성보호의 원칙

여성은 여성만이 갖는 임신, 출산, 자녀양육의 기능을 중심으로 특수한 상황에 처하게 된다. 따라서 이러한 모성은 국가와 사회로부터 보호를 받아야 하며, 이로 인하여 사회적으로 불리한 처우를 받아서는 안 된다.

4) 위기해소의 원칙

세대주가 불의의 사망이나 이별 등의 사고를 당하게 되면 생활의 안정과 균형을 유지해 오던 가족들은 충격적인 위기에 직면하게 된다. 이러한 위기에서 문제가 되는 것은 정서적인 상황보다는 위험한 상황에 대한 개인 및 그 가족집단의 반응일 것이다. 이러한 반응이 공포감, 상실감, 절망감 등의 형태로 계속 작용할 때에는 그 가족은 해체되거나 문제가족으로 전락할 수밖에 없다. 여기에 사회복지 차원의 위기개입이 이루어진다면 그 가족은 다시 균형유지의 상태로 복귀할 수 있을 것이다.

5) 자립의 원칙

모자가정 등 취약계층의 여성에 대한 복지기능의 개입은 소극적인 일시보호가 아닌 자립기반 구축을 위한 적극적인 것이어야 한다. 의존적 욕구의 충족이나 보호에 그치는 것이 아니라, 여성 스스로가 자립을 도모하며 가정생활의 안정과 향상을 도모하도록 하는 데 의의가 있다.

6) 생활체계 강화의 원칙

모든 인간은 크거나 작거나 간에 사회적 체계인 사회조직 속에서 생활을 영위하게 된다. 모자가정이 하나의 조직체계로서 존립하기 어려운 경우에는 보다 큰 사회조직체계를 통해서 보호를 받을 수 있도록 하는 것이 우리가 지향하는 복지사회의 기능이며 과제인 것이다. 즉, 약화된 모자가정체계를 강화하기 위해서 지원체계를 확립하지 않으면 안 될 것이다.

7) 모자일체성의 원칙

여성복지, 특히 모자복지의 기반은 모자일체의 원칙에 의해서 성립되는 것이다. 자녀들의 건전한 성장 및 발달은 어머니와의 분리된 관계를 통해서는 달성할 수 없다는 것이 기본 전제이다.

2. 여성복지의 발전과제

여성복지문제는 요보호여성의 문제로 한정되어 왔으나, 21세기에는 여성의 역할변화와 복지욕구의 변화로 여성을 위한 사회복지의 접근의 과제를 살펴보면 다음과 같다(박상하 외, 2013).

첫째, 여성의 빈곤문제를 해소하기 위한 종합적인 사회보장제도의 확충이 필요하다. 특히 여성노인의 빈곤을 해결하기 위한 적극적인 대책의 수립이 시급하며 여성의 연금수급권 확대가 필요하다. 이를 위해서 경제적 자립기반의 조성을 통한 소득 보장을 위하여 고용기회의 확대, 남녀 임금격차 해소 등을 위한 법적·제도적인 노력이 우선되고 저소득모자가정지원사업도 확대·강화되어야 할 것이다.

둘째, 육아를 위한 사회적 지원체계가 효과적으로 운영되어야 한다. 여성이 가정과 직장을 양립할 수 있도록 공동직장보육시설을 확대해야 한다. 전 보육시설의 교사 인건비 지원, 합리적 보육비용 개선에 따른 국가부담의 확대와 차등보육제도의 실시 등을 위한 예산이 확보되어야 할 것이다. 또 다양한 보육 프로그램(장애아, 영아, 부모교육, 방과 후 교육, 아동안전 보육 프로그램 등)의 개발 보급과 보육서비스의 다양화(주·야간보육, 주말보육, 단기 영아전담보육 등)가 필요하다. 아울러 영아, 장애아 전담 보육시설이 확충되어야 할 것이고 방과 후 아동지도사업의 확대도 필요할 것이다.

셋째, 가정폭력피해여성을 위한 지원을 강화해야 한다. 이를 위해서 가정폭력피해

여성의 피난처로서의 모자일시 보호시설과 가정폭력피해자 보호시설을 증설하고 일시보호기간도 기존의 2개월에서 상황에 따라 장기적인 일시보호서비스로서 기간이 연장되어야 한다.

넷째, 미혼모를 위한 관계법령의 강화와 전문보호시설을 확충해야 한다. 이를 위해 미혼모를 위한 산전 · 산후 보호시설과 분만비 보조 및 미혼모 상담시설의 증설이 시급하다. 또한 청소년을 대상으로 하여 성에 대한 가치관과 윤리관 및 피임에 관한 성교육을 확대 · 실시하고 청소년 유해업소를 근절해야 한다. 마지막으로 미혼모에 대한 사회적 인식의 변화 또한 필요하다.

다섯째, 이혼여성 가족을 위한 지원 프로그램이 개발 · 보급되어야 한다. 일차적으로는 예방을 위한 교육 프로그램과 이혼 후의 가족 원조 프로그램을 정부나 민간 차원에서 개발 · 보급해야 할 것이다.

여섯째, 여성노인을 위한 재가복지서비스를 확대 · 강화시켜야 한다. 여성노인의 대다수가 자녀에게 신체적 의존을 하는 경우가 많으므로, 재가복지서비스를 확대시켜야 한다.

일곱째, 여성성과 남성성의 장점을 고루 갖춘 '양성성' 성격의 특성을 대중매체에서 책임의식을 갖고 방송해야 한다. 대중매체는 여성을 상품화하는 경향과 외모지상주의를 부추기는 데 적지 않은 역할을 하고 있다. 우리 사회가 건강하게 추구해야 할 인간에 대한 문화를 책임감 있게 그려내는 데 소홀하지 말아야 할 것이다.

참고문헌

강용규(2011). 『사회복지개론』. 공동체.
권육상 외(2010). 『사회복지개론』. 공동체.
김영화 외(2016). 『현대사회와 여성복지』. 양성원.
김인숙 외(2008). 『여성복지 실천과 정책』. 나남출판사.
남일재 외(2007). 『사회복지개론』. 학현사.
박상하 외(2013). 『사회복지개론』. 양서원.
박용순(2009). 『사회복지개론』. 학지사.
이영철 외(2007). 『사회복지학』. 양서원.
조흥식 외(2013). 『사회복지학개론』. 창지사.
주재선(2010). 2010 한국의 성인지통계. 한국여성정책연구원.
최일섭 외(2015). 『지역사회복지론』(개정판). 서울대학교출판부.
여성가족부 http://www.mogef.go.kr

Chapter 12

장애인복지

제 1 절 장애인복지의 개념

1. 장애인복지의 정의

장애인복지란 장애를 가진 장애인의 삶, 즉 그들의 행복을 추구하는 데 목적을 둔 사회적이고 조직적인 활동이라 할 수 있다(정영숙 외, 2008).

또한 장애인의 정의를 살펴보면 신체 또는 정신적인 장애로 인하여 생활에 불편함을 갖는 사람을 일컫는다. 국제연합에서 규정하고 있는 장애인은 선천적이든 후천적이든 간에 신체적 · 정신적 능력의 불완전으로 인하여 일상의 개인 혹은 사회생활에 필요한 것을 자기 스스로 완전히 혹은 부분적으로 수행할 수 없는 사람을 의미한다(박차상 외, 2001). 한편 우리나라 장애인복지법에서는 '장애인을 신체적 · 정신적 장애로 인하여 장기간에 걸쳐 일상생활 또는 사회생활에 상당한 제약을 받는 자'로 정의하고 있다.

1980년 세계보건기구(WHO)에서는 국제장애분류(ICIDH ; International Classification of Impairments, Disabilities and Handicaps)에서 세 가지 차원의 장애개념, 기능장애(impair- ment), 능력장애(disability), 사회적 불리(handicap)를 제시하였다.

1997년 세계보건기구(WHO)는 1980년 국제장애분류(ICIDH)에서 나타난 세 가지 차원의 문제를 수정 · 보완하여 새로운 장애의 개념과 분류기준(ICIDH-2)을 제시하였다. 이 분류기준에서 장애는 기본적으로 환경과 개인이라는 상호작용을 포함한 장애개념을 채택하여 '손상(impairment)', '활동(activities)', '참여(participation)'로 구분하고 있다.

2001년 5월 22일 제54회 세계보건회의에서는 인간과 환경의 상호작용이라는 진보한 개념으로 생활기능과 장애의 국제분류(ICF)를 제시했다.

이 ICF는 크게 '기능과 장애'와 '상황적 요소'로 구분되며 '기능과 장애'는 다시 '신체기능과 구조', '활동과 참여'로, '상황적 요소'는 '환경적 요소', '개인적 요소'로 분류되어 있다. 종래의 기능장애, 능력장애, 사회적 장애라는 개념 대신 기능장애, 활동제한(activity limitation), 참여제한(participation restrict)을 사용하여 장애인의 사회통합과 지역사회생활을 강조하고 있다(박경일, 2011).

장애인복지는 사회적 편견이나 사회적 약자의 입지를 어렵게 만드는 사회의 경쟁구조에 대하여 장애인이 생활상의 어려움을 극복해 나가도록 하는 예방적 · 사회중재적으로 개입하는 시책과 실천행동이다(권육상 외, 2010).

2. 장애인복지의 필요성

인간의 존엄을 유지하게 하고, 헌법에서도 명시되고 있는 국민으로서의 권리를 보장하며, 누구나 장애인이 될 수 있는 장애의 사회성이라는 현대사회의 특성을 감안하고(장애인 보편성), 장애인의 부양을 위한 가족 등의 부담을 경감시키며, 장애인복지를 통하여 장애인의 경제활동을 보장함으로써 장애인으로 인한 사회의 경제적 부담을 경감시킬 수 있다는 장애인복지의 기능을 감안한다면 장애인복지란 단순히 장애를 가진 사람들만을 위한 것이 아니라 우리 모두, 사회 전체를 위해 반드시 필요하다고 볼 수 있다(박경일 외, 2011).

제 2 절 장애범주

장애범주는 그 나라의 정치 · 경제 · 사회 · 문화적 환경을 기반으로 법적으로 결정되므로 사회적 환경과 시대적 상황에 따라 다르게 규정된다. 법적 장애범주의 확대는 곧 서비스 수급자의 확대를 의미하므로 그 인사규모나 서비스 복지재정 등과 직접적 관련이 있기 때문에 장애인에 대한 복지혜택의 많고 적음을 떠나서 핵심사항이다(정무성 외, 2007).

일반적으로 선진국의 경우에는 세계보건기구(WHO, 1980)에서 정하고 있는 장애분류에 의거하여 장애범위를 포괄적으로 정의하고 있는 데 반해서, 개도국이나 후진국의 경우에는 장애범위가 협소하게 정해져 있다(권선진, 2008).

2000년 이전 법적 장애범주가 지체장애, 시각장애, 청각장애, 언어장애, 지적장애의 다섯 가지 유형으로 시작하여, 2000년 장애인복지법의 개정으로 만성 중증정신질환자, 심장 및 신장질환자까지 법적 장애범주가 확대되었다. 2003년 7월에는 안면장애, 간장애, 호흡기장애, 장루 · 요루장애, 뇌전증장애가 추가되어 현재 우리나라에는 장애인복지법 시행령에 따른 장애범주가 15가지로 확대되었다. 또한 2007년에는 부정적인 용어의 장애명을 개정하였는데 '정신지체'를 '지적장애'로, '발달장애'를 '자폐성장애'로 변경하였다. 앞으로 정부에서는 치매, 알코올중독, 만성질환 등도 법적 장애범주에 포함시킬 예정이다. 따라서 법적 장애범주의 확대는 단계적으로 이루어져야 할 것이다(신현석, 2013).

우리나라의 장애인복지법 제2조에서는 크게 두 가지의 범주로 나누고 있다.

첫째, 신체적 장애는 외부 신체기능의 장애와 내부기관의 장애이다.

둘째, 정신적 장애는 지적장애, 자폐성장애, 정신장애이다.

1. 지체장애

지체장애란 사지와 몸통의 운동기능장애를 의미한다. 지체부자유의 상태로 신체의 기형이나 절단, 골절, 화상 등과 같이 두개골, 관절, 근육 등의 문제로 인해 생기는 정형외과적 손상과 뇌성마비(cerebralpalsy), 경련장애(seizuredisorder), 이분척추(spinabifida), 척추손상(spinalcordinjury) 등과 같은 신경학적인 손상으로 인한 사람이다(이소현 외, 2011).

2. 뇌병변장애

외부 신체기능 장애의 일종으로 중추신경계의 손상으로 인한 복합적인 장애로 뇌성마비, 외상성 뇌손상, 뇌졸중(중풍) 등 뇌의 기질적 병변으로 인해 보행 또는 일상생활동에 신체적 · 정신적 제한을 받는 사람이다. 뇌병변장애의 특성은 주로 중복장애라는 점이 가장 두드러진다.

3. 시각장애

시력장애, 시야결손장애로 물체를 식별하는 눈의 기능 결함과 다른 신체적 결함으로 인해 시력에 제한을 받는 사람이다. 일반적으로 시각장애는 맹과 약시로 구분한다. 보통 장애의 원인이 발생한 후나 수술 후 6개월 이상 지속적으로 치료한 후에 판정한다.

4. 청각장애

청력장애, 평형기능장애로 귀부터 뇌에 이르기까지 청각전달에 관여하는 기관 중 어느 부분에서 가벼운 것에서부터 심한 정도에 이르기까지 이상이 생겨 소리를 듣지 못하거나 들은 소리의 뜻을 정확하게 이해하지 못하는 사람이다. 정도에 따라 난청과 농으로 구분한다. 또한 청각장애인은 구화, 수화, 필담, 손발이나 몸짓으로 의사소통을 한다.

5. 언어장애

음성 또는 언어장애로 의사소통 과정에 문제가 생겨 언어 습득과 발달에 지장을 초래한 경우이다. 개인의 의사소통에 방해되어 사회생활에서 적응이 불가능한 상태일 때 진단할 수 있으며, 종류에는 언어발달지체, 조음장애, 구개파열장애, 뇌성마비언어장애, 실어증, 유창성장애(말더듬장애, 말빠름장애), 리듬장애, 청력손실로 인한 언어장애가 있다.

6. 안면장애

선천성 기형, 질환, 사고 등으로 인한 안면부위의 변형(색깔, 모양, 혹 등)으로 인한 장애가 있어 사회생활활동에 현저한 제한을 받는 사람이다. 유형에는 색소침착, 모발결손, 조직의 비후나 함몰 및 결손 등이 있다. 여기서 함몰이나 비후라 함은 연부조직, 함몰이나 비후, 위축골조직 등을 말한다. 또한 경제적 어려움을 겪게 되며, 피부 변형과 건조로 인해 각종 질환을 유발하고, 일상생활이 자유롭지 못해 정신과적 질환이 나타날 가능성이 높다.

7. 신장장애

신장기능이 90% 이상 소실되어 혈액투석이나 복막투석을 지속적으로 받아야 하거나 신장기능에 영속적인 장애로 일상생활활동에 현저한 제한을 받는 사람이다. 신장이 만성, 신우신염, 악성고혈압, 당뇨, 다낭포성 신염, 다발성 동맥염, 선천적 기형 등 여러 원인에 의해 점차적으로 기능이 감소되어 혈중 요소와 질소 및 다른 노폐물을 배설시키지 못하고 체내에 축적되는 상태를 말한다.

8. 심장장애

심장은 사람이나 동물의 혈액순환을 담당하는 기관으로서 심부전 또는 협심증 등으로 일상생활에 현저히 제한되는 심장기능 이상이 있는 사람이다. 여기서 심부전증이란 심장의 펌프기능이 장애를 일으켜 정맥압이 상승하고 충분한 양의 산소를 말초조직에 공급할 수 없는 상태를 의미한다. 특히 직장생활이 어려운 경우가 많아서 경제적 어려움이 가중된다.

9. 간장애

간의 만성적 기능부전과 그에 따른 합병증 등으로 간기능에 장애가 있어 일상생활이나 사회활동에 현저한 제한을 받고 있는 사람이다. 간암을 제외한 중증의 간장애인은 중·고령층 이상으로 병원에서 지속적인 치료를 받는 경우가 대부분이라 일상생활에 어려움이 크다.

10. 호흡기장애

폐나 기관지 등 호흡기관의 만성 기능부전으로 호흡기능에 장애가 있어 일상생활이나 사회활동에 현저한 제한을 받고 있는 사람이다. 유형에는 천식, 만성기관지염, 늑막염, 결핵, 폐암 등이 있다. 가장 중요한 원인은 흡연이다.

11. 장루 · 요루장애

배변기능 또는 배뇨기능의 장애로 인해 결장루 · 회장루 · 요루의를 시술해 일상생활이나 사회활동에 현저한 제한을 받고 있는 사람이다. 원인에는 각종 사고로 인한 경우가 있으나 대부분이 선 · 후천적 질병의 원인으로 발생한다. 또한 정상적인 직장생활이 힘들며, 사업주들은 장루장애인을 고용하는 것을 기피한다.

12. 뇌전증장애

뇌전증에 의한 뇌신경세포의 장애로 인하여 일상생활 또는 사회생활을 하는 데 있어 상당한 제한을 받아 다른 사람의 도움이 필요한 사람이다. 뇌전증은 상당히 흔한 병이며 원인도 다양하여 발작의 양상도 여러 가지 형태로 나타날 수 있다. 발작 시에는 호흡장애, 흡인성 폐렴, 심한 탈진, 두통, 인지기능장애가 나타날 수 있다.

13. 지적장애

지적장애는 18세 이전에 발병하고 정신발육이 항구적으로 지체되어 자신의 일을 처리하는 것과 사회생활에의 적응이 현저히 곤란한 사람이다. 지적장애를 1, 2, 3등급으로 나누고 있다. 지적장애의 원인으로는 염색체이상, 신진대사이상, 산모의 감염, 태아의 이상, 머리손상, 영양실조, 환경 등이 있었다. 지적장애는 개인차가 크며, 장애 정도에 따라 다르므로 발달특성에서 공통적인 것을 보이지 않는다.

14. 자폐성장애

자폐성장애는 유아기부터 어머니와 눈을 맞추지 않거나, 소리를 들을 수 있으면서도 쳐다보지 않고, 안아주어도 좋아하지 않는 특성이 있다. 또한 의사소통, 사회적 기술, 인식력 등이 떨어지며, 반복행동, 자해, 수면 및 음식문제, 고통을 못 느끼거나 과잉행동, 과소행동, 주의력결핍, 동일성 고집 등을 보인다. 소아기 자폐증, 비전형적 자폐증에 의한 기능 및 능력장애로 인하여 일상생활 또는 사회생활을 영위하기 위한 기능수행에 제한을 받아 도움이 필요한 사람이 이에 해당한다.

15. 정신장애

정신장애는 생물학적 · 심리적 병변으로 인하여 정신기능의 제 영역인 지능, 지각, 사고, 기억, 의식, 정동, 성격 등에서 병리학적 현상이 진행되는 것을 말한다. 또한 지속적 정신분열증, 분열형 정동장애, 양극성 정동장애 및 반복성 우울장애에 의한 기능 및 능력장애로 인하여 일상생활 혹은 사회생활을 영위하기 위한 기능수행에 현저한 제한을 받아 도움이 필요한 사람이 이에 해당한다.

〈표 12-1〉 장애인복지법에 따른 장애분류 및 장애범주

대분류	중분류	소분류	세분류
신체적 장애	외부 신체 기능 장애	지체장애	절단장애, 관절장애, 지체기능장애, 변형 등의 장애
		뇌병변장애	중추신경의 손상으로 인한 복합장애
		시각장애	시력장애, 시야결손장애
		청각장애	청력장애, 평형기능장애
		언어장애	언어장애, 음성장애, 구어장애
		안면장애	안면부의 추상, 함몰, 비후 등의 변형으로 인한 장애
	내부 기관 장애	신장장애	투석치료 중이거나 신장을 이식받은 경우
		심장장애	일상생활이 현저히 제한되는 심장기능 이상
		간장애	일상생활이 현저히 제한되는 만성 · 중증의 간기능 이상
		호흡기장애	일상생활이 현저히 제한되는 만성 · 중증의 호흡기기능 이상
		장루 · 요루장애	일상생활이 현저히 제한되는 장루 · 요루
		뇌전증장애	일상생활이 현저히 제한되는 만성 · 중증의 뇌전증
정신적 장애	발달 장애	지적장애	지능지수가 70 이하인 경우, 지적능력과 사회생활능력 부족
		자폐성장애	소아자폐 등 자폐증, 자폐성장애, 사회적 상호작용 결여
	정신 장애	정신장애	정신분열증, 분열형 정동장애, 양극성 정동장애, 반복성 우울장애

출처 : 보건복지부, 장애등급 판정기준(2015).

제 3 절 장애인복지의 특징

장애인복지는 장애인에 대한 편견과 차별의 제거, 장애인을 우리 속에서 받아들이는 마음의 자세는 물론 장애인에 대한 봉사와 장애인의 욕구충족을 위해 필요한 것들을 사회적으로 추구할 수 있는 시민행동이 없다면 아무리 제도적으로 장애인복지가 충실히 구비되어 있다 하더라도 이들의 진정한 사회통합은 이루어질 수 없다. 그러므

로 장애인복지의 궁극적 주체는 사회의 모든 구성원이라 할 수 있을 것이다(이경희, 2003).

장애인복지의 궁극적 목표점은 보편적 사회복지의 이념과 다르지 않다. 장애인복지와 사회복지의 목적과 방법은 다르지 않지만 대상이 갖는 특성으로 인해 고유의 필요성을 갖는다. 장애인복지는 넓게는 사회복지의 틀 속에서 공통된 특성을 가지고 있지만, 장애인이라는 특정인을 대상으로 하기 때문에 독특한 특성을 가질 수 있다. 장애인이 갖는 문제와 배경, 장애인에 대한 시각, 복지의 방향 등의 관점에서 장애인복지의 특징은 장애문제의 복잡성, 종합성, 역동성, 책임성 등으로 정리해 볼 수 있다(정영숙 외, 2008).

1) 복잡성

산업사회의 진전에 따라 고령장애인, 중도장애인, 중복장애인이 계속 증가되고 있다. 장애의 장애유형은 손상부위에 따라 시각, 청각, 언어, 지체, 발달, 정신, 심장, 신장장애 등으로 분류되고 손상 정도에 따라 여러 등급으로 분류된다.

장애인의 재활서비스 측면에서 보면 장애는 다시 정의되는 등 장애유형과 장애 정도로 인해 파생되는 문제가 다양하다. 이러한 장애문제의 다양성은 장애인복지를 어렵게 하고 있는데, 이것은 장애인 본인이나 가족에게만 국한되는 것이 아니라 전체 국가와 사회, 장애인 개인 모두가 함께 노력해야 하는 복잡성을 가진다.

2) 종합성(comprehensive)

다양하고 복잡한 장애문제를 가진 장애인의 그 해결방법에서도 종합적으로 강구되어야 한다. 즉, 장애인복지는 사회복지의 한 분야의 문제일 뿐만 아니라 의료적 · 사회적 · 교육적 · 직업적 · 환경적 차원과도 관련되어 있는 종합성이 요구되는 복지로서

한 분야의 전문가만으로 서비스 목적을 실현할 수 없으며, 각 분야의 전문가들이 한 팀으로 조직활동과 종합서비스를 동시에 제공함으로써 그 효과를 높일 수 있다.

3) 역동성(dynamic)

시대나 상황의 변화에 따라 장애인들은 자신의 권리의식 제고와 더불어 사회적 · 경제적 수준이 높아짐에 따라 장애인복지의 의식도 구제대상에서 권리주체로 변화되고 있다. 장애인복지를 위한 모든 정책, 제도, 방법, 기술 등이 장애인 본인들의 욕구에 따라 수시로 유연하게 적용되면서 적절히 사회변화와 환경에 역동적으로 움직여야 하므로 장애인복지는 역동적인 특성을 지닌다.

4) 책임성(responsibility)

한 장애인의 재활문제를 다루는 공공성을 가진 장애인복지이기 때문에 반드시 책임성을 가져야 한다. 장애인복지는 장애 발생의 원인부터 치료, 재활에 이르기까지 한 장애인 개인이나 가족에게만 국한되는 문제가 아니라 사회적인 문제를 안고 있기 때문에 사회연대책임의 기초 위에서 사회와 국가의 책임이 강조되며 상호 간에 협력해야 할 책임성을 가지고 있다. 따라서 국가와 사회는 장애인 본인의 잠재능력의 개발과 실현으로 사회의 일원으로 기능할 수 있도록 해야 할 것이다.

제 4 절 장애인복지의 재활 및 과제

1. 장애인복지의 재활

재활(rehabilitation)이란 단순한 치료나 훈련의 기술적인 측면만을 의미하는 것이 아니고 심신장애인에게 훌륭한 사회인으로서 생활할 수 있게 되는 것을 말한다. 즉, 심신장애인에게 의료적 · 교육적 · 사회적 · 직업적인 훈련을 통합적으로 실시함으로써 심신장애인이 가진 잠재적 능력을 개발시켜 독립적인 삶을 살아가도록 하는 것이다(이영철, 2007).

또한 1976년 세계보건기구(WHO)는 재활을 "의학적 · 사회적 · 교육적 · 직업적 수단을 동원하고 이를 상호 조정하여 훈련과 재훈련을 통하여 장애인의 기능적 능력을 가능한 최고 수준에 도달하도록 하는 것"이라고 정의했다.

재활은 치료, 훈련 등과 같이 단순한 기술적인 것을 의미하지 않고 장애인을 한 사람의 사회인으로서 생활이 가능하도록 도와주는 총체적인 서비스활동으로 정의할 수 있다(남연희 외, 2010).

재활분야는 의료재활, 교육재활, 직업재활, 사회적 재활, 심리재활, 재활공학으로 다루어지고 있다.

1) 의료재활

세계보건기구(WHO)는 의료재활의 개념을 질병이나 사고에 의한 후유증, 만성질환, 노인병 등 치료기간이 장기화되기 쉬운 환자의 잠재능력을 활용하여 자연치료를 적극적으로 촉진시키는 기술이며, 내 · 외과적 치료의 응용과 함께 물리적 · 심리적 수단을 보완 · 보충하는 의료조치이다. 러스크(Rusk, 1984)는 의학을 예방의학, 치료의학, 재활의학으로 구분하고, 의료재활을 전문으로 다루는 분야가 재활의학, 즉 제3기 의학이라고 하였다.

의료재활의 접근방법에는 물리치료, 작업치료, 의용광학, 청각 · 언어치료 등이 있다.

(1) 물리치료

운동치료, 열치료, 전기치료, 수치료법 등을 통해서 신체적으로 손상된 기능, 능력을 최대한으로 개발 · 예방하는 활동이다.

(2) 작업치료

작업을 이용하여 장애인의 신체적 · 심리적 능력의 개발과 직업적 능력을 개발하는 의료활동이다.

(3) 의용광학

인체광학에서 장애인의 의 · 수족 및 각종 재활보조기구를 활용하는 활동이다.

(4) 청각 · 언어치료

청각 · 언어장애인의 사회활동에서 필요한 정보를 표현하는 재활의 수단이 되는 매우 중요한 재활영역이다.

2) 교육재활

교육재활은 장애인이 가지고 있는 능력을 최대한으로 향상시키고 잠재능력을 개발하여 사회생활에 적응하도록 도움을 주는 교육제도와 교육방법 및 기술을 통한 교육서비스라 정의한다(전용호, 2009). 이러한 교육서비스를 특수교육이라고 하며, 대상의 특수성에 따라 특수학교, 일반학교에서의 특수학급, 순회교육, 통합교육, 조기교육 등의 형태로 진행된다. 오늘날 장애인에 대한 통합교육방식이 강조된다. 특수교육에서 부모에 의한 교육과 사회교육도 중요하며, 미취학연령의 장애아동을 대상으로 한 조기 특수교육이 매우 중요하다. 우리나라 장애인특수교육법에 따라 특수교육 대상자를 시각장애, 청각장애, 지적장애, 지체부자유, 정서장애, 언어장애, 학습장애 등으로 규정하고 있다.

3) 직업재활

현대사회에서 직업은 개인적 활동이며, 가장 유용한 성취수단이다. 장애인이 가지고 있는 잠재능력을 최대한 찾아 극대화시킴으로써 일할 권리와 의무를 비장애인들과 함께 가지도록 하는 것을 말한다.

직업재활은 직업능력을 회복시키는 활동인데 적절한 직업훈련, 직무지도, 취업 알선 등을 해주는 것으로서 장애인의 직업능력 평가, 직종 개발, 직업훈련 실시, 취업 알선, 사후 지도를 하는 일련의 과정이다.

장애인고용의 유형에는 일반고용과 보호고용이 있는데, 보호고용은 주로 중증장애인을 대상으로 하며, 노동시장에서 불리한 장애인을 위하여 보수가 있는 보호작업장을 제공한다. 우리나라의 직업재활시설에는 작업활동시설, 보호작업시설, 직업훈련시설, 근로작업시설과 장애인 생산품판매시설 등이 있다.

4) 사회적 재활

사회재활은 장애인을 둘러싼 사회적 · 물리적 · 경제적 · 심리적 환경조건을 정비하여 장애인이 인간다운 생활을 하고, 궁극적으로는 사회에 통합될 수 있도록 지원하는 재활분야이다. 사회재활을 위해서는 법률적 · 행정적 · 경제적 · 물리적 · 문화적 환경을 잘 갖추어야 한다(신현석, 2013).

사회재활의 전문인력은 장애유형과 분야별 사회복지사, 재활상담사, 치료레크리에이션 전문가, 재활체육지도자, 점역사, 보행훈련사, 수화통역사 등이 있다.

5) 심리재활

장애인 본인과 그 가족 및 주위 사람들의 심리문제, 재활과정 중에 갖는 욕구, 정서, 관심, 가치관, 태도 등과 같은 심리요인에 대한 접근으로서 그들의 심리적 향상을 도모하는 과정을 심리재활이라고 한다. 심리적 재활의 전문인력은 임상심리사, 재활상담사, 미술치료사, 음악치료사, 놀이치료사 등이 있다.

6) 재활공학

재활공학은 공학기술을 통해 장애인들의 손상된 부위를 재활시키는 재활의 새로운 분야로 정의해 볼 수 있다. 재활공학의 대상은 손상, 능력장애, 사회적 불리로 분류되는 세 가지 의미의 장애인이다.

재활공학의 전문인력은 작업치료사, 물리치료사, 언어치료사, 재활공학기사 및 기술자, 의지, 보조기 기사, 컴퓨터공학자 등이다.

〈표 12-2〉 **장애인 재활서비스**

주요 서비스	지원 대상	지원내용
재활 병 · 의원	장애인	• 장애의 진단과 치료, 보장구 제작 · 수리, 장애인 심리검사 및 평가 • 국민기초생활보장 대상자는 무료, 그 외의 자는 실비 부담
시각장애인 심부름센터	시각장애인	• 민원업무, 대행, 직장 출 · 퇴근, 장보기, 이삿짐 운반 가사 돕기, 취업안내 등 • 국민기초생활보장 대상자는 무료, 그 외의 자는 실비 부담 • 사업주체 : 한국맹인복지연합회

주요 서비스	지원 대상	지원내용
수화통역센터	청각 · 언어 장애인	• 출장 수화통역 : 관공서와 법률 관련 기관 방문, 의료기관의 진료 등 수화통역 필요 시 출장 통역 실시 • 일반인에 대한 수화교육 • 청각언어장애인에 대한 고충 상담
장애인 직업재활시설	등록장애인	• 저소득 중증 장애인에게 취업을 위한 직업재활 실시, 장애인의 능력과 적성에 맞는 직업생활을 위한 지원고용 실시
장애 생활시설	등록장애인	• 생활시설 입소 : 의식주 제공, 재활서비스 제공
장애인 결연사업	시설입소 장애인 재가 저소득 장애인	• 결연을 통하여 장애인에게 후원금품을 지원, 자원봉사활동, 취업알선
장애인 복지관	장애인	• 장애인에 대한 상담, 판정, 의료재활, 직업재활, 사회생활 적응지도, 사회교육과 계몽사업 등
주간 단기보호시설	장애인	• 장애인보호자가 출장, 여행 등의 경우 재가장애인을 낮동안 또는 일시적으로 보호 • 국민기초생활보장 대상자는 무료, 그 외의 자는 실비 부담
장애인 재활 정보센터	장애인과 가족	• 장애인에게 재활정보를 제공하여 사회참여 확대와 복지증진 • 사업주제 : 한국장애인재활협회 • 정부시책 : 서비스 등 재활 전문데이터 베이스 운영, 온라인 상담과 정보제공 등 재활정보에 대한 자동응답서비스 제공
재가장애인 순회 재활 서비스	장애인	• 장애인종합복지관에 재가복지봉사센터를 부설하여 운영 : 재가장애인을 방문, 상담, 의료교육, 재활, 직업재활 등의 서비스 제공
장애인 생산품 판매시설(공판장)	장애인 직업재활 시설에서 물품을 생산하는 장애인	• 장애인들이 생산한 물품의 판로 확보로 장애인 취업 확대와 소득보장

출처 : 권진숙 외(2008).

2. 장애인복지의 과제

첫째, 현재 우리나라 장애인복지법에서의 장애범주는 총 15가지로 정하고 있으나, 여러 선진국에 비해 그 범주가 협소하므로 보다 폭넓은 장애의 범주가 적용되어야 할 것이다.

둘째, 우리나라 장애인구의 약 90%가 후천적 장애이고 재가장애인의 비율이 96.5%임을 감안할 때, 재활전문의료기관은 전국에 15곳밖에 되지 않아 매우 부족한 실정이다. 따라서 자치단체의 재활치료 활성화에 대한 노력과 재활전문의료기관의 대폭적인 증대가 시급하다.

셋째, 여성 장애인의 차별금지와 고용 지원, 편의시설 확대, 임신, 출산, 육아 및 건강관리 등에 대해 사회적으로 특별한 배려가 있어야 할 것이다.

넷째, 통합교육이 강조되고 있는 지금, 교육대상 장애학생의 장애유형, 장애 정도와 교육환경에 맞는 교육과정 및 특수교육의 질 확보에 많은 노력을 기울여야 할 것이다.

다섯째, 장애인을 위한 주거보장의 시책이 미흡하므로 장애인 거주용 주택 신축과 매입 시 세제 혜택을 주고, 장애인의 생활편의를 고려한 시설을 갖춘 주거시설을 장애인에게 임대하는 임대주에게 세제감면 혜택을 부여하는 방안도 강구되어야 한다.

여섯째, 정보통신기술에 대한 접근성을 높이기 위해 장애유형에 맞는 장애인 정보화 교육을 강화하고 인터넷 환경에 쉽게 접근할 수 있도록 가능한 모든 지원을 함으로써 의사소통 및 정보 접근에 대한 장벽을 제거해 나가야 할 것이다(권육상 외, 2010).

참고문헌

권선진(2008). 『장애인복지론』. 청목출판사.
권육상 외(2010). 『사회복지개론』. 공동체.
권진숙 외(2008). 『사회복지개론』. 공동체.
남연희 외(2010). 『장애인복지론』. 공동체.
박경일(2011). 『사회복지학강의』. 양서원.
박차상 외(2001). 『현대사회복지학』. 양서원.
보건복지부(2003). 장애등급 판정 기준. http://www.mw.or.kr
신현석(2013). 『장애인복지론』. 공동체.
이경희 역(2003). 『장애인의 역량강화』. 시그마프레스.
이소현 외(2011). 『특수아동교육』. 학지사.
이영철 외(2007). 『사회복지학』. 양서원.
전용호(2009). 『장애인복지』. 학문사.
정무성 외(2007). 『장애인복지개론』. 학현사.
정영숙 외(2008). 『장애인복지론』. 학현사.
WHO(1980). International classification of Impairment, disabilities, and handicaps. Geneva.
WHO(1997). ICIDH-2 : International classification of Impairment, disabilities, and participation (Beta-1 Draft). Geneva.
WHO(2001). ICF : International classification of functioning. disability and health.

Chapter 13

가족 · 다문화복지

제 1 절 가족 · 다문화복지의 이해

1. 가족복지의 정의

가족은 인간의 제도 중 가장 오래된 것으로 인류의 역사와 함께 여러 가지 영향을 받으며 꾸준히 지속되어 온 기본적인 사회제도이다. 전통적으로 가족은 혈연을 중심으로 하는 집단으로서 형성되어 왔다. 그러나 가족은 시대에 따라, 사회 · 문화적 배경에 따라 가족을 정의하는 방식이 다르다. 아울러 보편적인 가족에 대한 정의를 살펴보면, 기든스(Giddens, 1998)는 가족이란 정서적이고 물질적인 지지에 기반을 둔 둘 또는 그 이상의 사람들이 상호 간에 기대를 갖고 그들의 삶의 유형과 관계없이 상호 책임감, 친밀감과 계속적인 보호(care)를 주고받는 구성체이다.

가족(家族, family)이란 혼인, 혈연 및 입양을 조건으로 의식주의 공동해결, 정서적 유대와 공동체적 생활방식을 갖는 집단이다. 가족과 유사한 용어로는 가정, 가구 등이 있다. 가정(家庭, home)은 가족이 의식주를 공동으로 영위하는 집단으로서, 온정이나 사랑에 기반한 정서적 유대와 서로 소속감을 느끼는 연대의식을 가진 공동체를 의미한다.

가구(家口, household)는 1인 또는 2인 이상이 모여 취사, 취침 및 생계를 같이 하는 생활 단위로, 한 집에서 기거하는 사람들로 구성된 사회 · 경제적 단위를 말한다. 따라서 가족은 혈연, 혼인, 입양 등으로 한 집안을 이룬 사람들의 집단이나, 가구는 혈연관계와는 상관없이 주거와 생계를 같이하는 단위이다(양점도 외, 2010). 한편, 가족복지(family welfare)는 가족을 대상으로 한 사회복지로서 학자들은 다양한 정의를 내리고 있다.

펠드먼과 슈어츠(Feldman & Scherz, 1967)는 가족복지란 전체로서의 가족은 물론 그 구성원들의 사회적 기능수행을 효과적으로 증진시킴으로써 가족구성원들 모두에게 행복을 도모하도록 하기 위한 사회복지의 한 분야라고 하였다.

김상규 등(1991)은 가족복지란 가족의 행복을 유지시키는 것으로, 국민의 생활권의 기본이념에 입각하여 가족생활을 보장하는 사회적 제반 노력을 총칭하는 것이라 하였다.

전준우(1998)는 가족복지란 가족이 안고 있는 여러 가지 문제 상황에서 가족을 통합시키고, 적응하도록 서비스를 제공하기 위한 사회적 집단의 노력으로 수행되는 조직적 활동을 의미한다고 하였다.

일본 현대복지총람(1995)에서는 가족복지란 개인생활상의 모든 욕구충족이 그 사람의 가족생활 양태에 의하여 규정됨에 착안하여 가족원으로서의 개인의 가족집단에의 적응이나 가족생활 그 자체의 유지 및 질적 향상을 도모함을 목적으로 하는 사회복지의 한 분야라고 하였다.

이상으로 볼 때 가족복지란 모든 국민은 인간다운 생활을 할 권리를 가진다는 헌법의 기본이념에 입각하여 가족의 안녕과 행복을 보장하는 것이다(한국전문대학사회복지교육협의회, 2010).

2. 다문화복지의 정의

다문화사회는 다양한 인종과 민족이 함께 사는 사회이다. 아직 우리 사회에서는 이론적으로 구체화되어 있지 않으나, 최근 한국사회를 흔히 다문화사회라고 말하는데, 1980년대 말~1990년대 초 외국인노동자들이 유입된 이래 1999년 체류 외국인이 38만 명에서 2010년 120만 명 이상으로 증가했다.

세계화와 개방화로 인해 국가 간 이동이 보편화되고, 우리나라의 정치, 경제, 사회적 수준이 향상됨에 따라 국내정착 외국인 수는 지속적으로 증가하고 있으나 그 명확한 정의를 내리기 어렵다(도광조, 2011).

먼저 2008년 제정된 다문화가족지원법에서는 "다문화가족을 재한외국인처우기본법 제2조, 제3호의 결혼이민자와 국적법 제2조에 따라 출생 시부터 대한민국 국적을 취득한 자로 이루어진 가족"으로 정의하고 있다.

룸(Lum, 1992)은 민족이나 인종, 그리고 사회경제적 지위로 인하여 차별받아 온 사람들을 대상으로 하여 이들의 다양성과 차이점을 존중하고 원조관계에서 작용하는 문화적인 요소를 인식하는 것을 다문화사회복지라고 하였다.

이상으로 볼 때 다문화사회복지는 '다양한 언어와 문화를 가진 사람들에게 문화적 다양성을 존중해주고 이들이 사회의 모든 활동에 주체적으로 참여하며 개인은 물론 가족 전체 구성원들의 삶의 질 향상과 복지증진을 위한 정부와 사회의 모든 활동과 노력'으로 정의할 수 있다(현외성 외, 2011).

제 2 절 가족 · 다문화복지의 접근방법

1. 가족복지의 대상과 영역

가족복지의 대상은 가족의 생활주기에 따라 발생하게 되는 다양한 변화와 문제 또는 위기에 초점을 둔다. 가족복지는 다양하게 나타날 수 있는 가족이 지닌 욕구와 문제에 대응한 사회적 서비스이다. 다음과 같이 세 가지 기준으로 가족복지의 대상을 분류할 수 있다(김혜경 외, 2014).

1) 가족구조상의 특성에 따른 대상

가족구조상의 특성에 따라 맞벌이가족, 미혼모가족, 이혼 및 재혼가족, 아동가장가족, 노인가족, 핵가족 등 가족구조상의 다양화를 고려하여 각 가족이 지닌 특성에 따라 복지개입을 달리하는 경우를 말한다.

2) 가족기능상의 문제에 따른 대상

가족기능상의 문제에 따라 빈곤가족, 확대가족, 알코올중독이나 약물중독가족, 청소년비행가족 등 실직으로 인한 소득의 상실로 경제적인 측면에서 기능상의 결손을 경험하는 가족과 병리 혹은 장애로 인한 심리적 및 의료적 문제를 겪고 있는 가족의 경우를 말한다.

3) 가족의 주기에 따른 대상

가족의 주기에 따라 부부만의 시기, 자녀출산 및 양육기, 미취약 아동기, 학령기, 청소년기, 독립기, 중년기, 노년기 등 가족생활주기에 따라 가족구성원인 개개인은 물론 가족 전체가 당면하게 되는 복지욕구는 다양하며, 이에 따라 복지개입을 달리하는 경우를 말한다.

가족복지의 대상은 구체적으로 가족복지가 이루어지는 과정에서 국가의 정책이나 법, 그리고 행정조직에 따라 그 대상이 규정된다고 볼 수 있다. 현행 우리나라의 가족복지는 단순히 가족의 중요성을 선언적으로 강조하면서 요보호대상자 중심의 잔여적 성격을 보이고 있다고 할 수 있다. 결론적으로 가족복지의 대상은 가족이 지닌 욕구와 문제, 즉 가족의 구조, 기능 및 생활주기에 따라 다양하게 나타날 수 있다(김혜경 외, 2014).

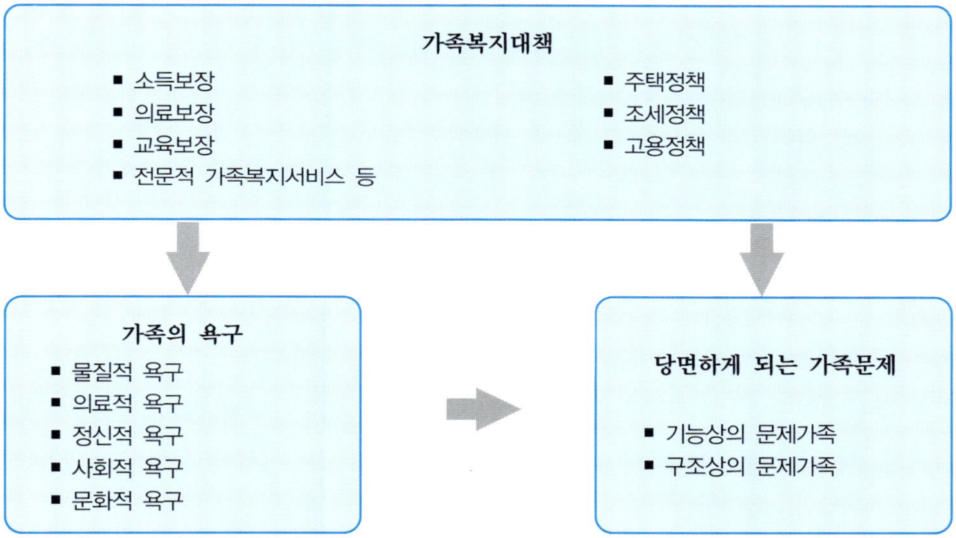

출처 : 조추용 외(2008).

[그림 13-1] 가족복지의 대상

2. 가족문제

가족문제는 사회 전반에 걸쳐 자녀양육과 교육의 문제, 청소년문제, 맞벌이부부의 가족문제, 가족이탈의 근로자문제, 여성문제, 주택문제, 소비자문제, 노후문제 등과 밀접한 연관이 있기 때문에 거시적 차원에서 가족문제를 이해하고 접근해야 한다. 따라서 구체적인 내용을 살펴보면 다음과 같다(강용규 외, 2011).

1) 구조적인 가족문제

가족문제의 발생원인은 가족의 구조적인 결함 때문으로, 특히 가족구성원 간의 관계에서 발생하는 많은 문제들이 있다. 구조적 가족문제는 가족구성원 간의 관계문제로 연결된다. 따라서 결손가정이나 가족구성원상의 문제가 가족문제의 근원이 되고 있다는 사실이다. 이에 따라 가족문제에 대한 접근으로서 문제 상황에 적합한 전문적인 가족복지서비스가 제공되어야 한다.

2) 기능적인 가족문제

가족기능은 생물학적으로 종족을 유지하며, 심리학적으로 상호 의존하여 애정적 욕구를 충족하고, 경제적으로 물질적 욕구를 해결하고, 사회문화적으로 도덕이나 관습에 적응하는 일이다. 그러나 가족의 기능적 장애는 가족의 문제를 일으키는 주요 원인이 된다. 가족문제를 파악하기 위해서는 그 가족의 기능이 어떻게 수행되고 있는가를 파악해야 할 필요가 있다.

3) 사회경제적인 가족문제

개인이 갖는 사회적 기능의 장애나 결함의 원인이 가족에게만 있다고 할 수 없다. 그것은 지역사회, 경제체제, 사회 · 문화적인 요인 등과 관련하여 가족문제를 파악해야 하며, 가족의 능력을 이해해야 한다. 많은 가족들이 빈곤, 질병, 실업, 비행, 범죄 등의 사회경제적 문제에 직면하고 있으며, 이러한 요인이 가족의 관계와 기능면에 많은 문제를 야기하고 있다.

4) 역동적인 가족문제

가족문제를 역동적 입장에서 분석하는 것은 구조적 · 관계적 · 사회경제적 조건 등의 상호 역동성에 의해 문제가 발생하는 것으로 보는 관점이다. 가령 가족의 구조적 결함으로 인한 결손가정, 기능적 장애로 인한 경제적 부양기능 결여, 가족의 감정관계의 영향으로 인한 부부관계의 혼란, 부모-자녀관계 혼란, 형제자매관계 혼란 등의 문지들이 상호 역동적으로 발생된다는 것이다. 그러므로 가족복지의 관점에서 가족의 집단역할이나 힘의 파장을 막을 수 있는 전문적 개입이 필요하다.

5) 한국의 가족문제

첫째, 경제적 부양의 문제, 즉, 가족의 소득문제가 많이 나타나고 있음을 알 수 있다. 가정의 빈곤문제, 취업여성의 증가, 가족 간의 빈부 차이에 의한 상대적 박탈감 등은 가족의 경제적 부양문제와 직결되고 있다.

둘째, 핵가족화의 결과로, 주말부부의 증가, 자녀 수 감소, 주거생활 변화에 따른 가족구성원들에 대한 가족의 보호기능이 약화되는 데서 오는 문제가 증가하고 있다. 또한 가족의 보호업무를 주로 여성에게 의존해 오던 상황에서 여성의 경제활동참여는 가족 내에서 아동, 노인, 장애인, 병약자 등을 양육 · 보호하는 기능의 공동화현상을 초래할 가능성이 있다.

셋째, 가족의 통제능력과 통제기능이 약화되면서, 가족공동체로서의 사회화, 정서적 지지기능 수행이 약화되는 등의 문제가 발생하고 있다. 도시에서의 잦은 이사로 인한 가족생활의 불안정, 세대차이 문제, 부부불화, 부모역할 모델의 부족, 대화부족 등이 원활한 가족기능 수행에 문제를 일으켜 가족문제를 발생시키고 있다.

넷째, 결손가족의 증가에 따른 문제가 많이 발생하고 있다. 자녀 유기, 별거, 이혼 증가, 배우자 사망, 향락산업의 발달 등으로 결손가정이 많이 생겨나고 그 속에서 정신적 장애아동, 가출 및 비행청소년 등 문제를 지닌 자녀가 많이 배출되고 있을 뿐만 아니라 결손가정의 증가에 따른 가족구성원의 각종 심리적 · 경제적 소외문제 등이 많이 나타나고 있다.

3. 가족복지의 접근방법

가족복지의 접근방법에는 거시적 방법인 가족문제를 개별가족이 아닌 사회 전체의 문제로 접근하는, 즉 사회제도적 구조 속의 가족이 잘 존속할 수 있도록 환경을 조성해 가는 방법이다. 또 하나는 미시적 방법으로써 구체적 문제나 장애로 어려움을 겪고 있는 개별가족을 대면하고 전문기술을 가지고 직접적으로 개입하는 방법이며, 이는 서비스 차원에서 논의 및 접근될 수 있다(임춘식 외, 2007).

1) 가족복지의 거시적 접근

가족문제를 가족과 직접 대면하기보다는 정책 차원에서 접근하는 가족복지의 거시적 접근이 가족복지정책의 중심이 된다. 그리고 행정은 정책에 따라 지향하는 바를 구체적으로 실현하는 조직환경 또는 지원적 과정이다. 따라서 가족복지행정은 가족복지정책과 연관하여 거시적 접근의 하나로 분류할 수 있다(이소희 외, 2001).

가족복지정책은 가족복지를 실천하는 거시적 · 제도적 방안으로 정부가 가족을 위해 시행하는 모든 활동을 의미한다고 할 수 있다. 이러한 가족정책에 포함되어야 할 몇 가지 중요한 요소를 살펴보면 다음과 같다(박옥희, 2008 재인용).

첫째, 정책의 목표가 가족 개개인의 보호에 초점을 둔 개인중심적인지, 아니면 전체 가족에 초점을 둔 가족중심적인 것인지를 살펴보아야 한다.

둘째, 정책의 대상을 정함에 있어 보편주의와 선별주의, 즉 모든 사람에게 서비스를 제공할 것인지, 아니면 특정 문제를 가진 사람만을 대상으로 할 것인지를 살펴보아야 한다.

셋째, 예방적 대책이나 치료적 대책인가를 살펴보아야 한다.

넷째, 정책의 주관기관을 정부나 민간기관 중 어느 것으로 할 것인지를 살펴보아야 한다.

다섯째, 재가가족중심 프로그램을 위주로 할 것인지, 아니면 가족 외부의 가족대체 프로그램 위주로 할 것인지 살펴보아야 한다.

여섯째, 전문주의적 개입과 일반주의적 개입 간의 균형을 살펴보아야 한다.

일곱째, 가족에 대한 투자는 그 효과가 바로 나타나기보다는 대부분 일정 시간이 지난 후에 나타나므로 단기간의 투입비용과 장기적 수익을 살펴보아야 한다.

우리나라의 가족복지정책은 우선 가족이 책임을 지고 국가가 최소한의 책임을 지는 잔여적 · 가족책임주의적 정책을 지향하며, 특정 가족의 기능을 보완하는 정책을 중심으로 하며, 요보호자를 위한 정책에 집중되어 있고, 예방보다는 치료를 강조하는 정책이다. 앞으로 가족구조와 기능이 변화함에 따라 가족친화적 정책을 지향하는 것이 바람직하다. 가족친화적 가족복지정책은 전체 가족과 가족구성원 개개인의 욕구가 모두 고려되고, 양성평등적이고 가족유형과 상관없이 모든 가족이 최소한의 생활이 보장되고 위험으로부터 보호되며, 건강한 가족생활을 할 수 있는 동등한 기회가 제공되도록 지향하는 정책이다(박경일 외, 2011).

2) 가족복지의 미시적 접근

가족복지의 미시적 접근방법은 가족문제를 가진 가족에 직접적으로 개입하는 전문적 접근방법이다. 이는 특수한 욕구를 가진 가족문제를 취급하는 복지기관의 구체적 서비스 활동으로서 잔여적 복지의 성격을 띤다.

가족문제를 갖고 있는 개별가족에 직접적으로 개입함으로써 증상을 완화시켜 주거나 예방하는 각종 방법이며, 구체적으로 가족문제를 갖고 있는 가족에 대하여 가족사회사업, 가족보호, 가정생활교육, 가족계획사업, 가족보존 및 가정기반서비스, 가족치료, 가족옹호 등의 다양한 직접적인 서비스를 제공하는 개별 사회사업적 차원의 서비스를 말한다(박옥희, 2008).

- 가족에 대한 직접적 개입 : 가장 대표적인 것이 가족사회사업이다.
  가족사회사업(family social work)은 가족복지기관이 주로 부부불화, 부모-자녀 관계의 문제, 세대 간 갈등 같은 문제와 관련하여 전문가가 개입하는 것이다.
- 가족보호 : 가족보호(family caregiving)는 가정 내에서 발생하는 장애문제에 대해 보호를 제공함으로써 가족의 역할수행과 능력을 향상시키는 기능을 하는 서비스를 말한다. 그 예로는 발달장애아동가족, 치매노인가족, 만성질환자가족 등에 대한 서비스가 있다.
- 가정생활교육 : 최근 가족복지기관에서는 가족구성원들의 관계, 애정, 협동심 등을 강화시키기 위한 서비스로서 교육적 성격을 강조한다. 이는 집단역할의 학습과정을 통해 가족 및 개인들의 사회적 기능을 향상시키기 위한 서비스이다.
- 가족계획사업 : 건강보호서비스의 일종으로서 임신중절, 성병에 대한 보호, 영양, 출산계획, 임신을 위한 서비스 등을 제공함으로써 건강한 가족생활을 하도록 하는 것이다. 그 예로서 결혼 전후의 상담서비스가 있다. 개개인의 사회적 기능을 향상시키기 위한 서비스다. 이 서비스의 목적은 가족성원이 집단 및 지역사회생활의 정상적 상태와 긴장요인을 이해하도록 하여 대인관계를 향상시키고, 상황적 위기를 예방·완화시키도록 하는 데 있다. 그 예로 부모역할 프로그램이 있다.
- 가족보존과 가정기반서비스 : 다양한 가족의 욕구충족과 가족보존을 위하여 여러 가지 가족보존 및 가정기반서비스를 개발하고 있다. 그 예로서 가정부서비스, 형제자매결연서비스, 가정법률상담, 가정우애방문, 여행자 보조, 학령 전 아동과 노인 및 정신장애인을 위한 주간보호서비스, 집단가정, 재정상담, 캠핑, 빈민을 위한 치과진료 및 보건유지 프로그램, 개별학습, 직업안내, 학령 전 아동의 인지 및 정

서적 발달을 도모하기 위한 프로그램, 공공부조 대상이 아닌 빈곤가족을 위한 경제적 원조, 가정위탁보호 등이 있다.

- 가족치료 : 가족복지서비스의 치료적 접근법으로서 정신건강의학과 의사가 중심이 되어 발전시켰으나 오늘날에는 전반적 가족문제해결을 위한 접근법으로 널리 활용되고 있다. 가족치료는 가족을 하나의 체계로 보고, 가족이라는 체계 속에서의 상호 교류의 향상에 개입함으로써 가족의 역기능적 상호작용 유형과 관계를 변화시켜서 문제를 해결하고자 하는 치료방법이 있다. 즉, 문제의 원인을 개인적 원인이 아닌 가족구성원 간 관계의 문제로 보고 가족구성원 간의 상호작용 맥락에서 이해하고 해결하고자 하는 것이다.

4. 다문화복지의 대상과 영역

다문화가족이란 결혼이민자와 출생 시부터 대한민국 국적을 취득한 자로 이루어진 가족, 귀화허가를 받은 자와 출생 시부터 대한민국 국적을 취득한 자로 이루어진 가족으로, 다문화사회복지의 주요 대상이다(다문화가족지원법 제2조).

〈표 13-1〉 다문화가족과 그 자녀의 구분

다문화가족	그 자녀
외국인근로자가족	• 외국인근로자가 한국에서 결혼하여 태어난 아이 • 본국에서 결혼하여 형성된 가족이 국내에 이주한 가정의 아이
국제결혼가족	• 한국인 아버지와 외국인 어머니 사이에서 태어난 아이 • 한국인 어머니와 외국인 아버지 사이에서 태어난 아이
새터민가족	• 북한에서 태어나서 한국에 입국한 아이 • 한국에서 태어난 아이

출처 : 남기민(2011).

5. 다문화가족의 문제

다문화가족, 즉 다문화주의에서 나타날 수 있는 문제들을 보면 다음과 같다(김범수 외, 2008).

첫째, 문화공동체 안에서의 개인의 고립 다양성의 상징적인 인정을 들 수 있다. 다문화주의 인종적 · 문화적 차이성, 특수성을 존중하는 좋은 의도가 때론 역효과, 역차별이 나타날 수 있다. 즉, 개인이 이타주의적인 다문화주의 개념에 휩싸이게 되면 집단들 간의 경계를 오히려 명확하게 하고, 보호와 존속을 목표로 설정한 채로 자신들만의 집단을 만들어낸다. 이런 배타적인 다문화주의에 영향을 받게 되면 개인은 그 집단 안에서 외부와 단절된 상태에 고립되어 집단 속에서 존재감을 잃거나 혹은 자신들만의 장벽을 더 견고히 하여 오히려 사회통합의 장애가 될 수 있다.

둘째, 다문화주의라는 새로운 도덕질서를 들 수 있다. 다양성이 요구되는 사회 안에서 개인이나 집단의 정체성과 특수성에 위배되는 언어나 행동은 그 사회의 새로운 도덕질서인 다문화주의에 위배된다하여 도덕적이지 못하다는 비판을 받게 된다. 이는 다문화주의정책이 문화적 · 사회적 불평등을 해소하기 위한 목적을 넘어서, 사회의 도덕질서를 정의하고 정립하려는 새로운 이데올로기가 될 수밖에 없다. 그러나 이러한 것이 과연 올바르다고 할 수 있는가는 고민해 보아야 할 것이다.

셋째, 소수자 중심의 사회문제이다. 다문화주의 사회의 대두, 다양성과 특수성을 지닌 개인과 소수집단을 위한 공공의 인정과 정책적 지원이 늘어나면서, 다문화주의 논의와 정책에 참여하려는 집단의 종류와 수가 늘어나고 있다. 그러나 이런 특별 대우들은 사회의 다른 구성원에게 오히려 차별받게 되기도 하고, 혹은 집단 간의 경쟁을 유발시키거나 집단 간의 분열과 갈등을 유발시키기도 한다.

넷째, 다양성 논쟁을 통한 사회적 · 경제적 불평 등을 은폐할 수 있다. 다문화주의와 다양성에 관한 논의가 문화의 영역에만 한정되는 경우가 많다. 즉, 문화적인 측면의 다양성이 기존의 문화에 기여한 문화적 측면만을 대두시키면서 개인이나 소수자가 겪는 사회적 · 정치적 · 경제적 부조리와 불평등을 슬그머니 감추려 하기도 한다. 우리나라 이주노동자들의 각박한 생활만 보더라도 그렇다. 우리는 이데올로기적 다문화주의뿐만 아니라 실제 일상생활에서의 다문화주의에 귀기울여야 하므로 개인이나 소수가 겪고 있는 사회적 부조리와 불평등을 잊어서는 안 된다.

6. 다문화복지의 접근 및 기본원칙

우리 사회의 다문화복지는 아직 인식이 부족하고, 정부의 제도나 정책 등이 체계화, 보편화되어 있지 않는 실정이다. 정부부처 중 여성가족부, 고용노동부, 통일부, 법무부, 농림축산식품부, 보건복지부, 교육부 등에서 결혼이주민, 외국인근로자, 새터민을 대상으로 사회복지정책을 추진하고 있으나, 단편적인 접근이나 중복서비스가 나타나고 있다. 다문화가족지원법이 2008년 개정 · 시행되면서 다문화복지에 대한 정책, 서비스가 활성화 단계에 들어갔지만, 외국인근로자와 새터민은 관련 지원법이 있어도 아직까지 정책적 접근이나 복지서비스가 활성화, 체계화, 전문화되어 있지 않아 이들에 대한 복지대책이 미흡한 실정이다. 따라서 다문화복지에 대한 새로운 인식 전환과 함께 다문화정책이나 서비스지원체계의 활성화를 위해 다문화의 특성인 문화적 다양성과 인종적 특성을 고려한 거시적 · 미시적 사회복지 접근방법이 필요하다 하겠다(현외성 외, 2011).

일반적인 다문화복지실천의 기본원칙을 살펴보면 다음과 같다(박지영 외, 2010 재인용).

첫째, 문화적 유능성의 원칙

둘째, 소비자 관점의 원칙

셋째, 지역사회 중심 개입의 원칙

넷째, 사례관리의 원칙

다섯째, 자연적 지지체계 활용의 원칙

여섯째, 협력과 임파워먼트의 원칙

일곱째, 접근성 강화의 원칙

여덟째, 보편성의 원칙

아홉째, 통합의 원칙

제 3 절 가족복지 기능 및 치료모델

1. 가족복지의 기능

가족복지의 기능은 가족복지의 대상영역을 어떻게 정하느냐에 따라서 달라진다. 공세권(1994)은 가족복지의 기능에 있어 가족복지정책 접근을 위한 조직체계 속에서 가족복지센터를 제안하면서 그 기능을 다음과 같이 제시하고 있다.

첫째, 가족개발 기능으로, 건전가정의 육성을 위한 가족교육, 역할개발, 생활개선과 가족보건 등이다.

둘째, 가족복지 기능으로 가족결손과 예방과 치료를 위한 가족상담과 가족치료, 역할지원, 재활지원 등이다.

셋째, 가족보호 기능으로, 독립적 사생활이 어려운 가족의 생활보호, 건강보호와 시설보호 등이다.

넷째, 자원개발 기능으로 지역사회 내 복지여건 조성을 위한 기금조성, 조직개발, 인력활용 등을 추진해야 한다.

2. 치료의 모형

가족을 단위로 하는 다양한 가족치료의 대표적인 치료 모형인 정신역동적 가족치료, 인지행동주의 가족치료, 미누친의 구조적 가족치료, 보웬의 가족치료, 사티어의 경험적 가족치료, 해결중심적 가족치료 등을 간략히 살펴보면 다음과 같다(권육상 외, 2010).

1) 정신역동적 가족치료

기존의 정신역동적 치료방법을 가족치료에 적용시킨 모형이다. 치료의 대상은 개인이 되기도 하고, 가족구성원 전체가 되기도 하는데, 개별치료와 집단치료가 필요에 따라 적용된다. 이 모형은 내적인 무의식적 갈등의 해결, 가족 간의 관계분석, 합리적인 역할분배를 강조한다. 치료기법으로는 전이, 분석, 통찰, 동일시 등이 주로 사용된다.

2) 인지행동주의 가족치료

가족구성원들의 인지 왜곡을 현실적으로 검토하고 구성원들 간의 보상교환 비율을 높이는 한편, 혐오 교환은 줄이며, 의사소통과 문제해결기술을 교육하는 데 초점을 맞춘다. 인지행동주의 가족치료는 주로 부모훈련, 부부치료, 성기능장애치료 등에 적용된다.

3) 미누친(Minuchin)의 구조적 가족치료

개인을 환경의 관계에서 이해하는 모형으로, 가족문제는 역기능적 가족구조에 의해 일어난다고 보는 관점이다. 이 모형은 가족을 하나의 체계로 보고 가족의 구조를 변화시킴으로써 체계 내 개인의 경험이 변화되어 구조를 평가하고 새로운 가족구조로 나아가는 전략을 사용한다. 또한 문제는 소원한 경계에서부터 지나친 간섭으로 인해 자율성이 손상되어 밀착된 관계로 인한 타인과의 관계가 어려움을 겪는다고 본다. 따라서 가족 간의 명확한 경계를 강조하고 특히 하위체계 간에 개방되고 명확한 경계를 수립하는 것을 치료의 목적으로 삼는다.

4) 보웬(Bowen)의 가족치료

보웬의 기본개념은 자아의 분화, 삼각관계, 가족투사과정, 다세대 전수과정, 정서적 단결이 있다. 치료사는 가족구성원들이 상대적으로 분화되며, 불안수준이 낮아지고, 원가족과 긍정적인 정서적 관계를 형성하도록 돕는다.

5) 사티어(Satir)의 경험적 가족치료

인본주의적 심리학에 기초를 두고 자아의 존엄성을 재형성하고 가족의 성장기능을 회복하고자 하는 모델이다. 경험적 가족치료의 대표자인 사티어는 의사소통을 하는 데 있어 정보를 주고받는 과정과 의사소통의 언어적·비언어적 과정을 중시하였다. 그리고 오랫동안의 임상경험을 통해 어려운 문제를 가지고 있는 가족구성원이 공통적으로 사용하는 역기능적 의사소통의 유형(회유형, 비난형, 초이성형, 혼란형)이 있음을 발견하였다.

치료의 목표는 가족구성원들의 자아존중감과 잠재력을 개발하고 가족구성원들의 역기능적 대처방식에서 벗어나 새로운 방식을 시도하도록 새로운 경험을 촉진시키고자 한다. 또한 자아의 존엄성이 높아짐에 따라 합리적 의사소통을 스스로 선택하도록 돕는다.

6) 해결중심적 가족치료

문제중심적인 관점에서 벗어나 개입의 초반부터 해결방안을 모색해 나가는 것을 강조한다. 해결중심 가족치료에서 예외질문, 기적질문, 척도질문 등은 대표적으로 사용되는 질문이다. 치료메시지는 크게 칭찬, 연결, 과제로 이루어진다.

제 4 절 한국 가족 · 다문화복지의 과제

1. 가족복지의 과제

우리나라의 가족복지정책은 가족 전체를 대상으로 지원하는 통합적 · 포괄적 · 종합적인 가족복지정책이 매우 미비한 가운데 대상영역별 사회복지인 개별적 복지만 존재하고 엄격한 의미에서의 가족복지는 부재했다고 볼 수 있다. 즉, 가족 전체를 대상으로 하기보다는 장애인, 요보호노인, 요보호아동, 요보호여성 등의 문제가 발생한 개인을 대상으로 한 구호사업, 시설보호사업을 위주로 실시해 왔으며, 아동복지에서의 아동, 노인복지에서의 노인, 여성복지에서의 여성 등과 같이 가족구성원이라 할 수 있는 대상별 서비스만 존재하고 있는 실정이다. 또한 가족복지정책이 예방적인 기능보다는 사후치료적인 기능에 초점을 두고 있고, 건전한 가족을 유지 · 발전시키려는 서비스보다는 이미 해체된 가족을 위한 서비스에 초점을 두고 있다. 이러한 문제에 따라 우리나라 가족복지의 향후 과제를 제시해 보면 다음과 같다(한국여성복지연구회, 2008).

첫째, 가족정책이 성공적으로 수행되기 위해서는 공공의 책임이라는 사회적 합의가 전제되어야 하며, 재정 확보와 이를 수행할 행정체계를 확립해야 한다.

둘째, 가정과 직장을 양립할 수 있는 가족지원서비스의 확충이 필요하다. 특히, 차별적 조건을 감수하고 노동시장에서 활동하는 여성들을 정책적으로 지원하는 것이 시급하다.

셋째, 가족문제의 상담 및 치료의 전문화는 매우 중요한 기능을 한다. 따라서 부부관계 및 가족 간 의사소통을 위한 프로그램, 이혼상담 프로그램, 부모의 이혼에 따른 자녀상담 프로그램 등을 활성화할 뿐만 아니라 사회적 지원서비스가 연계된 통합주의적 방향 속에서 모색되어야 할 것이다.

넷째, 가족에 대한 통합적 서비스 제공을 위하여 전문적 교육 및 훈련과정을 실시함으로써 현장에서 필요한 전문인력을 양성해야 할 것이다.

이상에서 살펴본 바와 같이 한국 가족복지의 미래를 위한 실천과제를 풀어나감으로써 가족의 건전한 성장과 발달을 기대할 수 있다.

2. 다문화복지의 과제

다문화가족이란? 다문화가족지원법에 따라 결혼이민자와 출생부터 대한민국 국적을 취득한 자로 이루어진 가족 등 국적법에 따라 귀화허가받은 자와 출생시부터 대한민국 국적을 취득한 자로 이루어진 가족을 말한다(강미나, 2014).

UN 인권위원회에서는 한국 정부가 '단일민족국가'라는 용어를 사용하여 순혈주 담론을 표방하는 것 자체가 이미 다민족사회로 진입한 한국 사회에서 외국인에 대한 차별이 될 수 있다는 것을 지적한 바가 있다(UN Committee on Elimination of Racial Discrimination, 2007 ; 윤혜미, 2009).

결혼이민자와 외국인근로자의 수가 급속도로 증가하고 있는 시점에서 그들에 대한 인식의 변화와 함께 사회문제로 대두되고 있는 다문화가족들의 인권 등 다양한 문제와 복지욕구들에 어떻게 대응해가야 할 것인지가 향후 우리들이 풀어나가야 할 과제라고 생각된다. 다문화복지와 관련한 과제를 살펴보면 다음과 같다(현외성 외, 2011).

첫째, 다문화사회의 개념 정립을 위해 다문화사회에 대한 담론과 재점검이 아직 필요하다.

둘째, 다문화복지 지원체계와 관련하여 국가와 기업, 국민적 관심과 노력이 필요하다.

셋째, 다문화가족의 복지욕구와 문제해결을 위한 체계적 접근이 필요하다.

넷째, 다문화가족에 대한 편견과 고정관념에서 벗어나 수용적 자세로 공존과 통합을 위해 다문화에 대한 교육과 홍보가 유아기부터 체계적 · 지속적으로 이루어져야할 것이다.

다섯째, 다문화지원센터를 전국적으로 확충하고 다문화 출신의 전문인력 양성을 확대하여 그들에게 다양한 기회를 제공해야 할 것이다.

여섯째, 빈곤과 차별, 착취, 폭력 등 차별과 불평등, 문화적 장벽으로 제기되는 다양한 문제들을 해결하기 위한 정부의 중 · 장기적인 다문화복지정책과 전문적인 복지서비스가 필요하다고 본다.

참고문헌

강용규(2011). 『사회복지개론』 공동체.

권육상 외(2010). 『사회복지개론』. 공동체.

김범수 외(2008). 『다문화사회복지론』. 양서원.

김혜경 외(2014). 『가족복지론』. 공동체.

남기민(2011). 『사회복지학개론』. 양서원.

도광조(2011). 『사회복지개론』. 양서원.

박경일 외(2011). 『사회복지학강의』. 양서원.

박옥희(2008). 『장애인복지의 이론과 실제』. 학문사.

박지영 외(2010). 『함께하는 사회복지의 이해』. 학지사.

양점도 외(2010). 『사회복지개론』. 공동체.

윤혜미(2009). "결혼이민자 가족을 위한 임파워먼트 기반의 사회복지실천 연구". 『한국사회복지학』 61(4).

이소희 외(2001). 『현대가족복지론』. 양서원.

임춘식 외(2007). 『사회복지학개론』. 공동체.

조추용 외(2008). 『사회복지개론』. 창지사.

한국여성복지연구회(2008). 『가족복지론』. 청목출판사.

한국전문대학사회복지교육협의회 편(2010). 『신사회복지론』. 유풍출판사.

현외성 외(2011). 『사회복지학의 이해』. 양서원.

Giddens, A.(1998). *The Third Way : The Renewal of Social Democracy*. Polity Press.

Feldman, F. L. & Scherz, F. H.(1967). *Family Social Welfare*. Atherton Press.

Lum, D.(1992). *Social Work Practice with People of Color : A Process-stage Approach*. Pacific Grove, CA : Brooks/Cole.

Chapter 14

의료 및 정신보건복지

제 1 절 의료 및 정신보건복지의 이해

현대사회는 급변하는 시대적 사회 변화로 인해 현대인을 위협하는 문화적, 심리적 문제점들이 생겨나고 있다. 의료 및 정신보건사회복지는 사회복지사가 전문적 사회복지실천방법을 통하여 신체적 · 정신적 어려움을 가진 클라이언트에게 개입하는 일련의 서비스와 전달체계, 정책 등의 사회복지실천을 하는 분야이다.

1. 의료사회복지의 정의

의료사회복지란 보건 · 의료기관에서 의료팀의 일원으로 사회복지의 전문적인 방법을 활용하여 환자의 질병 치료와 회복 및 사회복귀기능을 돕는 것을 목적으로 질병 때문에 파생되는 환자의 심리적 · 사회적 · 경제적 문제가 진료과정이나 질병 회복에 악영향을 주지 않도록 문제를 해결해 주거나 조정하여 환자 및 그 가족을 돕는 전문적인 활동이다(김규수, 2005).

프리들랜더와 앱트(Friedlander & Apte, 1980)는 의료사회복지를 의사 · 간호사 · 다른 치료자들과의 협력 하에 사회복지사가 조사 · 전달 · 치료의 계획과정에서 환자의 사회적 기능 회복을 돕는 역할을 하는 것으로 보았다. 그러나 이러한 개념은 의료사회복지를 환자의 심리사회적 문제해결을 돕는 미시적 개념으로 정의한 것이다(박경일 외, 2011).

일본 후생성 의료사회사업지침은 "의료사회사업이란 의료 및 보건기관 등의 의료팀의 한 부분으로서 사회과학의 입장에서 의사의 진단을 도와주며, 한편으로는 질병의 치료 · 예방 · 재활의 장애요소인 환자 자신이나 그 가족의 경제적 · 정신적 혹은 사회적 문제를 만족하게 해결 또는 조정해 나갈 수 있도록 개인과 집단을 원조하는 과정이다"라고 정의하여 보다 넓게 개념을 제시하고 있다.

한인영 등(2000)은 "의료사회복지실천은 질병에 대한 다각적 접근방법을 바탕으로 질병을 가진 개인과 환경과의 상호 관계에 초점을 두고, 의료팀의 일원으로 환자 및 가족의 사회기능 향상을 위해 전문적 실천방법을 활용하여 질병의 예방, 치료 및 재활에 이르기까지 다양한 활동을 수행하는 사회사업"으로 정의하였다.

이와 같이 의료사회복지의 정의는 의료기관에서 의료팀의 일원을 통해 사회복지의 전문적인 방법을 활용하며, 환자의 치료와 회복, 사회복귀의 기능을 돕는 목적으로 환자와 그 가족의 심리적 · 정신적 · 사회적 제 문제를 해결하거나 조정해 주는 전문적 활동이라 할 수 있다(박용순, 2009).

2. 정신보건사회복지 정의

정신보건사회복지는 정신의료사회사업과 동의어로 사용되기도 한다. 즉, 정신의료사회사업은 병원중심의 사회복지활동이라는 정의를 가지고 있고, 정신보건사회복지는 병원뿐만 아니라 정신보건실천이 이루어지는 다양한 영역을 포함하는 포괄적인 정의라 할 수 있다(권진숙 외, 1999).

미국사회사업연감(1954)에서 정신의학사업은 "정신의학과 함께 직접적이고 책임 있는 관계 내에서 이루어지는 사회사업이며, 그것은 정신의학적 서비스의 확장과 환자의 치료에 관련된 전문적인 사람들, 즉 정신의학자, 심리학자, 정신과 간호사, 작업치료사 그리고 그의 전문직업적인 사람들을 포함하는 치료팀 활동의 일부분으로써 병원이나 진료소, 그 외 정신의학기관에서 실시되는 것이다. 그 목적은 정신적이고 정서적 장애로 고통받고 있는 사람들의 건강을 회복으로 이끌고 정신건강을 촉진하는 지역사회 내에서 활동하고 봉사하는 데 있다"고 정의하고 있다.

한국정신의료사회사업학회(1995)에서는 정신보건사회복지를 "정서적 · 정신적 어려움을 가진 클라이언트와 그 가족을 대상으로 정신건강의학과 병원, 정신건강상담 및 재활기관 등에서 사회복지의 전문지식과 기술을 활용하여 정신보건 및 정신건강의 다른 전문직과 협력적 관계에서 손상된 심리적 · 사회적 기능 회복과 정신건강 회복 및 정신건강 향상을 돕는 치료, 재활 및 예방을 목적으로 하는 실천활동"이라고 정의하였다.

임춘식 등(2007)은 정신보건사회복지를 "정신적 · 정서적 질환으로 전문적 도움을 필요로 하는 자의 심리사회적 문제를 집중적으로 다루는 치료 및 예방사업의 일부로 사회복지 제 방법의 이론과 기술로 건강회복, 사회적응 그리고 대인관계문제 등에 대처할 수 있도록 정신보건기관에서 실시하는 사회복지실천활동"이라고 정의하였다.

따라서 정신보건사회복지란 급변하는 산업사회의 정신보건 영역에서 행해지는 일련의 사회사업활동을 의미하는, 즉 정신적 · 정서적 장애로 어려움을 받고 있는 사람들의 치료 및 재활은 물론 정신질환 문제의 발생 시 조기에 개입하여 도와주고 예방활동을 통하여 국민의 정신건강을 증진하려는 정신보건사회복지사들의 전문적인 활동을 말한다(강용규 외, 2011).

제 2 절 의료 및 정신보건사회복지의 기능 및 실천

1. 의료사회복지의 기능

의료사회복지는 보건의료에서 중요한 영역으로 최근 보건의료서비스는 질병의 치료와 예방뿐만 아니라 재활을 포함하는 포괄적인 서비스로 확대되면서 의료사회복지의 기능이 더욱 중요해지고 있다(권육상, 2010).

1) 의료팀 구성

의료사회복지의 본질적 기능으로서 전인적인 환자보호와 통합적인 보건의료서비스를 제공하기 위해서는 팀워크가 구성되어야 한다. 그 팀은 의사를 중심으로 하여 간호사, 사회복지사, 물리치료사, 작업치료사, 언어치료사, 임상심리학자, 보장구제작기사 등으로 구성된다. 의료사회복지사는 환자의 개인력, 가족력, 사회적 · 경제적 상태나 관계 기능에 대해 사정 · 평가하여 구성원 상호 간에 협동적인 치료계획을 세운다.

보건의료기관에서 사정, 평가, 교육, 치료, 조력, 연구조사 등 의료사회복지사의 활동은 임상적 역할의 한 요소로서 전문적 실천의 욕구와 목표에 따라 다를 수 있다.

2) 사례발견 및 선정

의료사회복지를 필요로 하는 환자를 확인하고, 서비스 제공에 대한 조정을 하기 위해서는 환자의 진료과정에서 개인정보를 수집하여 사정 · 평가하고 가족이나 직장 및 지역사회 관계자와 함께 협조체계를 유지하여야 한다. 특히 경제적 문제가 있는 환자에게 무료진료의 여부를 사정하고 요보호환자에 대한 제도적 자원의 활용방안 및 추후 계획, 만성병, 성인병 환자와 그 가족에 대한 의료복지서비스, 정신질환 및 신체적

재활을 요하는 환자에게는 정신 · 신체 재활서비스를 제공하여야 한다.

3) 심리사회적 사정

현재의 건강상태를 파악하고 전인적 · 체계적으로 의미있는 자료를 조직하는 과정으로 환경 속에서의 환자에 대해 이해하는 목적과 함께 의료사회사업의 중요한 기능이라 할 수 있다. 사정은 주로 면접을 통해 이루어지는데, 사정할 때는 정서적으로 건강한 사람이라도 재난에 대처하는 데 원조가 필요하다는 것을 인식시켜야 한다. 또한 가족들의 영향력이 크기 때문에 문제를 해결하고 스트레스를 중재하도록 하는 가족의 의사소통, 의사결정 등이 중요하다.

4) 사회문화적 사정

건강과 질병에 대한 환자의 신념체제에 대한 영향을 고려하여 그가 속해 있는 사회, 문화, 종교, 지역사회의 한 개인으로서 이해하는 것을 기본으로 해야 한다. 왜냐하면 사정에 응하는 환자의 반응은 그들이 속한 문화적인 틀에 의해 형성되었기 때문이다. 따라서 의료사회복지사는 자신의 사회문화적 배경과 가치를 알아야 하고 또한 자신의 행동에 영향을 미치는 사회문화체제를 이해하며, 환자의 문화권과 서로 어떻게 상호작용하고 있는지를 알아야만 효과적인 의사소통을 할 수 있다.

모든 사회적 집단에 있어 환자의 대인관계를 조사하는 것이 중요하다. 화합과 갈등, 신뢰와 분신, 의존과 독립, 기대의 일치, 지지의 수준 등 대인관계의 사정을 통하여 명확한 결론을 내리고 구체화하는 치료나 행동계획이 수반되어야 할 것이다.

5) 프로그램의 계획

의료사회복지사는 전문적인 지식과 경험을 바탕으로 보건의료의 전달체계와 병원의 제 위원회 활동 등 병원의 행정제도에 참여하여 병원의 구조나 설비 등 비합리적인 부분들과 보건 및 사회복지적인 서비스를 위한 새로운 프로그램 계발에 적극적으로 참여한다.

6) 지역사회자원과의 연결

지역사회의 사회복지관이나 의료기관 및 행정 당국과의 유기적인 관계를 통하여 진료, 예방사업의 다양화와 양질의 서비스를 지역주민에게 제공할 수 있도록 지역사회자원을 증원하고 조작하는 활동이다. 특히 의료사고 및 정신질환의 사후지도, 재활, 사회복귀를 위한 작업훈련 등 장애를 극복하기 위하여 지역사회자원연계활동이 매우 중요하다.

7) 교육 프로그램 및 조사연구 참여

보건의료기관의 규모에 따라 사회복지와 학생을 위한 임상실습을 실시하고 특별히 의과대학생이나 간호사를 대상으로 보건의료 영역의 전문적인 교육과 의료팀의 일원으로서 의료사회복지사의 기능과 역할을 교육한다.

한편, 조사연구에도 참여하며 사회사업활동을 필요로 하는 수요를 측정하고 이러한 요구에 따라 새로운 프로그램을 개발하며 병원행정이나 정부의 보건의료정책에 합리적인 기초 자료를 탐색하여 문제점과 개선방안을 제시하며, 임상가들과의 역학적인 조사에도 참여하며 의료적인 상황을 객관적으로 진단 · 평가하기도 한다.

〈표 14-1〉 **의료사회복지의 기능**

기 능	내 용
사례의 발견과 그위험사례 선별	사회복지서비스의 욕구를 가진 환자를 확인, 서비스 제공에 대한 조정
승인 이전의 계획	병원의 승인을 위한 조정, 계획과 관련된 문제의 파악과 이에 대한 원조
심리사회적 사정	사회, 심리, 문화, 경제적 상황에 대한 정보수집, 사정과 치료계획 보고서에서 이 자료를 활용
경제적 지원	병원이 제공 가능한 경제적 서비스(교통수단, 보철저지, 의료보호)에 대한 욕구 확인
병원직원과의 사례자문	환자 가족의 심리사회적 상황과 시설이용 절차에서의 곤란, 서비스 이용의 문제 등에 대한 특정 지식을 다른 사람에게 알림
병원 서비스의 이용 촉진	환자와 가족의 입장에서 병원 내 관련 부서나 관련자에 대한 옹호자의 역할
건강교육	가족 계획과 출산 계획, 적혈구 빈혈증, 알코올의존 등 각종 질병과 예방에 대한 실질적 지식 제공
퇴원계획	입원기간 중 퇴원 이후 문제 탐색, 계획과 조정
정보 제공과 의뢰	활용 가능한 지역사회자원 정보 제공 및 연결
지역사회 의뢰를 용이하게 하기	접근 가능한 자원에 대한 정보 제공, 지역사회기관에 응모, 방문, 대변, 대동
지역사회기관에 사례 자문	외부기관에 환자와 가족의 상황과 문제를 알림
병원이용률 심사	전문직 기준과 관련된 병원의 공식적 공동 점검 과정에 참여
조사	자신의 실천에 대한 재검토, 서비스 질 평가, 동료의 검토 등을 활용하여 보호와 욕구에 대한 심리사회적 요소에 대한 연구
병원직원에 대한 프로그램 자문	미충족 욕구사정, 문제에 적절한 부서에 대한 정보 수집과 조사, 환자의 권리와 관계된 병원의 과정이나 정책 변화를 확인하고 건의
병원 내 프로그램의 계획	아웃리치 지역사회서비스 등 장 · 단기 계획이나 프로그램 개발과 관련된 병원의 메커니즘이나 활동에 관여
지역사회기관에 프로그램 자문	지역사회의 기관에 특정 지식을 제공
지역사회서비스	지역사회에서 병원을 대표하고 적절한 프로그램을 수행하는 집단에 참여
지역사회자원과의 연결	지역사회 내에서 환자와 가족의 욕구를 충족시키기 위한 자원을 확인하고 프로그램 개발

출처 : 한인영 외(2000).

2. 한국 의료사회복지 실천

우리나라에서 의료사회복지실천이 처음 도입된 것은 1958년 7월 한노병원(USC 캐나다 유니테리안봉사회, 현재 한국봉사회)에서 결핵환자와 그 가족들을 돕기 시작하면서부터이다. 이 시기에 사회사업을 전공한 노르웨이인 레케보(D. K. Rekkebo)의 지도감독 하에 당시 캐나다 유니테리안봉사회의 자원보조로 1959년 4월 국립의료원(NMC)에서 사회사업가 김만두에 의해 전문적인 의료사회사업이 시작되었다. 1958년 당시에는 전문적 사회복지실천서비스보다는 결핵약 배급이나 구호물자 공급 등 물질적 원조였다. 그러다가 1973년 의료법 시행령(제24조 제2항 제5호)에 따라 종합병원에 사회복지사의 채용을 의무화함으로써 병원에 사회복지사가 정식으로 배치되기 시작했다. 그 후 의료사회복지사의 수가 증가하기 시작했고, 1977년 건강보험의 실시와 함께 의료사회복지사의 일부 서비스가 보험수가로 인정받게 되었다. 최근 들어 대학병원이 증가하면서 의료사회복지 서비스도 경쟁적으로 확대되었고, 그에 따라 의료사회복지서비스의 전문성도 확대되고 있다.

현재 일반 병원에서 의료사회복지사의 서비스를 보험수가로 인정하는 것은 재활사회사업이다. 재활사회사업은 재활의학적 목적으로 사회복지사가 직접 실시한 경우 보험수가로 산정하는데, 개인력 조사, 사회복지실천상담, 가정방문 등을 포함한다(사회복지사협회, 2003).

3. 정신보건사회복지의 기능

정신보건사회복지는 정신질환의 예방과 치료, 정신장애인의 의료서비스 및 사회복귀, 그리고 국민의 정신적 건강을 증진시키기 위한 다양한 활동을 실천하고 있으며, 이를 상세하게 살펴보면 다음과 같다(김규수, 2005).

① 정신과 치료팀의 협력 : 환자와 그 가족에 대한 정보(성장과정의 상처나 충격 등) 제공
② 환자 및 가족에 대한 직접적인 서비스 : 개인력, 가족력, 병전성격(病前性格), 지지적 요법, 자기인식을 위한 통찰요법
③ 병원 내 프로그램 계획과 정책결정에 참여 : 치료공동체 운영, 집단치료 프로그램 운영, 외부 자원봉사자 활용, 의료보호환자 진료계획 등
④ 지역사회자원조직과 연결 : 자원봉사자의 활용, 낮 병원 연결 업무 등 퇴원 후 자조집단 활용
⑤ 교육 프로그램 참여 : 정신보건교육 프로그램 개발, 환자가족 교육, 지역주민 교육, 사회복지사 수련제도 및 실습생 지도
⑥ 정신보건 및 지역사회에 정신사회재활을 위한 연구, 조사 : 주민의식조사, 정신사회 재활 프로그램 개발 등

4. 한국 정신보건사회복지실천

우리나라에서 정신보건사회복지실천이 처음 도입된 것은 한국전쟁 때 미군병원에서 정신보건사회복지사로 근무한 모건(Morgan)의 전쟁신경증 환자 원조활동부터였다. 그 후 1963년 가톨릭의대 성모병원, 대구동산병원, 세브란스병원에서 정신보건사회복지사를 채용하였다.

1977년 건강보험의 도입과 함께 정신보건사회복지실천서비스가 보험수가로 인정받게 됨으로써 발전의 기틀을 마련하였다. 1995년 정신보건법의 제정과 함께 사회복지사는 임상심리사, 간호사와 함께 정신보건 전문요원의 자격을 갖게 되었다. 정신보건사회복지사는 학위와 수련기간에 따라 1급과 2급으로 구분되어 있다.

제 3 절 의료 및 정신보건사회복지사의 역할

1. 의료사회복지사의 역할

의료사회복지사가 수행하는 역할은 먼저 인간의 존엄성에 대한 확신을 가지고, 환자들의 심리적 · 정신적 · 신체적 · 사회적 · 경제적 측면에 대한 지식과 경험을 축적에 의한 치료접근적 역할이 요청된다. 이에 몇 가지 역할을 중심으로 설명하면 다음과 같다(임춘식 외, 2007).

1) 치료자

의료현장에서의 치료자 역할이 의료사회복지사의 역할 중 가장 기본이 되는 역할이라고 할 수 있다. 이 역할에서는 주로 상담의 기법, 즉 개별상담, 집단상담, 가족상담 등을 활용한다. 의료사회복지실천을 행하는 사회복지사는 질병 자체뿐 아니라 질병으로 인한 문제와 치료과정에서 발생하는 여러 가지 문제를 해결하고 치료효과를 높이는 치료자로서의 역할을 수행한다. 이런 역할을 단독으로도 수행할 수 있지만, 다른 전문가들과 팀을 이루어 공동으로 진행할 수도 있다. 이를 위하여 의료사회복지사는 필요한 심리사회적 치료법을 익히고 활용함으로써 숙련성을 높여가야 한다.

2) 교육자

교육은 의료현장에서 사회복지사가 사용하는 실천방법이다. 의료현장은 많은 정보를 필요로 하고, 실제로 많은 정보가 있지만 때로는 검증되지 않은 잘못된 정보를 접하기 쉬운 곳이므로 적절하고 정확한 정보 수집과 전달은 매우 중요하다. 의료사회복지사는 단독 혹은 팀접근으로 일대일교육, 집단교육을 통해 정보를 제공한다.

3) 집단지도자

집단은 의료사회복지사가 서비스를 제공하는 주요 대상이자 수단이다. 치료나 교육은 모두 집단을 통해서 이뤄질 수 있다. 일반적으로 의료현장에서 관련 질병이 있을 경우 이에 대한 지식을 갖추고, 프로그램의 운영과 관련된 병원 및 팀의 승인과 협조가 필요하다는 점에 유의해야 한다.

4) 행정가

최근 들어 의료사회복지사가 임상업무를 통해 클라이언트와 직접적 서비스를 제공하는 역할뿐 아니라 행정가로서 업무수행을 통해 클라이언트에게 간접적 서비스를 제공하고 병원조직에 기여하는 역할에 대한 관심이 높아지고 있다. 행정가의 역할로서 먼저, 병원서비스의 경쟁력 강화 및 서비스 질 보장 및 향상을 위한 업무를 주도적으로 진행하거나 이런 활동의 구성원으로 참여하며, 또한 병원에 책정되어 있는 자선기금이나 관련 기관의 복지기금을 어떻게 활용할 것인지 계획을 수립하고 이를 조직화하여 실행한다. 또한 자원봉사자관리 등 병원 내 사회복지조직을 책임지고 운영하는 역할을 담당한다.

5) 지역사회자원 개발 및 연결자

의료사회복지사의 업무 중 진료비를 감당하기 어려운 저소득층 환자를 위한 자원발굴 및 연결업무이다. 자원연결, 서류작업 등 행정가 역할과 심리사회적 사정과 개입을 수행하는 임상가 역할로서 개인적 모금, 기금 마련을 할 수도 있다. 지역사회를 대상으로 한 보건교육 실시, 지역사회기관에 대한 자문 제공, 지역조사활동참여, 지역사회기관과 공동으로 수행하는 사업 등을 계획 · 수행한다.

6) 사례관리자: 퇴원 계획

병원에서 사례관리자의 역할은 주로 퇴원 계획과 관련이 있다. 퇴원 계획이란 환자를 병원으로부터 지역사회로 복귀시키는 과정에서 양질의 서비스를 제공하고자 하는 전문직 간 조직 상호 간의 활동이며, 환자가 참여하는 활동이다(James, 1987). 우리나라에서는 1990년대 이후 퇴원계획에 대한 관심이 고조되어 왔다. 퇴원계획은 중재자와 옹호자 역할로서 퇴원에 임박하여 개입하기보다는 전 입원기간을 통하여 욕구를 파악하고 신뢰관계를 형성하며 클라이언트뿐 아니라 가족과 협조관계를 유지함으로써 순조롭게 진행될 수 있다.

〈표 14-2〉 **의료사회복지사의 역할**

역 할	내 용
1. 개인력 조사 및 평가	환자의 심리사회적 · 경제적 환경 및 가정환경 등을 조사하고 사정한다.
2. 심리사회적 상담	환자와 가족이 질병으로 인해 겪게 되는 심리사회적인 문제를 평가하고 상담한다.
3. 정보 제공	환자와 가족에게 필요한 정보를 제공한다.
4. 퇴원 계획 활동	환자와 상담을 통해서 적절한 퇴원이 이루어지도록 한다.
5. 지역사회 자원연결 및 사후관리	환자가 퇴원 후에도 지속적인 서비스를 받을 수 있도록 지역사회자원을 연결해 주고 사후관리한다.
6. 경제적 지원활동	경제문제로 인해 치료에 어려움이 있는 환자에게 자선기금 등을 지원한다.
7. 협의진료활동	환자에게 가장 적절한 치료계획을 세우기 위해 타 진료과와 협의진료한다.

출처: 한인영 외(2000).

2. 정신보건사회복지사의 역할

정신보건사회복지사가 수행하는 역할은 먼저 환자의 질병에 대한 직접적 치료보다는 질병으로 인한 문제해결 능력의 향상, 사회적 기능회복과 재활에 일차적 역할이 있다. 이에 몇 가지 역할을 중심으로 살펴보면 다음과 같다(박옥희, 2012).

1) 치료시설

환자의 전문적 팀접근을 하기 때문에 팀원 간의 원활한 의사소통이 이루어져야 한다. 치료시설에서는 입원 시 환자의 심리사회적 사정(개인력, 가족력, 사회력 등), 개별상담, 가족치료, 가족의 정신보건교육 및 상담, 집단치료, 정신과적 재활서비스, 사회기술훈련, 진료팀과의 협의진단 및 협조, 지역사회 유관기관과의 유대 및 자문, 지역사회자원과의 정보교환 및 제공, 자원봉사자 교육 및 지역사회자원 동원, 퇴원계획 및 재활계획 상담지도, 퇴원 시 환자의 요구와 사회적응상태평가, 사회복귀 및 재활치료를 위한 지역사회기관과의 연결, 낮병원서비스 개발, 퇴원환자의 사후지도를 위한 가정방문 등을 담당한다.

2) 정신요양시설

정신요양시설에서는 심리사회적 상담지도, 집단 프로그램의 실시, 일상생활훈련 실시, 가족상담, 가정방문, 무연고자를 위한 후원자 개발, 지역사회자원 동원 및 후원조직 육성, 대인관계기술훈련 및 작업능력강화 지원, 가족상담 및 가정방문 지도, 직업훈련 및 취업보도, 지역주민의 참여기회 확대, 국민기초생활보장 수급자를 위한 행정업무 등의 역할을 담당한다.

3) 사회복귀시설

재활상담, 사회복귀를 위한 집단치료, 사회기술 및 적응훈련, 대인관계훈련, 가족의 정신교육 및 상담, 가정방문, 지역사회자원 동원과 후원회 조직, 지역주민의 정신건강

교육, 의료기관과 지역사회기관과의 연결업무 등을 수행한다.

4) 정신보건센터

상습적 반복입원의 예방, 사회적 소외를 극복하기 위한 지역사회재활서비스, 사회복귀 촉진, 가족의 심리적 안정 및 참여유도, 응급상황 시 인도적 개입, 사회적 편견극복을 위한 교육홍보, 프로그램 개발 및 연구 등을 수행한다.

5) 보건소

정신질환의 예방 및 발견, 정신질환자 및 그 가족에 대한 상담, 사회복귀훈련, 알코올중독자, 약물중독자 그리고 치매환자의 발굴 및 관리 등을 수행한다.

제 4 절 의료 및 정신보건사회복지의 과제

1. 의료사회복지의 과제

의료사회복지에서 의료환경의 변화는 위기이면서 동시에 기회로 나타날 수 있다. 다양한 의료사회복지실천이 전문화되기 위해서는 '의료법 시행규칙'이나 관계법령이 개선되어야 하며, 전문적 역할에 합당한 수가체계가 인정되어야 하며, 의료사회사업의 질 보장을 위한 모든 평가활동에 사회복지사가 관여할 수 있어야 한다(강흥구, 2004).

① 인구고령화 진입과 만성적 노인성 질환이 계속 증가함에 따라 의료개념 또한 생리적 · 심리적 · 사회모델에 입각하여, 치유(cure)보다는 관리(management) 혹은

보호(care)의 관점이 강조될 것이다. 단기보호보다는 장기요양 진료체계 내에서 사회복지사의 역할이 재조명될 필요가 있으며, 만성 퇴행성 질환관리와 예방에 대한 사회복지사의 역할기대가 증가할 것이다. 또한 지역사회의 자원연계가 중요하게 부각될 것이며, 재가서비스에 대한 요구와 사례관리에 대한 수요도 증가할 것이다. 따라서 사회복지사는 환자와 가족의 생활관리 및 포괄적 개입을 통하여 클라이언트의 삶의 통제력을 향상 · 관리시키는 데 집중해야 한다.

② 의학산업기술의 발달로 입원진료가 점차 외래진료로 재편될 것이다. 불필요한 입원이 제한되고, 비효과성을 추구하는 정책의 추진, 환자의 시간가치를 존중하고 평균 재원일수를 단축시켜 만족도를 높이는 노력이 가속화되고, 퇴원 계획의 중요성이 계속 강조될 것이다. 따라서 사회복지사는 단기개입기술의 향상과 새로운 프로그램 구축능력을 개발해야 한다.

③ 전 국민건강보험시대에 진입하면서, 의료이용욕구의 증가와 고급화된 서비스에 대한 기대로 인하여 의료비용이 증가할 것이 예상된다. 정부에서는 양질의 의료서비스를 제공하는 동시에 비용을 통제해야 할 이중적 책임을 지고 있다. 따라서 사회복지사는 새로운 수가체계 개발, 퇴원 계획 개발, 기술 습득에 적극적으로 대처해야 한다.

④ 의료시장의 전면 개방과 병원 간 치열한 경쟁은 의료의 전문화 속도를 가속화시킬 것이다. 의학기술의 발달, 첨단장비의 증가로 의료기관의 대형화, 전문화가 가속화될 것이다. 또한 경쟁력 확보를 위하여 병원, 중소병원 등은 전문병원, 요양병원으로 기능전환을 할 것이다. 따라서 사회복지사는 활용 가능한 프로그램의 개발에 적극적으로 주목해야 할 것이다.

⑤ 서비스평가제도가 정착되면서 각 병원은 의료의 주체인 환자와 가족의 권익을 보호하기 위해 노력하지 않을 수 없게 되었으며, 질적 서비스를 제공하지 않으면 안 되는 상황이 되었다. 이제 의료기관 및 종사자들은 수요자의 욕구를 감안한 접근이 필요하여 수요자를 만족시키지 못하는 병원은 도태하게 된다. 의료사

회복지부문에서도 이러한 환경변화에 민감하게 대처해야 하며, 전체 병원경영에 기여할 수 있는 프로그램뿐 아니라 사회복지서비스 이용자의 만족도를 제고하는 방안을 강구해야 한다.

2. 정신보건사회복지 과제

1) 정신보건 전달체계의 마련

바람직한 정신보건 전달체계는 정신장애인에게 예방·발견－치료－재활－지역사회 지지서비스에 걸친 다양한 서비스가 연속성을 갖고 통합적으로 제공해야 한다.

2) 의료급여와 의료보험수가체계의 개선

지역사회에 거주하는 보다 많은 정신장애인에게 정신의학적 치료 외에 주거서비스, 사례관리를 포함한 지역사회 지지서비스, 직업재활서비스 등 다양한 정신사회 재활서비스를 제공할 수 있어야 한다.

3) 정신장애에 대한 편견 해소의 노력

정신장애에 대한 언론과 매스컴의 올바른 보도관행을 유도하기 위한 모니터제의 활용, 편파적 보도에 대한 법률적 대응책을 마련할 필요가 있다. 또한 일반 시민의 정신장애에 대한 태도를 변화하는 데 전문가의 노력이 필요하다.

4) 정신보건사회복지조직 수준의 역량강화

변화하는 정신보건환경 속에서 정신보건사회복지사의 역량강화에 있어 가장 효과적인 방법은 전문가 조직을 통한 행동화이다.

5) 탈원화와 지역사회 정신보건정책 추진

정신장애인이 퇴원 후 보다 인간다운 생활을 할 수 있도록 의료급여제도의 보완, 거주시설 지원, 적극적 사례관리서비스 제공, 정신장애인의 잔존능력과 욕구에 따른 다양한 직업재활서비스의 마련을 포함하는 지역사회 정신보건정책이 필요하다.

6) 정신보건사회복지사의 근무여건 개선 및 전문성 강화

지역사회 정신보건실천현장에서 일하는 정신보건사회복지사의 소진을 예방하고 해소하기 위해 개인적 차원에서의 대처도 필요하겠지만 이와 아울러 전문성에 걸맞은 급여수준과 직제를 만들고 근무여건을 개선하고 전문성 강화를 위한 교육 및 훈련기회의 제공을 정례화하는 법적 근거를 마련할 필요가 있다.

참고문헌

강용규(2011). 『사회복지개론』. 공동체.

강흥구(2004). 『의료사회복지실천론』. 학현사.

권육상 외(2010). 『사회복지개론』. 공동체.

김규수(2005). 『의료사회복지실천론』. 형설출판사.

박경일 외(2011). 『사회복지학강의』. 양서원.

박옥희(2012). 『사회복지의 이해』. 학지사.

박용순(2009). 『사회복지개론』. 학지사.

임춘식 외(2007). 『사회복지학개론』. 공동체.

한국사회복지사협회(2003). 제5회 전문사회복지사 자격시험 자료집.

한인영 외(2000). 『의료사회사업론』. 학문사.

Friedlander, W. & Apte, R. Z.(1980). *Introduction to Social Welfare*. New Jersey : Prentice Hall Inc.

15
Chapter

자원봉사

제 1 절 자원봉사의 개념 및 특성

1. 자원봉사의 정의

자원봉사라는 낱말의 어원은 인간의 자발적 의지(will)와 욕망(desire)을 나타내는 즉, 인간의 마음속에서 우러나오는 자유의사를 뜻하는 라틴어 'Voluntas'에서 유래된 것이다. 여기서 자원봉사자란 라틴어 'Voluntas'와 'eer'의 복합어로, 자유의지를 가지고 자기 스스로 강제받지 않는 상태에서 다른 사람이나 사회를 위해 헌신하는 사람이다. 이들의 개인적 · 집단적 행위와 활동을 '자원봉사활동'이라 한다.

최근까지의 자원봉사 정의를 구체적으로 살펴보면, 맨서와 커스(Manser & Cass, 1971)는 자원봉사를 "개인이 스스로 선택한 봉사활동을 통하여 자신을 위해 창조하며 실천하면서 새로운 목표를 달성하려고 노력하는 과정"이라고 정의하였다.

미국사회사업백과사전(NASW)에서는 "자원봉사자란 개인, 집단, 지역사회에서 발생하는 여러 가지 사회문제를 예방 · 통제하며, 혹은 개선하는 일에 종사하고 있는 공 · 사의 여러 조직체에 대하여 주어진 여러 가지 참여활동에 대한 가치에 상응하는 보수

없이 자발적으로 참여하는 개인"으로 정의하고 있다(류기형, 2013).

테이블과 먼데이(Davil & Munday, 1984)는 자원봉사자란 자신의 친족이 아닌 사람들을 위하여 자발적으로 무보수로 서비스하는 사람으로서, 일반적으로는 비공식적인 이웃과의 만남을 통해서라기보다는 어떤 공식조직을 통해서 서비스하는 사람이라고 정의하고 있다(박차상 외, 2001). 일본 현대사회복지사전(仲村優一 外, 1982)에서는 "자원봉사활동을 자유로운 의지에 의한 자발성에 기반을 둔 실천행위 그 자체이고, 복지사회를 만들어 가기 위해 적극적으로 노력하는 의도적이고 계획적인 일상활동"으로 보았다. "자원봉사활동이란 사회문제의 예방 및 해결 또는 국가의 공익사업을 수행하고 있는 공·사의 공식조직에 자발적으로 참여하여 영리적 보상을 받지 않고서도 인간존중의 정신과 민주주의 원칙에 입각하여 낯선 타인들을 상대로 필요한 서비스를 제공함으로써 사회의 공동선을 고양시킴과 동시에 이타심의 구현을 통해 자기실현을 성취하고자 하는 활동"으로 규정하고 있다(박태영 외, 2008). 호주의 발독(Baldock, 1990)에 따르면, 자원봉사를 "민간기관, 공공기관, 사회행동, 사회복지문제에 관련된 자조집단 등에 무상으로 규칙적으로 자신의 시간, 에너지를 기여하는 것"으로 정의하고 있다.

이상 살펴본 다양한 대부분의 정의를 종합해 보면, 자원봉사활동이란 인간 공동의 행복을 지향하는 데 필수불가결한 요건으로 민주주의 철학을 기반으로 하여 개인, 집단, 지역사회의 문제를 해결하고 예방하는 노력으로 그에 상응하는 대가(보수, 지위, 명예)를 바라지 않고 자발적으로 협력 또는 직접 참여하는 복지활동이라 할 수 있다(박경일 외, 2011).

2. 자원봉사의 필요성

현대사회에서 자원봉사활동은 어느 시대보다도 절실히 요청되고 있다. 자원봉사활동의 가치를 기반으로 지역사회에서 자원봉사활동을 실천함으로써 지역사회, 더 나아가 국가발전에 공동 참여하는 노력을 결집하여 복지사회를 구체화시키는 노력들이 자원봉사활동의 필요성을 인식하는 것으로 바뀌고 있다(박차상 외, 2001).

1) 대인적 복지욕구의 증대

가족 내에 있는 노인, 아동, 장애인 등에 대한 케어, 부양능력이 점차 감퇴되어 감에 따라 자원봉사활동에 대한 요구가 점차적으로 증가되고 있다. 더욱이 현대 가족 내에서는 친족 내에서 해결할 수 없는 문제가 가족기능을 약화시킨다거나 고령화 시대에 따라 사회문제로 대두되고 있다. 케어 등과 같은 대인적 복지욕구에는 자원봉사활동이 일상적으로 쉽게 대응할 수 있으며, 재가복지활동에 대하여 사회적으로 큰 요구로 대두되고 있다.

2) 공적 서비스의 한계

지역사회복지는 기본적으로 공적 · 제도적 서비스의 일환으로서 지역주민의 생활안정과 지역사회복지의 정책목표로 삼아 시행되고 있는데, 지역사회복지의 수요가 날로 증대되어 감에 따라 공적 · 제도적 서비스의 한계가 나타나게 되었다. 자원봉사활동은 이러한 공적 · 제도적 서비스의 한계를 극복하고 그것을 완화시키기 위한 대응으로서 복지인력자원의 충원과 복지재정문제의 해결에 기여하고 있다.

3) 새로운 복지관의 대두

지역복지, 장애인복지에서 통합화와 정상화의 새로운 복지관으로 인하여 기본적 인권문제를 일상생활상의 가치 및 인식의 문제로 받아들여 바르게 하려는 운동이 전개되었다. 따라서 이러한 지역사회의 통합화와 정상화의 이념이 지역사회복지활동의 이념으로 대두됨에 따라 자원봉사활동에 대한 인식이 높아지고 확산되었다.

4) 지역사회에 대한 관심의 증가

급속한 경제성장에 따른 산업화로 인하여 여러 가지 사회문제가 발생하자 이에 대응하기 위해서는 지역사회에 살고 있는 모든 지역주민이 책임의식과 공동체 의식을 가지고 지역사회의 문제해결에 적극적으로 참여해야 한다는 인식이 높아지고 있다.

5) 인간성의 회복

자원봉사활동은 사람들의 인간성을 회복시켜 주는 데 커다란 역할을 하고 있다. 자원봉사활동을 통하여 인간의 존엄성을 다시금 인식하게 되고, 다른 사람을 위한 배려심을 깨닫게 되어 자신을 발견할 수 있는 계기를 마련하게 된다.

3. 자원봉사의 특성

인류 역사 이래 자원봉사활동이 계속 이어져 온 것은 자원봉사활동이 가지고 있는 이념이 인류사회 발전에 반드시 필요한 것이기 때문이며, 특히 한국의 복지는 현재 자원봉사활동의 정신이나 본질을 보다 명확히 이해하기 위해서 다양하게 실시되고 있는 자원봉사활동의 특성을 살펴보면 다음과 같다(김기태 외, 2014).

1) 이타성

자원봉사활동은 어떤 자신의 이익이나 일시적 감정으로서가 아니라 이웃과 더불어 복된 삶을 살기 위하여 책임감을 갖고 공동체의 구성원이나 고난에 처한 한 사람 한 사람의 인간복지 향상을 목표로 활동하는 것이다. 비록 자발성을 충분히 갖고 있다 하더라도 복지성 또는 공공성을 갖고 있지 못한다면 그것은 자원봉사활동이라고 할 수 없다.

2) 자발성

다른 개인, 집단, 조직에 의해 강요받지 않고 스스로 선택하고 결정하는 것을 말하는 것으로 자원봉사활동이 금전적인 이득이나 대가가 없어도 오랫동안 다양한 형태로 지속될 수 있었던 것은 다름아닌 그러한 활동이 타인의 강요나 억압에 의해 행해진 것이 아니라 타인을 돕고자 하는 자신의 자발적인 의지에서 비롯된 자유로운 활동이기 때문이다.

3) 무보수성

자원봉사활동은 자신이 한 활동에 대해 금전적인 보수나 대가를 목적으로 해서는 안 된다. 한 시민으로서 당연히 해야 할 의무이며 무엇보다도 자신의 행복을 위해 하는 자발적 행동이므로 어떠한 대가도 바라지 않는 활동이라는 것이다. 그러나 경제적 보상이 자원봉사활동을 잘 유지되도록 하는 매개체에 불과하다면, 교통비나 식사비와 같은 최소한의 실비지원은 허용될 수 있다고 보고 있다.

4) 자아실현성

자원봉사활동을 통해 자신이 이전까지 느끼지 못하였던 자신에 대한 가능성과 잠재능력을 발견하고 무엇인가를 해냈다는 만족감과 성취감을 갖게 될 뿐 아니라 새로운 사람들과의 관계 형성을 통해 인격적 성장과 더불어 자신을 사회적 존재로 자각하는 경험을 갖게 된다. 물론 모든 자원봉사자가 이런 동기를 의식하고 활동을 시작하는 것은 아니며, 또한 항상 이런 동기가 존재하는 것은 아니지만 이러한 자아실현성은 자원봉사활동의 지속성과 만족성에 영향을 미치는 중요한 요인이다.

5) 조직성

현대사회에서 자원봉사활동을 조직화, 체계화시켜 나가는 것이 필요하다. 즉, 자원봉사에 대한 욕구를 파악하여 그들의 욕구에 맞는 자원봉사자를 모집하고 교육한 뒤 적합한 곳에 배치하고 자원봉사전문 관리자로 하여금 관리 · 감독하게 함으로써 자원봉사자가 최대한의 기능을 수행할 수 있도록 한다.

6) 교육성

자원봉사활동은 몸소 참가해서 얻는 체험학습임과 동시에 복지교육이며 민주시민교육의 효과를 갖게 한다. 따라서 자원봉사활동이 타인에게 얼마나 도움이 되었는가도 중요하지만 봉사활동의 준비나 실천과정에서 얼마나 교육적 효과를 얻었는가도 더없이 중요하다.

7) 지속성

자원봉사는 일회성이나 일시적인 충동적 활동으로 끝나서는 안 된다. 비록 자원봉사활동이 자발적인 동기에 의해 시작된다고 하더라도 일방적으로 끝나서는 곤란하며 일정기간 동안 계속되어야 한다.

8) 복지성

자원봉사활동은 상부상조, 공동체의식에 바탕을 둔 쌍방의 경험이며, 상호 발전의 기회를 제공하고, 어려움에 처한 사람들이 인간의 존엄성을 유지하며 인간다운 생활을 보장받을 수 있도록 하는 데 이바지한다.

9) 민주성

자원봉사활동은 자발적인 참여를 통한 활동이므로 민주주의 철학과 관련이 깊다. 자원봉사활동을 행함에 있어, 다양한 욕구를 가진 사람들과의 상호작용을 통해 서로의 의견을 절충하고 공동선을 지향할 수 있도록 함으로써 민주시민으로서의 자질을 배양하게 된다.

10) 개척성

자원봉사활동은 시민들의 자발적인 활동이므로 개별성, 창조성, 실험적인 노력 등을 발휘해서 공적 사회복지사업의 한계를 보완한다. 뿐만 아니라 자원봉사활동은 지역에 사는 주민들의 활동이므로 지역사회의 문제를 발견하는 것이 용이하며, 이들의 욕구에 쉽고 빠르게 대응할 뿐 아니라 개별적으로 다루어져 왔던 문제들을 사회문제화하고 보다 적극적이고 다양한 대응방안들을 제시하는 등 개척적이고 사회개발적인 기능을 한다.

11) 공공성

자원봉사활동은 특정 개인, 단체의 이익이나 정당, 종교 등을 초월하여 모든 사람들을 위해 행해지는 공공성에 바탕을 둔다. 따라서 자원봉사활동은 공익을 제일 목적으로 추구해야 하며, 자기 자신, 가족, 친족을 돕거나 영리를 목적으로 해서는 안 된다.

제 2 절 자원봉사의 영역 및 역할

1. 자원봉사의 영역

자원봉사활동의 다양한 영역을 개략적으로 보면, 보건 · 의료 분야, 교육 · 문화 · 여가선용 분야, 정치 · 경제 · 환경 분야, 종교 · 매스미디어 · 교정 분야, 사회복지 분야로 나누어 구분해 볼 수 있다.

자원봉사활동의 도입기에는 빈곤자에 대한 부조활동과 노인이나 아동의 사회적 약자에 대한 보호활동이 주를 이룬 사회복지활동에 초점이 맞추어졌지만 점차 보건의료활동, 지역사회 안전유지, 문화 및 여가생활과 관련된 활동 등으로 관련 분야가 확대되고 있다.

우리나라의 자원봉사활동 영역을 보면 〈표 15-1〉처럼 크게 보건의료, 교육, 종교, 사회복지, 환경, 공익 · 민간단체, 성인취미단체, 예술 · 문화 · 스포츠, 노동조합 · 직능단체 · 전문가단체, 정치 · 정당조직, 관공서, 청소년단체, 기업이나 민간재단, 국제기구 등에서의 활동으로 구분된다.

〈표 15-1〉 우리나라 자원봉사의 활동 영역

활동 영역	활동내용 및 활동기관
보건의료기관	정신보건, 지적장애, 발달장애를 위한 일반 의료기관 및 재활의료기관, 약물 오남용 치료 · 예방기관, 질병연구 및 공공교육기관, 병 · 의원, 요양원, 호스피스, 위기상담, 전화상담서비스

활동 영역	활동내용 및 활동기관
교육기관	공 · 사립 초 · 중 · 고등교육기관, 도서관, 교육기관에서의 연구, 성인교육, 비공식 교육기관에서의 활동
종교기관	종교 관련 기관, 영성훈련기관에서의 활동
사회복지기관 (대인서비스)	노인 · 장애인 · 종합 사회복지관, 노인복지센터 ; 경로당, 어린이집 ; 쉼터 ; 주거 환경 개선, 수양아이의 양육(양부모 역할), 가족상담 ; 소비자보호 ; 법률상담 ; 범죄 및 비행예방, 노숙자 돕기 ; 실직자 취업상담 ; 먹거리 나누기
환경단체	생태계보호 ; 녹색가게 ; 쓰레기 문제해결 ; 도시환경미화 ; 우리 밀 살리기 운동 ; 야생동물 보호 ; 유기농산물 생협운동
공익민간단체	사회개혁, 언론개혁, 지방자치, YMCA, YWCA, 여성운동, 인권보호, 시민권리 찾기 운동, 지역사회 참여활동, 대변활동(장애인, 여성, 아동, 어르신 실직자 등 사회적 약자) ; 주거권, 지역사회 생산자공동체, 자선단체, 소비자보호단체 자원봉사 단체
성인취미단체	요리, 꽃꽂이, 종이접기, 스포츠 동호회 등 클럽회원 활동
예술/문화/ 스포츠 단체	건축 디자인, 행위예술, 역사유적지 보호하기 ; 박물관, 미술 전시 ; 오페라 ; 심포니 오케스트라 ; 사진전 ; 극장, 공공 TV와 라디오 코치, 감독, 레크리에이션 활동
노동조합, 직능단체, 전문가단체	노동조합, 농민단체, 신용조합, 변호사, 의사, 약사, 기술자 등 전문직종협회 활동
정치조직/정당	정당활동, 비당파적 정치 혹은 지역단체, 다른 정치적 목적의 단체들
관공서	구청, 동사무소, 소방서, 보건소 활동
청소년 단체	YMCA 청소년사업부, 청소년상담원, 청소년폭력예방재단, 한국보이스카우트연맹, 한국걸스카우트연맹, 청소년상담소, 지역청년회 활동
기업재단 및 민간재단	기업 사회공헌팀 활동
국제기구	국제구호활동, 유네스코, KOIKA(국제협력단), UNDP, 교환학생봉사 프로그램, 개발도상국 경제개발활동

출처 : 볼런티어21(2002). 한국인의 자원봉사 및 기부현황.

2. 자원봉사자의 역할

자원봉사자 역할을 다양하게 나타내고 있는데, 미국사회사업백과사전에서는 10가지로 역할을 구분하였다(NESW, 1977).

① 치료적 또는 재활적 서비스 혹은 개선활동을 필요로 하는 제반 문제와 인간의 상태를 확인하는 일
② 이와 같은 사회 상황의 예방, 통제, 치료를 위하여 만들어진 기관의 방침을 창시하고 결정하는 역할
③ 지식, 기능, 관심을 기반으로 서비스를 제공하는 일
④ 공적 · 사적인 재정 지원을 촉구하는 역할
⑤ 기관의 제반 계획과 그것들이 당면하고 있는 제반 문제를 설명하고 대변하는 역할
⑥ 기관의 프로그램에 대한 지역사회의 반응을 보고하고 평가하는 일
⑦ 변화하는 사회 상황에 대처하기 위한 지역사회의 계획 활동에 협력하는 역할
⑧ 새로운 서비스 전달체계를 개발하는 일
⑨ 빈곤자와 시민권을 박탈당한 약자들을 대변하는 역할
⑩ 현존의 사회복지체계를 변화시키려 주장하거나 혹은 그 문제로 인하여 정치적으로 활동하는 일

앞의 자원봉사자 역할은 주로 사회복지나 혹은 인간서비스 분야에 한정하여 언급하는 경향이 있다. 물론 자원봉사자 역할은 이들 분야가 대부분을 이루고 있지만, 그 외 환경, 보건의료, 교육, 스포츠, 각종 지역사회활동 등 다양한 분야에서 여러 가지 형태로 이루어지고 있는 것이 최근 역할의 모습이다(박차상 외, 2011).

제 3 절 자원봉사 관리체계

자원봉사자 관리는 활동의 지속성과 서비스의 효과에 영향을 주고 있다. 자원봉사 관리체계에서는 자원봉사자를 효과적으로 활용하기 위해 시설 및 기관이 활용하는 모집, 홍보, 교육, 배치, 평가, 인정과 승인 등의 관리과정과 이런 관리과정을 다루는 인력을 모두 포함한다. 즉, 자원봉사 관리체계는 자원봉사관리자이고 다른 하나는 자원봉사관리과정이다.

1. 자원봉사관리자의 역할

자원봉사자는 자원봉사의 실천 이전에 받아야 하는 교육과 실천과정 혹은 활동의 실천 이후에 평가와 토론을 거쳐 자기발전과 효과성을 높이는 작업이 요청되는데, 이러한 과정에서 자원봉사활동에 대한 인도자나 교육자 또는 지도감독자로서 자원봉사관리자의 필요성이 대두된다. 이러한 자원봉사관리자의 역할은 다음과 같다(김안호 외, 2008).

첫째, 자원봉사자의 수와 질을 높이기 위한 조정과 관련된 자원봉사활동을 희망하는 사람들과의 상담 및 조언, 자원봉사자의 특기나 시간, 희망 등에 근거해서 기능별 그룹화와 등록을 조정하고, 자원봉사자에게 교육의 기회 제공을 통한 질적 향상을 도모하며, 새로운 봉사그룹을 만드는 일 외에 친목 또는 취미그룹 등을 통해 자원봉사활동을 하도록 유도하는 역할 등을 포함한다.

둘째, 자원봉사활동을 필요로 하는 욕구의 발굴이나 조정과 관련된 역할로서 욕구별 · 시간대별 및 요일별로 활동 대상 및 시간을 조정하고, 또한 활동의 장이나 활동내용에 필요한 기능이나 지식 및 훈련을 조정하는 역할 등을 포함한다.

셋째, 객관적인 정보제공자의 역할로서 자원봉사활동 관련 기관 및 단체의 명단이나 업무내용, 담당자 등의 정보를 파악하고, 자원봉사활동 관련 강좌, 강습회 등의 정보를 파악하며, 그리고 지역 내 활용가능기관의 정보 파악 등을 포함한다.

넷째, 자원봉사활동을 원활하게 하기 위한 환경의 정비와 관련된 역할로서 자원봉사자를 활용하는 기관의 조건을 정비하고 자원봉사활동 그룹 간의 정보교환을 위한 기회를 마련하며, 전국 각지의 활동사례를 제공하는 것과 그리고 자원봉사활동에 필요한 기재 및 기구의 준비 및 제공 등을 포함한다.

다섯째, 자원봉사자와 활용기관 간의 욕구 조정과 관련된 역할로는 자원봉사자의 욕구를 고려한 배치를 통해 문제 발생의 가능성을 줄이고, 문제 발생 시에 양자 간의 면담 주선 및 중개를 도모하고, 배치 후의 사후 관리 및 평가를 포함한다.

2. 자원봉사활동의 관리과정

자원봉사활동의 관리과정은 자원봉사활동을 위한 계획 및 업무설계, 모집, 교육훈련, 배치, 평가, 인정과 승인 등의 제반 과정으로 구성된다.

자원봉사활동 관리과정이 단순한 임시방편으로 운영되어서는 곤란하며 자원봉사활동의 이념과 중요성을 인식하여 보다 체계적이고 과학적인 관리과정을 도입하는 등 자원봉사자의 효율적 활용방안이 강구되어야 한다.

이러한 자원봉사관리에 필요한 각각의 과정 및 그 의의를 알아보면 다음과 같다(남기민, 2011).

1) 모집

모집에서 가장 흔한 실수는 기관의 업무에 적합한 자원봉사자를 모집하는 데 엉뚱하게 틀린 장소에서 모집을 시도하는 것이다. 따라서 적합한 자원봉사자를 모집하려면 어디서 어떻게 발견하고 자원봉사에의 참여를 호소하며, 업무에 투입해야 하는가를 면밀하게 고찰해야 한다. 자원봉사자를 효과적으로 모집하기 위해서는 무엇보다도 자원봉사 프로그램의 우수성과 자원봉사자에게 큰 의미를 부여할 수 있는 업무여야 할 것이다. 자원봉사자의 효과적 모집에서 고려해야 할 사항은 다음과 같다.

첫째, 업무를 확실히 규정해야 하고, 이에 적합한 사람들을 모집할 수 있는 사람을 물색해야 한다.

둘째, 자신이 모집하려는 사람들이 어떤 욕구 및 동기를 가지고 있는지를 확인해야 한다.

셋째, 이들에게 의미 있는 업무를 약속하는 것이다.

2) 배치 및 업무부여

사회복지기관은 프로그램에 자원봉사자를 배치하기 전에 기관소개, 자원봉사자가 해야 할 일, 자세 등 전반적인 오리엔테이션을 실시한다. 오리엔테이션을 통해 기관, 클라이언트, 자원봉사활동에 대한 이해가 중요하며 개방적 자세로 자원봉사자들과의 의견 교환이 필요하다. 이러한 과정을 통해 자원봉사자들로부터 사회복지기관과 프로그럼 활동에 대한 신뢰를 쌓는 것이 무엇보다도 중요하다. 오리엔테이션이 끝나면 자원봉사자의 욕구, 능력, 참여동기, 기관의 필요성 등을 종합적으로 고려하여 자원봉사자들을 기관의 프로그램에 배치하고, 업무가 부여되어야 한다. 이때 중요한 것은 자원봉사가가 수행해야 할 업무분장을 정확히 해주는 일이다. 업무분장은 다음과 같다.

첫째, 자원봉사자에게 사회복지기관의 자원봉사 프로그램에 관한 정보를 제공하는 역할을 한다.

둘째, 자원봉사자에게 그들이 하는 임무가 대단히 중요하고 기관이 필요로 한다는 사실을 인식시키는 역할을 한다.

셋째, 자원봉사자와 기관의 직원 간의 관계를 명확하게 구분해 준다.

3) 교육 및 훈련

자원봉사자가 모집, 심사, 선발되고 일정한 업무를 배정받으면 그들의 업무수행을 위해 교육 및 훈련을 받도록 해야 한다. 자원봉사자 또는 직원을 훈련시키는 가장 중요한 목적은 그들의 업무수행 또는 성과를 증진하는 데 있다.

첫째, 특정한 업무를 시작하기 전에 기관의 목적, 정책, 구조절차, 그리고 클라이언트에 대한 이해를 증진시키는 사전훈련 또는 오리엔테이션

둘째, 특정한 업무에 대한 이해를 도와주는 준비훈련(강의 및 관찰)

셋째, 현직에서 업무에 필요한 지식 및 기술을 증진시키는 현직훈련

넷째, 가능한 각 개인의 최대한의 잠재력 개발을 위한 계속훈련 및 교육 등

자원봉사 프로그램의 효과와 성공을 위해서는 자원봉사자뿐만 아니라 직원들에 대한 훈련도 동시에 이루어져야 하며, 또한 직원과 자원봉사자가 함께 훈련받는 기회가 필요하다. 따라서 훈련의 상황은 자원봉사자 훈련, 자원봉사자가 효과적으로 일할 수 있게 도와주는 직원의 훈련, 직원과 자원봉사자의 팀워크 훈련, 자원봉사자와 직원의 자기개발훈련 등으로 상정할 수 있다.

4) 지도 · 감독 및 평가

자원봉사자를 활용하는 대부분의 사회복지기관들은 자원봉사자를 지도 · 감독하는 슈퍼바이저를 두고 있다.

첫째, 업무에 관해서는 완벽한 지시를 주고 어떤 질문에도 응답할 준비를 해야 한다.

둘째, 기관이 기대하는 것을 명확히 전달해야 한다.

셋째, 자원봉사자의 활동에 인정과 감사를 표시한다.

넷째, 부적절한 행동을 바로 할 수 있게 돕는다.

다섯째, 자원봉사자의 욕구를 충족시키는 데 융통성을 발휘해야 한다.

5) 인정과 보상

자원봉사자의 유지(지속성)이다. 이를 위해 활용되는 것이 인정과 보상으로서, 이는 자원봉사자들로 하여금 경험이 만족스럽도록 하고 그들을 격려해서 계속 활동할 수 있게 하는 중요한 매개체의 역할을 한다.

인정과 보상의 전달에는 각 개인의 자원봉사 동기 및 욕구가 가장 우선적으로 고려되어야 한다. 따라서 자원봉사자를 개별화하여 의미 있는 보상을 실시하는 것이 관리자의 중요한 임무이다. 예를 들어, 성취 지향적인 사람에게는 가장 의미 있는 인정 및 보상이 더욱 책임 있고 중요한 업무의 부여가 될 수 있고, 권력지향의 사람에게는 다른 봉사자를 훈련시킬 수 있는 기회부여 등이 될 수 있다(김상균 외, 2002).

제 4 절 자원봉사활동의 원칙 및 과제

1. 자원봉사활동의 원칙

점차 확대되고 다양화되고 있는 자원봉사활동영역에서 적극적으로 참여하기 위해서는 다음과 같은 원칙들을 살펴보고 지켜나가려는 노력이 필요하다(양점도 외, 2010).

1) 인권의 존중 원칙

자원봉사활동의 출발점은 모든 인간은 인간존엄성을 가지고 있다는 것을 인식하는 것이다. 자원봉사자는 사회적 약자를 진정 존중하는 자세로 진정한 의미를 가진 자원봉사활동에서 가진 자가 못 가진 자에게 베푸는 것이나 도와주는 것이 아니라, 자신에게 있는 것을 필요한 사람과 나누는 것이고 친구가 되는 것이다.

2) 민주주의 정신의 원칙

자원봉사활동은 민주주의를 바탕으로 하여 존재하는 것이다. 민주적인 생각과 방법을 자원봉사활동 장면에 적극적으로 활용하여야 한다. 특히 단체자원봉사자는 자원봉사활동에서 그 단체의 조직과 운영에 있어서 민주적인 방식과 절차를 따라야 할 것이다.

3) 공공성과 시민성의 원칙

자원봉사활동은 공공성과 사회성을 바탕으로 한 활동이다. 이것은 주체적인 개인이 인권, 민주주의, 자치라고 하는 공동체적 이념에 따라 행동하는 것을 의미한다. 자원봉사활동은 국가라든지 특정 종교, 이데올로기를 초월한다는 원리에 의해서 인간과 인간이 연대해 사회문제를 해결하고자 하는 것이다. 이에 자원봉사활동은 공공성과 시민성을 지향하고 존중하는 방식으로 진행되어야 한다.

4) 자원봉사의 목적화의 원칙

자원봉사활동은 그 자체가 목적이지 다른 목적을 성취하기 위한 수단으로 이용되어서는 안 된다. 선거에서 득표하기 위한 수단으로, 기업의 홍보수단으로, 전문기술을 연마하기 위한 수단으로 점수나 학점을 따기 위한 수단으로 이용되어서는 안 된다.

2. 자원봉사활동의 과제

자원봉사활동은 사회복지의 한 형태로서 그 중요성이 점점 높이 인식되고 있으며, 자원봉사활동을 둘러싼 환경은 더욱 변화되고 있다. 최근 자원봉사활동에서는 자원봉사자의 수적 증대와 참여계층의 확대 및 활동과 내용이 다양화되고 있다.

1995년에 발표된 교육개혁 내용 중에는 중 · 고생의 학생자원봉사 내용이 포함되었고, 대학에서도 사회봉사 과목을 졸업 필수 또는 선택과목으로 채택하기 시작하였다.

이러한 다양한 변화와 관련하여 자원봉사활동의 활성화를 위한 과제를 제시하면 다음과 같다(박경일 외, 2011).

1) 추진체제의 과제

자원봉사활동 추진체계와 관련하여 첫째, 자원봉사활동을 총괄 · 지원 · 조정할 수 있는 전담기구가 없다. 자원봉사활동에 대한 공식적 전문 자원봉사조직을 육성, 추진해 나가는 기구의 신설이 필요하다. 둘째, 자원봉사 육성 · 추진기관 간의 통합조정시스템이 구축되지 않아 상호 협력관계가 부족한 실정이다.

자원봉사자는 지역사회 단위로 자원봉사 데이터베이스를 구축하고, 이를 공동으로 활용할 수 있도록 네트워크를 구축할 필요가 있다.

2) 관리체계의 과제

자원봉사활동 관리체계와 관련하여 첫째, 자원봉사관리에 대한 전문기술과 지식을 가진 자원봉사관리자가 부족할 뿐만 아니라 배치가 이루어지지 않고 있다. 둘째, 자원봉사관리과정의 전문성과 체계성이 부족하다. 셋째, 자원봉사자에 대한 교육과정을 체계화, 전문화시키는 것이다. 넷째, 보상체계가 미흡하다.

참고문헌

김기태 외(2014). 『사회복지의 이해』. 박영사.
김상균 외(2002). 『사회복지개론』. 나남출판사.
김안호(2008). 『사회복지학개론』. 청목출판사.
남기민(2011). 『사회복지학개론』. 양서원.
류기형 외(2013). 『자원봉사론』. 양서원.
박경일 외(2011). 『사회복지학강의』. 양서원.
박차상 외(2001). 『현대사회복지학』. 양서원.
박태영(2009). 『지역사회복지론』. 학현사.
볼런티어21(2002). 한국인의 자원봉사 및 기부현황.
양점도(2010). 『사회복지개론』. 공동체.
仲村優一 外 編(1982). 『現代社會福祉辭典』. 全國社會福祉協議會.
Baldock, C. V.(1990). *Volunteers in Welfare*. Sydney : Allen and Unwin.
Manser G. & Cass, R.(1971). *Voluntarism at the Crossroads.* New York : Family Service Association of America.

찾아보기

인명

내용

저자 소개

윤 선 오
독일 Dortmund대학교 사회과학부 노년학과 철학박사
현, 경운대학교 상담복지학부장
〈저서〉 사회복지실천론, 사회복지실천기술론, 사회복지조사론 외 다수

김 우 호
대구가톨릭대학교 대학원 사회복지학박사
현, 성운대학교 아동보육복지학과 교수
〈저서〉 사회복지실천론, 사회복지조사론 외 다수

전 대 성
단국대학교 대학원 행정학박사
현, 경북전문대학교 사회복지과 교수
〈저서〉 사회복지법제론, 정신건강론 외 다수

전 미 숙
신라대학교 대학원 사회복지학박사
현, 제주한라대학교 복지행정과 겸임교수
〈저서〉 사회복지조사론 외 다수

김 현 경
연세대학교 대학원 철학박사
현, 경민대학교 자율전공학부 사회복지 전공 교수
〈저서〉 사회문제론, 사회복지와 문화다양성 외 다수

목 경 열
경희대학교 대학원 보건학박사
현, 두원공과대학교 보건의료행정과 교수
〈저서〉 보건의료정보관리학, 보건전산학 외 다수

서 민 호
대구한의대학교 대학원 사회복지학박사
현, 영남외국어대학교 사회복지과 교수
〈저서〉 사회복지실천기술론, 인간행동과 사회환경, 정신건강론 외 다수

오 승 하
동방문화대학원대학교 교육학박사 (사회복지상담)
현, 강동대학교 글로컬사회복지학부 교수
〈저서〉 사회복지정책론 외 다수

이 용 환
한서대학교 대학원 사회복지학박사
현, 혜전대학교 사회복지과 교수
〈저서〉 노인복지론, 사회복지실천기술론, 사회복지법제와 실천 외 다수

송 운 용
동방문화대학원대학교 사회복지상담전공 교육학박사
현, 전북과학대학교 사회복지과 교수
〈저서〉 사회복지실천론 외 다수

사회복지학개론

1판 1쇄 발행 — 2023년 3월 6일
1판 2쇄 발행 — 2024년 1월 25일

저 자 – 윤선오 김우호 전대성 전미숙 김현경
목경열 서민호 오승하 이용환 송운용

발 행 인 – 강철원
발 행 처 – 양성원
주 소 – 경기도 파주시 검산로 173번길 29–12
전 화 – 031–946–3861(代)
팩 스 – 031–946–3864
이 메 일 – tnwpub@naver.com
홈페이지 – tnwpub.co.kr
출판등록 – 2015년 8월 31일 제 2015–000211 호

ISBN 979–11–6126–495–0

정가 22,000원